“十四五”高等学校动画与数字媒体类专业系列教材

新国风
数字文创产品设计与应用

潘擎　杨端◎主编

中国铁道出版社有限公司
CHINA RAILWAY PUBLISHING HOUSE CO., LTD.

内 容 简 介

本书根据高等学校艺术设计类相关专业技能型人才培养需求，从文创产品相关的素材资料库创建、设计调研，以及UI产品、动态桌面、聊天表情包软件皮肤等方面介绍了文创产品的设计与制作。

全书采用项目任务式编写模式，以当前主流技术和融合媒介为平台，在对中华优秀传统文化进行梳理与分析的基础上，分解实践价值与实践依据，从需求开发到市场文创产品转化，通过不同类型的文创产品开发设计、展示设计、交互设计的任务进行实践，巩固文创产品设计的方法与技能，激发学生的文化创作活力。

本书适合作为高等学校数字媒体艺术、产品设计、视觉传达设计等艺术设计类相关专业的教材，也可供有一定基础的文创产业研究方向的设计师和爱好者参考。

图书在版编目（CIP）数据

新国风数字文创产品设计与应用 / 潘擎，杨端主编.
北京 ：中国铁道出版社有限公司，2025. 4. --（“十四五”高等学校动画与数字媒体类专业系列教材）.
ISBN 978-7-113-31438-5

Ⅰ. G114

中国国家版本馆CIP数据核字第2025R7B735号

书　　名：新国风数字文创产品设计与应用
作　　者：潘　擎　杨　端

策　　划：魏　娜　　　　**编辑部电话**：（010）63549508
责任编辑：陆慧萍
编辑助理：史雨薇
封面设计：刘　颖
责任校对：安海燕
责任印制：赵星辰

出版发行：中国铁道出版社有限公司（100054，北京市西城区右安门西街8号）
网　　址：https://www.tdpress.com/51eds
印　　刷：天津嘉恒印务有限公司
版　　次：2025年4月第1版　2025年4月第1次印刷
开　　本：787 mm×1 092 mm　1/16　**印张**：14.75　**字数**：358千
书　　号：ISBN 978-7-113-31438-5
定　　价：79.00元

前言

随着信息技术的不断发展，数字媒体与网络技术紧密结合为文化创意产业的发展搭建了立体化、全方位的信息传播平台，给文创行业带来了新的发展趋势，扩大了行业的发展范围。以科技创新为支撑，促进文化创意的产品化、可视化，为文创产业新业态的涌现注入活力，成为新的经济增长点。文化创意产业的作用变得越来越强，它促进了对传统文化产业的提升和改造，同时也增强了对传统文化要素的吸引力和表达能力，从而提升了文化创意产品的生产效率，降低了成本，增强了市场的竞争力。与此同时，随着科学技术的发展，文化产品的销售渠道不断扩大和完善，提高了消费者对产品的认识和感受，为发展新的文化创意业态创造了有利的环境，促进了“互联网+文化”的发展。

科技创新和文创产业是一种双向共赢、协同发展、相互融合的关系。文创产品是文化创意的重要载体，也是文化创意的创新表达与价值转化方式。科技创新形成了新技术、新模式，不仅使文化产品的消费观念发生变化，也使文化产品的贸易与消费范围不断扩大，文化创意的产品和其他行业的结合越来越紧密，并重新塑造了一个新的商业竞争模式。这就需要老师使用更为灵活、快捷、具备启发性的教材组织教学。一部“活流程”的教材就是一个有关行业的典型任务，不只是对现实任务的单纯复制，更像是一个将现实任务“产业化”的产物。

本书面向高等学校艺术设计类相关专业而编写，以弘扬中华优秀传统文化为目的，基于文创产品设计的实践价值和实践依据分析，开发了创建新国风数字文创产品设计素材资料库、新国风数字文创产品的设计调研、新国风数字文创UI产品的设计与制作、新国风数字文创动态桌面的设计与制作、新国风数字文创聊天表情包的设计与制作、新国风数字文创软件皮肤的设计与制作六个项目，涵盖数字文创产品开发设计、展示设计、交互设计的主要方法与技能。从实用角度出发，采用“项目驱动、任务引领”的编写模式，将具体任务与实际工作过程有机融合，以任务描述—技术分析—实施标准—实施步骤—实战练习的步骤，融入典型操作案例，引导学生边学边做，加强对制作流程和方法技巧的理解，通过实战练习激发学生的文化创作活力，使其能够利用专业知识和技能开发出美观、实用的数字文创作品。

本书特色如下：

育人为本：坚持以学生为本的原则，把课程理论学习的知识点和技能点通过任务形式与岗位能力实际操作相结合，直观阐释产品设计与制作的要点，既能突出学生职业技能的培养，同时又能确保学生掌握必备的基础理论知识，体现“教、学、练”一体化的职业教育特色，有利于培养学生的职业意识。

元素多样：精心设计内容和资源，融入中华优秀传统文化元素。选用的设计案例以主流数字技术为载体，适当融入传统文化的符号、元素，设计形象活泼生动，以灵活多元的方式展现中华优秀传统文化，在培养学生的设计能力的同时，进一步启发学生的创新思维、提升文化素养。

形式创新：以活页形式组织教材，可根据不同项目环节的需要，进行拆解、组合，有高度的灵活性，满足科技时代日新月异的教和学的需求。

由于编者水平有限，加之时间仓促，书中难免存在不妥之处，恳请教师和学生在使用过程中提出宝贵意见，便于完善。

编　者

2024年10月

目录

项目一 创建新国风数字文创产品设计素材资料库

项目导读

在数字文创产品的设计过程中，素材的搜集与分类是一个重要环节，对不同类型的新国风文创素材进行数字化归类整理，创建可持续丰富的文创设计素材资料库，有助于更好地认识和拓展设计思路。通过将不同类型的文化信息进行合理地梳理与分类，可以实现更具目的性和实效性的文化传播效果。对文创的素材资料进行规范的整理与甄别，对于提高设计效率，能起到推动性的作用，可以从整体上提升设计从业人员对“新国潮”元素的开发与应用。

除对各种素材进行分类整理外，设计师还可以通过对不同类型的素材进行综合分析，从而找到它们之间的关联与差异，形成一套完整的素材库，支撑更多类型的设计需求。

项目目标

知识目标

◎掌握文创设计素材搜集、优化及存储工具

◎掌握文创设计素材库整合标准

◎掌握素材的视觉转化规律与一般形式

◎掌握素材的格式转化工具

能力目标

◎根据设计流行趋势有目的地进行素材优化

◎具备线下采集或电话采访的优质文创内容制作能力

◎具备基本的素材辨别和筛选能力

◎具备图像编辑和基础办公的软件操作能力

实践价值——创建新国风数字文创产品设计素材资料库的意义

创建一个新国风数字文创产品设计素材资料库有助于保护和传播中华优秀传统文化，同时对推动文化创新和产业升级具有重要意义。新国风（古风）是指具有中华优秀传统文化特色的元素，这些元素包括中国古典文学、艺术、服饰、建筑等。随着数字化时代的到来，传统文化面临着新的传播机遇和挑战。通过建立素材资料库，能够系统地收集和整理这些新国风元素，并以数字化的形式保存，使其更容易被现代设计师和创作者所利用。数字化的素材资料库方便了设计师和艺术工作者的工作，可以大幅提高文创产品设计的效率和质量。设计师可以轻松地访问到丰富的新国风元素，激发创作灵感，同时确保作品的文化内涵和审美价值。素材资料库建设涉及资料搜集（见图1-1）、信息甄别、来源核实、可靠性分析等方面的具体操作，并按照实际操作的合理性进行不同场景下的分类整理，然后进行资料采集、优化、存储等工作，以提高基本的信息素养。

图 1-1 微软必应自带的图片素材搜集工具

新国风素材的数字化不仅能够满足当前市场对于新国风文创产品的需求，还能促进中华优秀传统文化的创新发展。数字化素材可以被无限次地重新组合和创新，赋予传统文化新的表现形式和生命力。这种创新不仅能够吸引更多的年轻消费者，还能在全球文化交流中发挥中国文化的独特魅力。新国风数字文创产品设计素材资料库也是一种文化传承方式。随着科技的发展，数字资料库更容易被广泛传播，可以使更多人了解并欣赏到中华优秀传统文化的精髓。通过资料库，能够使年轻一代对我国文化遗产感到自豪，从而更积极地参与到中华优秀传统文化的保护和传承中来。

实践依据——创建新国风数字文创产品设计素材资料库的设计思路

资料库的层级分类：需要建立一个清晰的层级分类系统。表1-1从总体的“历史维度”开始，进一步细分为各个子类，如“专业文献”“考古事件”“代表人物”等。在这些子类中，可以进一步细分，在“代表人物”下可以有“史料记载”“戏说创作”等更具体的分类。同理，通过“地域维度”，可以从“民族”“语言”“经济”角度进行细分。

表 1-1 资料库创建逻辑与注意事项对照表

分类逻辑	具体类目	注意事项
历史维度	专业文献	注意分辨文献提供单位和编纂人的历史局限性和科技局限性，尽可能避免采用具有巨大分歧或尚未溯源的文献素材； 强调积极向上、辩证客观的历史态度，注重素材的文化厚度与象征意义，避免采用消极的文化素材进行设计
	考古事件	注意区分广义神话传说与历史事实原型的素材信息，尽可能选择已被验证的具象象征或文化素材用于设计，避免造成设计品传播导致的文化认知误导； 涉及义务教育阶段教材知识点的，且在论证中存在争议的文化素材，尽量规避。有条件的个人或集体可聘请专家顾问介入设计
	重要文明阶段代表人物及相关文化	重要文明阶段可以根据人类物质文化发展阶段（如旧石器、新石器时期）或社会统治阶层性质（如奴隶社会、封建社会）变更进行分类，符合历史发展普遍分类认知即可，不作为学术分类重点关注，避免占用过多的时间； 区分对应历史时期代表人物是神话传说人物还是已验证事实存在的人物，在整合数据时要分清史说和戏说。面向科普类文创设计时，要避免戏说素材的使用；针对娱乐类文创设计时，要注意正史信息的二次创作不得背离原型原意。严肃类历史人物及事件无顾问情况下慎重操作
地域维度	民族聚集区域	注意标注各民族非遗及民俗的色彩禁忌； 注意标注相似民俗民族文化在不同地域产生的差异； 注意对各民族传统图腾的注释是否准确，未经正规发布或确认的注释解读不得直接使用
	同类方言区域	注意音视频素材的字幕注释任务，涉及方言翻译或记录的素材要经过专业校对后方可使用； 涉及方言中限定场景下的专有名词及专有形象，要经过准确复核后方可使用
	经济发展划分区域	注意经济区划下同等消费能力认可的主流与小众文化素材，确保设计创意与创意载体符合普遍消费习惯； 按照一般规律，经济发达地区文化素材解读方式与承接载体越多，反之则越少。鼓励设计师积极开发西南、西北等相对经济落后地区，通过开发优质文化素材原创创意，推广落实文创产业

在创建资料库时，要先有明确的逻辑和设计思路，以下通过觅知网和Billfish素材管理工具两种不同的素材库工具来梳理下创建资料库的必要环节。

1. 系统性收集与整理

在每个子分类下，系统性地收集相关的设计素材和资料。这可以包括图像、图形、色彩方案、字体设计、图案和其他元素，它们都与新国风设计相关联，如图1-2所示。

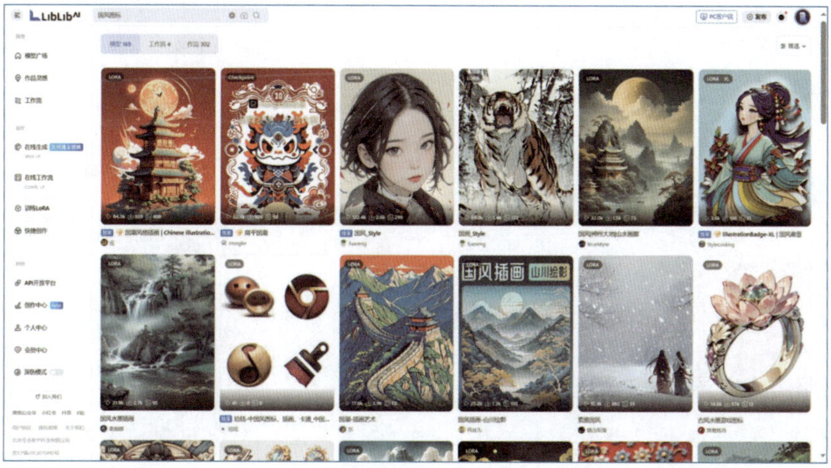

图 1-2 通过觅知网整合的国潮图片库

2. 数字化和标准化

对收集来的素材进行数字化处理，确保高质量和可用性。同时，为每种素材建立标准化的元数据描述，如来源、时代、风格等，这样方便用户搜索和识别。如图1-3所示的工具软件Billfish的素材库管理界面，可根据素材质量、内容、风格完善标签系统，便于查找。

图 1-3　基于图片素材工具 Billfish 的素材库管理界面

3. 互动性与更新

资料库应该具备用户交互性，允许用户评论、评分和贡献内容，还可以对素材工具本身和素材库内部文档进行版本跟踪，如图1-4所示。同时，资料库需要定期更新，以反映最新的研究成果和市场趋势。

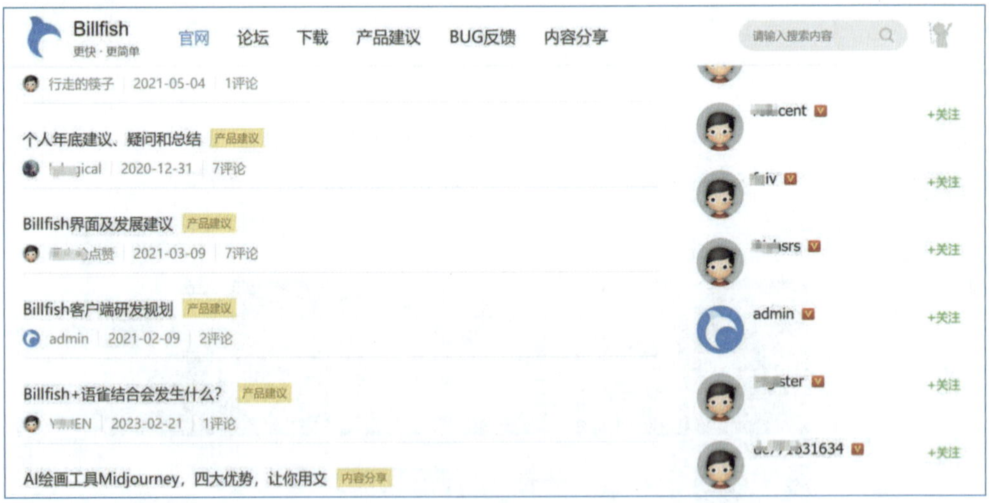

图 1-4　Billfish 工具的论坛

4. 利用技术工具

根据资料特点合理利用现代技术工具，如AI分类算法、图像识别、大数据分析等，来管理和优化资料库的内容。图1-5所示为基于图片素材工具Billfish的图像识别界面，其具有三种搜索+多重条件筛选快速定位素材库内容，支持列表、画廊、沉浸式等预览，同步开放多媒体同传等存储技术。

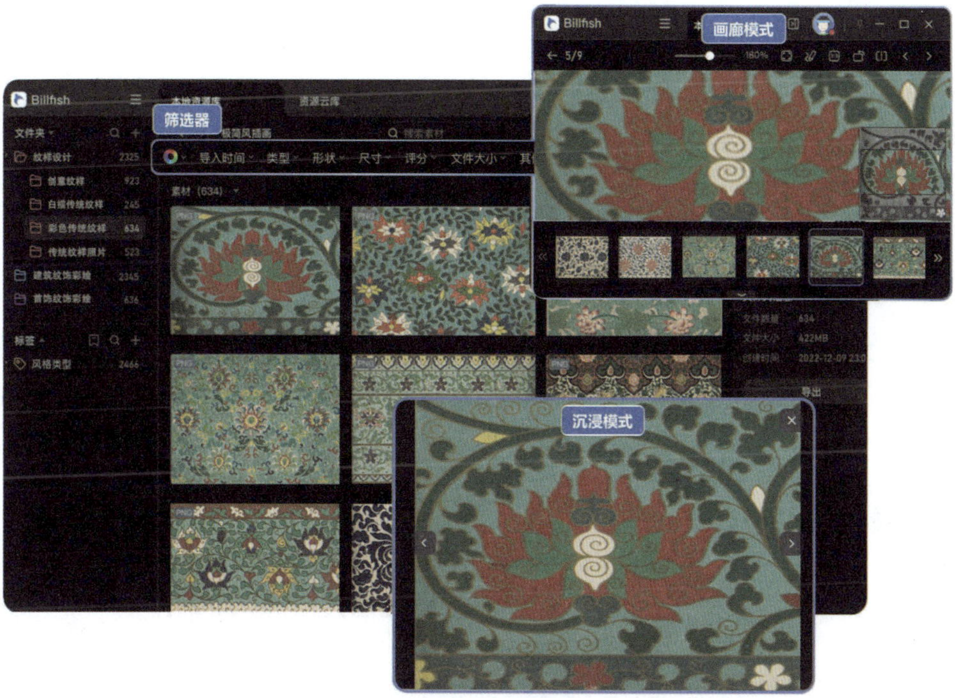

图 1-5　基于图片素材工具 Billfish 的图像识别界面

5. 教育和研究

资料库不仅仅是素材的集合，还应成为教育和研究的平台，提供相关的历史信息、设计理论和案例研究，增加其深度和广度。

6. 合作与共享

建立合作机制，与博物馆、图书馆、设计学院等机构共享资源，共同扩充和完善资料库。

总的来说，构建一个新国风数字文创产品设计素材资料库是一个系统性项目（见图1-6），需要考虑从内容收集、管理到用户交互的各个方面，以及它在教育和文化传播中的作用。

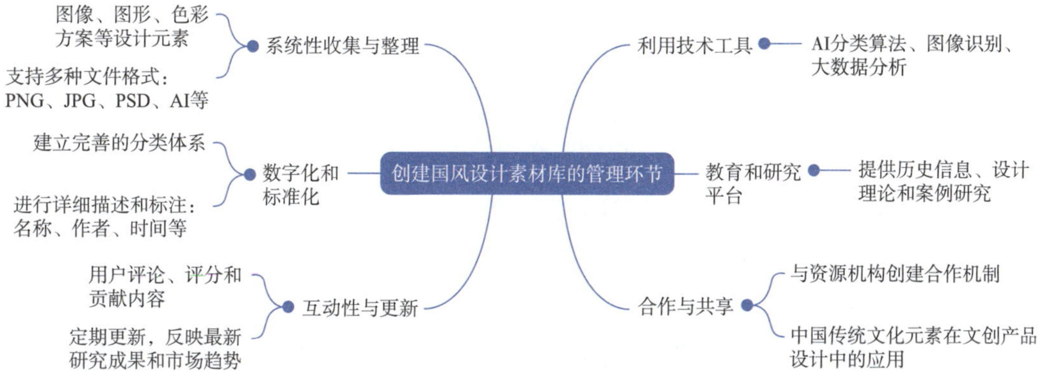

图 1-6　创建新国风设计素材库的管理环节

任务一　产品设计素材搜集与分类

任务描述

在新国风数字文创产品设计领域，素材的搜集与分类构成了一个奠基性的工作流程，它们相互作用，既捍卫和弘扬了丰富的文化遗产，也为现代设计实践注入了活力。通过精心搜集，寻找逐渐稀少的艺术形式，并予以妥善保存，运用现代化信息技术使其以数字化的方式进行全球性分享，成为设计师创新灵感的源泉，并激发了跨时代与跨文化的创造思维。而有系统地分类工作，极大提高了素材的检索效率，简化了项目流程，并支持了针对性地定制化设计。它让设计师能够便捷地管理和运用海量信息，同时确保设计作品的多样性和适应性，从而在不断变化的市场中保持竞争力。

核心任务是利用现有的线上+线下资源供给途径，获得更多的创意资源，为后续数字文创设计创建素材库，丰富设计层次，强化数字文创产品意识。学会通过计算机整合文创素材资料，形成完整的素材搜集方案和整合路径，如图1-7所示。

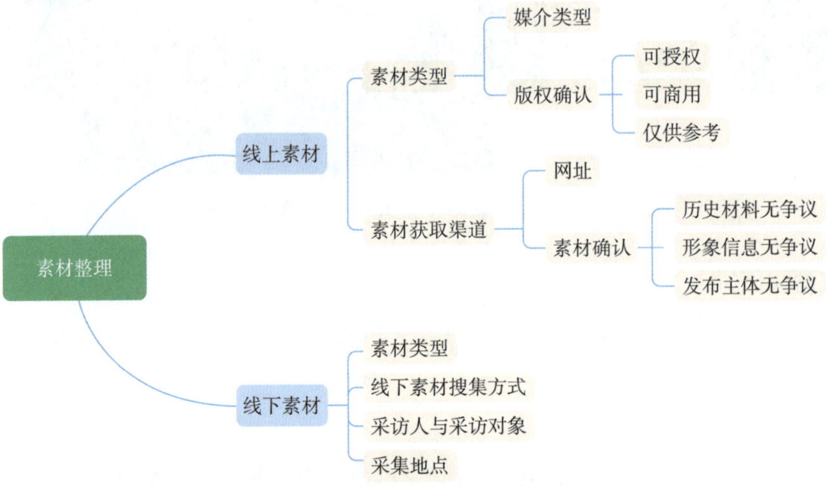

图 1-7　设计素材搜集与整理路径

技术分析

数字文创产品素材库，具体是指在文创产品中融入更多的文化元素和艺术元素，形成具有创意和审美价值的文创设计素材。需要操作者具备下列技术能力，如图1-8所示。

1. 艺术基础

艺术基础是指在进行设计时必须具备的一种基础能力，包括绘画、摄影、书法等，这些都是进行文创设计素材库建设时必备的基本能力。

2. 审美判断

审美判断是指对视觉审美能力的培养。文创设计素材库建设需要掌握一定的审美能力，只有具备了一定的审美能力才能进行元素的合理取舍与结构重建。

3. 技术支持

技术支持是指在进行文创设计素材库建设时所使用到的技术工具，包括制图软件、格式转化软件、云盘类控件、图像转印、打印、拍摄、录制等相应功能的硬件基本操作等。

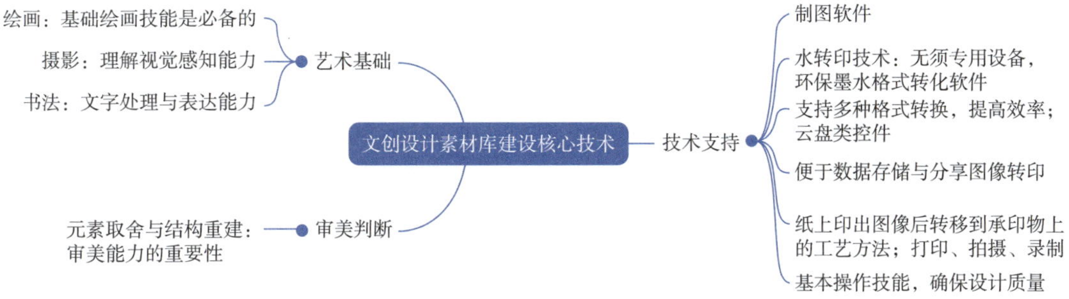

图 1-8　文创设计素材库建设核心技术要求

实施标准

1. 素材的选取标准

（1）确认素材是否有版权。

（2）是否满足质量要求，如图片像素、应用格式等基础要求。

（3）是否存在记忆点和可塑性。

2. 素材的评价标准

（1）设计需求，可以快速产生设计思路。

（2）营销需求，可以让客户快速下单。

（3）个人需求，可以作为自己的工作素材，成为个人风格的作品集。

3. 素材的更新标准

（1）周期更新：设定合适自身设计节奏的周期，按时进行素材的整理和筛选，从素材库中筛选出使用频率较高的内容，再整理到新的设计素材库中。最短建议不低于1个月，最长建议不超过3个月。

（2）分类更新：在内容分类和形式分类的基础上结合设计反馈按照用户人群进行分类，例如，游戏类人群比较多，那么可以将游戏类、工具类等相关内容作为一个子分类。

（3）标签设置更新：标签设置为使用频率较高的内容，可以在设计时更好地查找到自己想要获取的内容。

4. 素材分类的参考标准

对搜集到的素材进行系统分类。分类依据可以是时间段、地区、艺术风格、设计元素等，以便于后续的快速检索和使用。

（1）时间段分类：将素材根据创作的历史时期进行分类，如唐代、宋代、明清等。这种分类有助于设计师根据项目需要选择具有时代特征的元素。

（2）地区分类：分类反映地域特色的设计元素，如江南水乡的风景、西北的民族风情等。

地区特色的细分可以帮助设计师针对特定区域的文化背景进行设计。

（3）艺术风格分类：根据艺术风格进行分类，如书法、绘画、雕塑、建筑等。不同的艺术风格可以为设计提供不同的视觉语言和表现形式。

（4）设计元素分类：对于图案、色彩、材质等设计元素进行细致分类。设计元素的分类有助于快速组合和调整各类元素，以适应不同的设计需求，常见素材选用范围见表1-2。

表 1-2　常见素材选用范围

元素类型	转化内容	细分类型（非单一标准，仅列取常用分类）	优点与难点
视觉元素	形体轮廓	几何轮廓、字母轮廓、象形轮廓等	优点：分类简单，视觉元素突出，记识方便，分级少，二次加工空间大； 难点：概括性过高，选取调用筛选范围大，二次加工时间成本大
	表面肌理	喷洒、熏炙、拼贴、拓版、浸染、刮刻、压印、自流、纯色等	
	图腾符号（视觉维度）	动物图腾、植物图腾、自然风物图腾； 文字符号、天文符号、标点符号、数字符号等	
工艺样式	烧造	砖瓦和陶瓷器皿的制作工艺； 砖瓦窑：御窑厂、黑窑厂、琉璃厂等； 陶瓷器皿：定、磁、钧、龙泉和景德镇等窑	优点：纹饰、色彩、形态发展成熟，元素完整，便于提取； 难点：分类庞杂，概念繁复；素材甄别能力要求高
	织绣	工艺分类：刺绣、织锦、缂丝、抽纱、花边、绒绣、机绣、绣衣、绣鞋、珠绣、地毯、手工编结等； 产地分类：苏绣、湘绣、蜀绣和粤绣等； 手法分类：错针绣、乱针绣、网绣、满地绣、锁丝、纳丝、纳锦、平金、影金、盘金、铺绒、刮绒、戳纱、洒线、挑花等	
	印染	工艺分类：胶浆印花、蜡染印花、水印、油墨印花、发泡印花、珠光印花、金银箔纸、植绒印花、计算机数码印花、烫画转移印花、光变印花等	
	编结	工艺分类：棒针编结、钩针编结、手工编结等	
	木作	行业分类：建筑木工、家居木工、玩具木工等	
	营造	派系分类：徽派传统民居营造技艺、北京四合院传统营造技艺、香山帮传统建筑营造技艺、闽南民居营造技艺等	
	装潢	装饰类型包括：书籍装帧、室内装饰、室外装饰等	
	剪镂	使用功能分类：窗花、门笺、墙花、顶棚花、灯花； 寓意分类：纳吉、祝福、祛邪、除恶、劝勉、警戒、趣味等七类； 表现形式：单色剪纸、彩色剪纸和立体剪纸等	
	雕刻	材质分类：牙雕、玉雕、木雕、石雕、泥雕、竹刻、骨刻、刻砚等	
	绘画	描绘主题分类：人物画、风景画、静物画等； 技法分类：中国画、油画、版画、水彩画、水粉画等	
	塑作	面塑、泥塑、糖塑等	

实施步骤

鉴于可使用的素材库工具类型较多，先梳理绝大部分素材库整理的公共步骤，再根据工具分类介绍差异性步骤。

1. 梳理素材并创建收集文件夹

根据素材元素类型和转化内容梳理素材逻辑图（目录），创建收集文件夹，如图1-9所示。

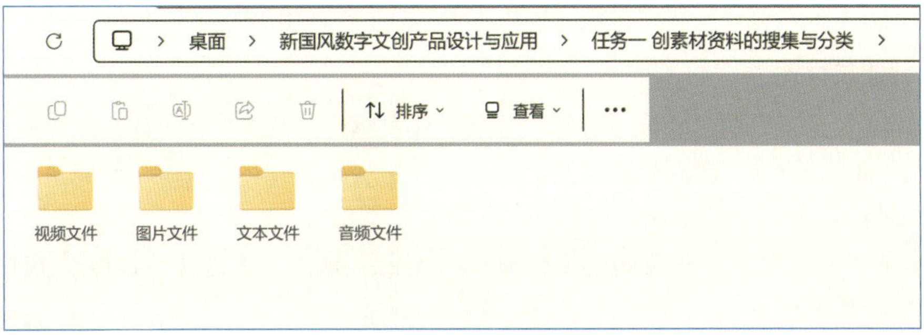

图 1-9　文件夹创建

收集文件夹可以使素材库更加详细，方便管理。建议使用外部存储，创建文件夹，或者在计算机的本地文件夹中创建。将所有的设计素材放入文件夹，以便在需要时找到。

2. 保存文件

使用外部存储，将素材库保存在自己的空间中，可以节省大量时间、空间。一旦拥有了所有的设计素材，应将其导出并存储在外部存储设备中。若需要为其分配新的空间，则必须使用存储管理器。

3. 设置标签

标签可以帮助用户对信息、文件、图片等进行分类和归档，使得查找和管理变得更加高效和有序。MAC系统的文件标签功能比Windows系统快捷很多，如图1-10所示。

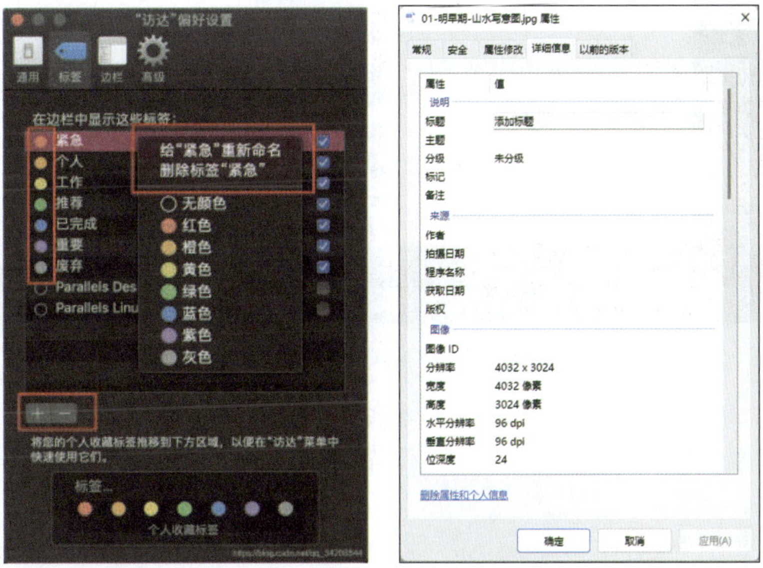

图 1-10　MAC 系统和 Windows 系统的标签信息设置

（1）MAC系统设置“访达”标签：默认是7种颜色，用户可以修改标签的名称。打开“访达”偏好设置，在左下方的红框中就可以新增和删除，每个标签使用鼠标右击还可以进行标签的定义。指向标签的选项单选按钮可以修改标签颜色。

注意：删除标签无法撤销，要谨慎操作。

（2）Windows系统设置文件标签：右击文件，在弹出的快捷菜单中选择“属性”命令，在打开的“属性”对话框中选择“详细信息”选项卡，在“属性”选项区中进行手动编辑。

4. 创建共享库

若要将设计素材库共享给他人使用，需要创建共享库。既能分享设计与设计素材，也能方便与他人的工作配合，提高效率。

以Windows为例，流程如下：

（1）在“开始”菜单中双击“文件资源管理器”选项，或按【Win+E】快捷键打开Windows资源管理器。

（2）选择要共享的文件夹然后右击，在弹出的快捷菜单中选择“属性”命令。

（3）在打开的“属性”对话框中，选择“共享”选项卡，单击“高级共享”按钮，如图1-11所示。

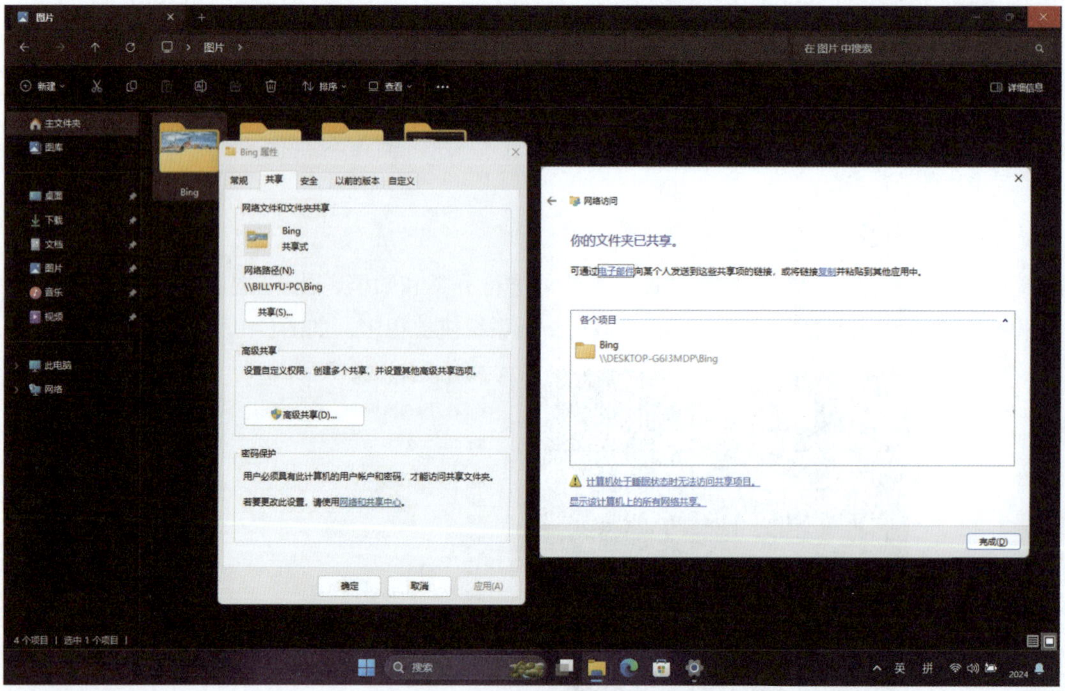

图 1-11　共享文件夹设置界面

（4）勾选“共享此文件夹”选项，设置共享名和最大用户连接数。

（5）设置共享文件夹的读写权限，控制其他用户对该文件夹的访问权限，可以设置为只读或读写权限。

设置共享文件夹权限后，其他用户就可以通过网络访问该文件夹，实现文件共享。

5. 添加链接

如果需要发布设计素材库，一定要添加链接，方便访问素材库。

6. 编辑和导出

在编辑和导出文件之前，确保素材库中的内容可以编辑和导出到其他平台上。如果不可以，请尝试使用外部存储。以百度网盘为例，单击“上传文件夹”按钮，在打开的“选择要上传的文件夹”对话框中，选择目标文件夹，单击“上传”按钮，如图1-12所示。

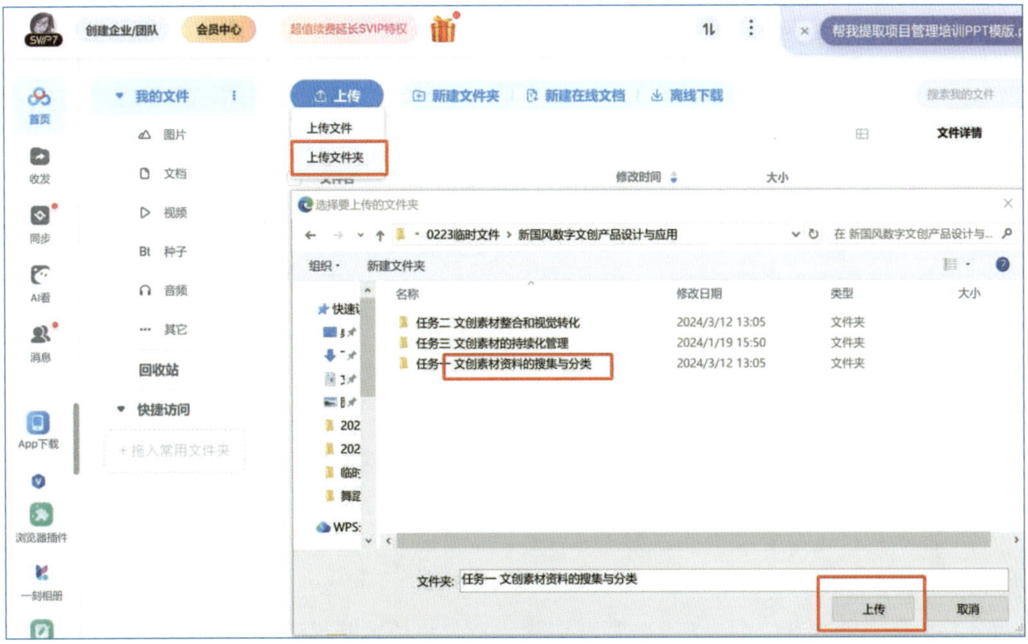

图 1-12　上传文件夹至百度网盘的操作界面

7. 删除文件或删除文件夹

素材库要及时更新、优化，如果有很多无用的文件，应该注意及时清理。

实战练习

【作业名称】设计一个文创产品信息库目录。

【作业目的】练习搜集产品设计素材，学习如何对素材进行分类和整理，提高对产品设计的理解和分析能力。

【作业要求】选择一个感兴趣的数字文创产品类别，如App、H5、动态banner等。搜集至少30个该类别下的产品设计素材，包括图片、设计图纸、用户评价等。对搜集到的素材进行分类和整理，可以按照以下几个方面进行分类：

（1）产品类型：如界面中的图标、动效、声音等。

（2）设计风格：如现代、简约、复古、奢华等。

（3）产品视觉质感：如木材、金属、塑料、布艺等。

（4）产品功能：如可调节、智能声控等。

（5）产品尺寸：如手机使用、计算机使用、室外LED使用等。

（6）用户评价：如好评、中评、差评。

制作一个产品目录，展示搜集到的素材，并附上对每个产品的分析和评价。完成作业后，进行小组讨论，分享发现和分析。

【评价标准】

◎素材搜集的完整性（30%）

◎素材分类的合理性（20%）
◎产品分析和评价的深度（30%）
◎产品目录的展示效果（20%）

能力提升

如何确认版权的归属

确认版权归属是确保合法使用他人作品的重要步骤。在我国，版权是指作者对其创作的文学、艺术和科学作品享有的权利。确认版权归属通常包括以下几个步骤。

（1）查找版权声明：检查作品本身是否有版权声明，通常版权声明会包含版权符号“©”、作者或所有者的名称，以及作品首次发表的年份。“™”代表未注册商标，表示用于推广或品牌化商品的标记。“®”为注册商标符号，表示商标在相关国家的商标局正式注册。

（2）查询官方登记信息：中国的版权保护是由国家版权局负责的，如果作品在国家版权局进行了登记，可以通过查询国家版权局的登记记录来确认版权归属。

（3）联系作者或所有者：如果无法通过版权声明或官方登记信息确认版权归属，可以直接联系作品的作者或当前的所有者。

（4）专业法律咨询：在涉及复杂版权归属或版权纠纷的情况下，可以咨询专业的知识产权律师获得法律意见。

（5）注意例外和限制：《中华人民共和国著作权法》中也规定了版权的例外和限制，如合理使用等，这些情况下使用作品可能不需要获得著作权人的许可。

（6）注意不同类型作品的版权期限：根据中国法律，不同类型的作品版权期限也不同，如文学、艺术作品的版权通常为作者终生加上其过世后50年。

在确认版权归属时，应尊重原创作者的知识产权，避免未经授权使用他人作品，以免侵犯版权。如果是为了商业用途或公开发表，通常需要获得著作权人的许可。在不确定版权归属的情况下，采取谨慎的态度，通过合法途径解决版权问题，是符合社会主义核心价值观和法律规定的行为。

任务二　产品设计素材整合与视觉元素转化

任务描述

设计素材的整合有助于提高设计师的工作效率。当设计师在做设计的时候，很多时候需要收集很多素材，但是一个设计师往往只能整理出几个主要的素材，而不能将所有的素材整理到一起，导致做设计时很容易漏掉一些重要的细节，而这些细节就可能会成为决定最终产品质量的关键。如果设计师把所有的设计素材都整理到一起，并及时转化成更便于使用的视觉元素，就会有更多时间去考虑全局，减少设计时再去查找各种元素、标注各个元素之间关系等的时间和步骤。设计素材整合思路可参考表1-3，依据元素及转化内容，细分类型并考虑相关细节。

表 1-3　设计素材整合思路

元素类型	转化内容	细分类型	注意事项
视觉元素	形体轮廓	轮廓为构成图形或物体的外缘的线条。细分类型可以根据基础形状或具体品类的形状进行细分，前者如圆形类、方形类、三角形类，后者如依托服装设计表现的 H 型、A 型、Y 型服装廓形；国字脸、梨形脸、心形脸等	注意线条的高度概括性，减少光影从体积感上带来的视觉差异； 注意采集对象的特征保留
	表面肌理	肌理是指物体表面的组织纹理结构，即各种纵横交错、高低不平、粗糙平滑的纹理变化，是表达人对设计物表面纹理特征的感受。常见肌理表现方法有：喷洒、熏炙、拼贴、拓版、浸染、刮刻、压印、自流等	注意表面观感受材料的影响，比如同样的肌理创作手法在不同材质上的差异。（如在纸面用水彩绘制毛发和粉彩在砂纸上绘制毛发的皮毛质感差异）； 注意使用化学品或易燃易爆材料制作肌理的安全问题
	图腾符号（视觉维度）	动物图腾、植物图腾、自然风物图腾、文字符号、天文符号、标点符号等各类符号	注意符合复合类动植物符号的视觉表达，要符合图腾原始风貌； 注意图腾性质元素的一些文化禁忌，在采集时要同步标注； 注意符号对应的使用场景和引申意义，在采集时要同步标注

视觉元素转化的目的如下：

（1）转化后的视觉元素是否与原始视觉元素相符。

（2）转化后的视觉元素是否符合版面设计，是否能更好地表达版面的内容。

（3）转化后的视觉元素是否与用户发生关联，与用户是否有共鸣。

（4）转化后的视觉元素是否能突出品牌形象，从而达到传播品牌形象的目的。

（5）转化后的视觉元素是否能体现品牌特色。

（6）转化后的视觉元素是否符合用户认知，让用户更好地理解和接受信息。

（7）转化后的视觉元素是否有冲击力，能否吸引用户视线。

技术分析

视觉元素转化为产品设计的过程，是视觉设计转化为产品设计的过程，其本质是设计师将艺术美学的设计成果，通过技术手段，转变成产品设计中可被消费使用的视觉元素。视觉元素转化为产品设计时，必须解决以下技术核心。

（1）掌握元素的提取方法和工具应用。

（2）元素的设计与组合方法。

（3）元素整合与产品形态和使用环境的融合。

（4）元素整合中对记忆需求及美感需求的平衡。

实施标准

视觉元素的转化是一个完整的过程，也是一个循环过程，当完成视觉元素的转化后，将会形成一套完整的视觉传达设计流程，可以称其为视觉元素转化标准，简称视觉转化标准。

评价视觉元素转化的效果，可以从三个方面考虑：第一是视觉元素本身的属性，第二是视觉元素转化后的效果，第三是用户心理感受。

1. 视觉元素本身的属性

进行视觉元素转化时，要对视觉元素进行分析，看其本身是否具备符合需求的属性，例如，要让某个品牌给人带来愉悦感，那么它是否有愉悦感所需的属性？如果没有，那么就要在视觉元素转化时加以改进。

2. 视觉元素转化后的效果

进行视觉元素转化时，要看其是否能够让人感受到愉悦感，如果感受不到，那么就要分析这些视觉元素是否对用户产生了干扰。

3. 用户心理感受

用户心理感受是评价视觉元素转化效果的一个重要标准。例如，一个品牌想要让自己的产品在同类产品中脱颖而出，那么它应该首先吸引消费者的注意。在消费者心理感受上，最直接也是最能吸引人注意力的方式就是将产品进行广告投放。

实施步骤

1. 确定视觉元素

确定视觉元素是视觉传达设计中的第一步。视觉元素是指在进行视觉传达设计时，为了实现设计目标所需要的视觉形象、色彩、图形、文字等内容，可以使用图像处理软件对图片进行整理和强化。以Adobe Photoshop为例，选择“图像”→“调整”命令，在子菜单中选择相应的命令，如图1-13所示。

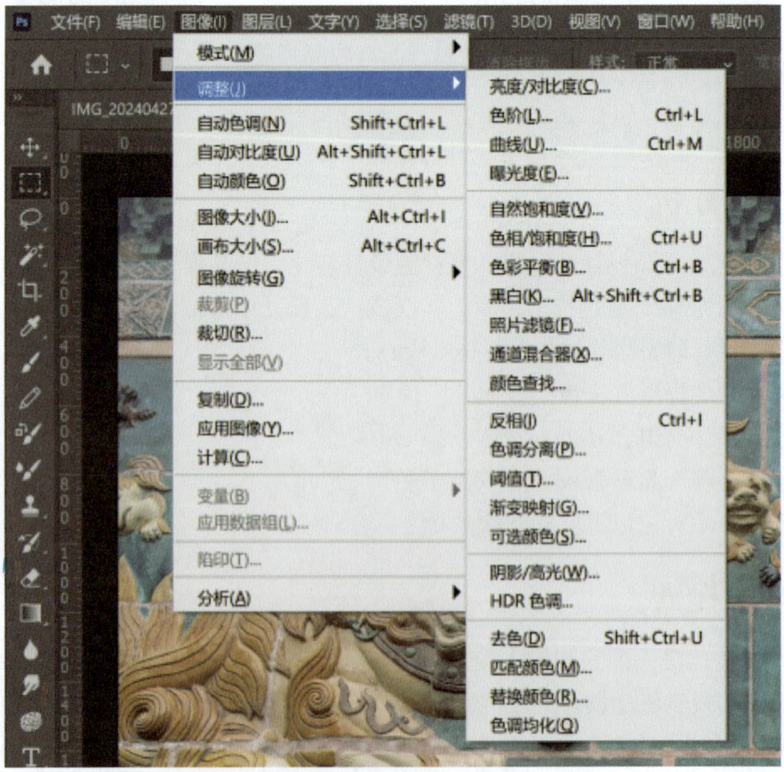

图 1-13　在 Photoshop 中调整图片属性

（1）色彩：作为信息的载体，色彩可以通过其明度、纯度和色相等属性来体现其情感信息。

（2）图形：图形是以其形状、大小和位置为特征的视觉形象，它可以通过其线条的长短、粗细、方向等属性来体现其情感信息。如在Adobe Photoshop中选择“图像”→“调整”→“色阶”命令，在打开的“色阶”对话框中通过设置图像的暗调、中间调和高光的强度级别来调整图像，如图1-14所示。

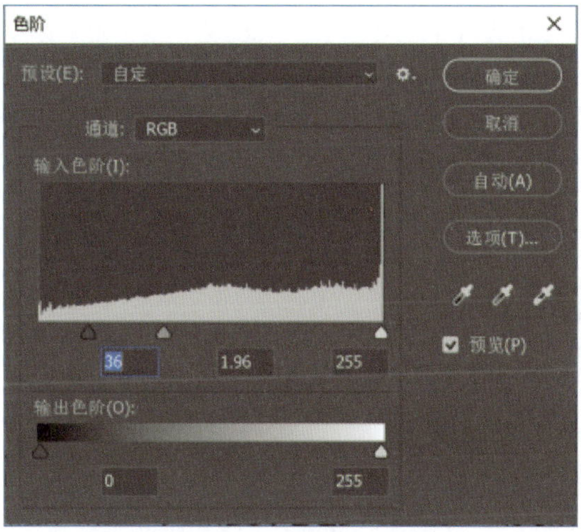

图 1-14　“色阶”对话框

（3）文字：文字是用来传递信息和表达思想的工具。在进行视觉设计时，必须先确定要传递给用户的信息内容，并根据设计目标确定视觉元素的类型。如在Adobe Photoshop中创建文字图层，根据图像风格设置合适的字体字形，如图1-15所示。

图 1-15　选择与图像适配的文字设置字符信息

2. 确定用户群体

根据设计目标，可以将用户群体分为两种：一种是产品的直接用户，另一种是间接用户。对于直接用户而言，他们非常清楚产品的具体情况，因此，在产品设计中需要明确的是产品的使用目的和用途。而对于间接用户而言，他们不能理解产品的具体情况，因此进行一定的引导。

在确定了目标用户后，要了解其兴趣爱好、性格特点等，然后根据这些特征对目标用户产品需求进行分析，最终确定设计主题，如图1-16所示。

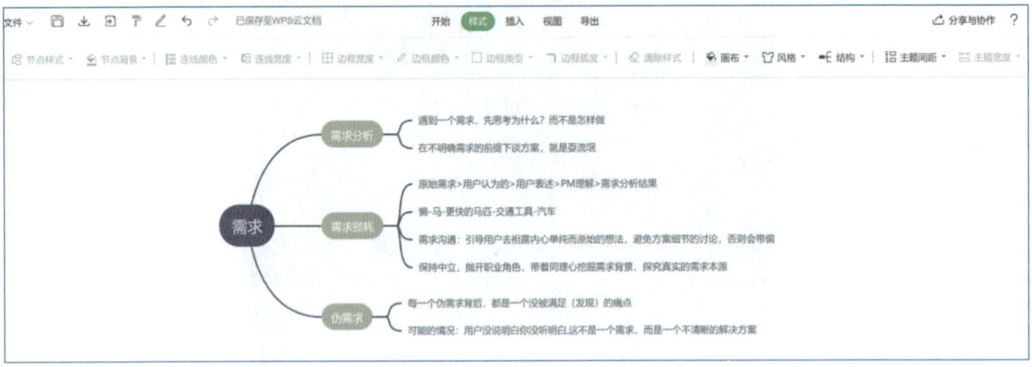

图 1-16　通过 WPS 完成用户需求的设计整合

3. 明确要素结构

在明确了设计目标后，就可以对设计的要素进行确认。一些比较抽象的视觉元素，需要在设计之前明确其具体的含义。

（1）格式统一化：将收集来的素材转换为统一的文件格式，如图像存储为JPEG、PNG格式，矢量图形存储为SVG或AI格式，以及3D模型存储为OBJ或STL格式，确保资料库中的文件兼容性和可操作性。考虑到不同设计软件的需求，可能需要将同一素材提供多种格式，这里需要依靠格式转化工具来提高工作效率。例如，金舟格式工厂支持图片、视频、音频、文档等类别的格式转化，能快捷操作上百种图片格式转换：WEBP转JPG、PNG转JPG、HEIC转JPG、CR2转JPG、HEIC转PNG、TGA转JPG、TIF转JPG、ARW转JPG等，如图1-17所示。

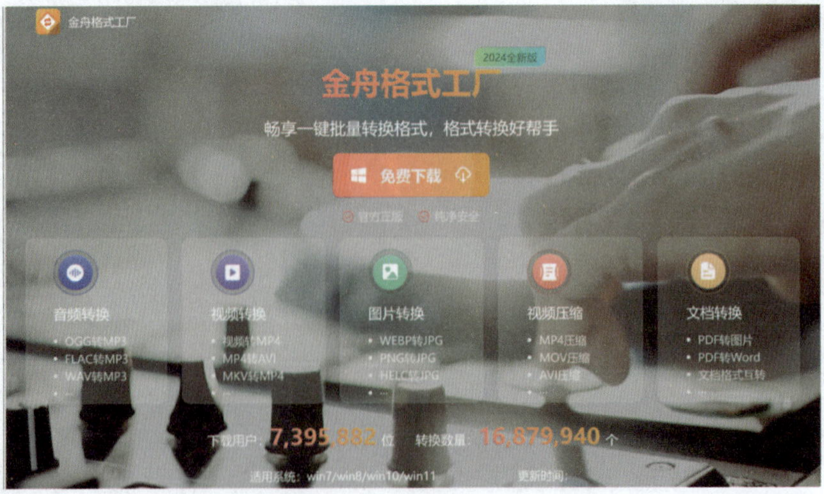

图 1-17　金舟格式工厂

需要注意的是，在转换文件格式前，应了解不同格式的使用场景和特性，参考表1-4。

表 1-4　资料格式使用场景和特性

类型	格式	使用场景	特性
图片	.jpg&.jpeg	几乎支持所有平台和系统	有损压缩，会随着重新存储次数增多而降低质量。因早期版本的 Windows 拓展名兼容问题，出现 .jpg 和 .jpeg 两种格式
	.psd	用于 Photoshop 的相关项目，用于印刷和照片编辑	优势：支持透明度。能保存 Photoshop 的编辑结果 劣势：不能用于网络图片，并且尺寸（内存）容易变得很大
	.png	多用于网络传播	支持比 GIF 更多的颜色。无损压缩。支持透明度。 但是尺寸（内存）通常比 JPEG 大，而且仅支持 RGB 色彩空间
	.eps	用于保存矢量图，如插画、Logo 和图标	支持任何尺寸的图像。有大量软件支持查看。可以轻松地被转换为像素图。但是可以用于编辑的软件有限
	.ai	用于 Illustrator 的相关项目，矢量图编辑场景	可以用于编辑的软件有限
	其他格式	GIF（加载迅速，支持动画，无损压缩）、TIFF（常用于出版印刷，图片尺寸很大）、CDR、BMP 等	

可以在表1-4的基础上补充遇到的素材格式，并从质量、内容占用、易编辑等维度分析格式。

（2）质量控制：对图像和模型的质量进行标准化检查，确保所有素材达到最低分辨率和清晰度标准，适合进行高质量的打印和显示。实施版本控制，对资料库中的素材进行定期的质量升级和更新，确保设计资源的时效性和实用性。以图片素材为例，分别用Adobe Photoshop和InDesign设置可用于印刷的图片素材质量，如图1-18所示。

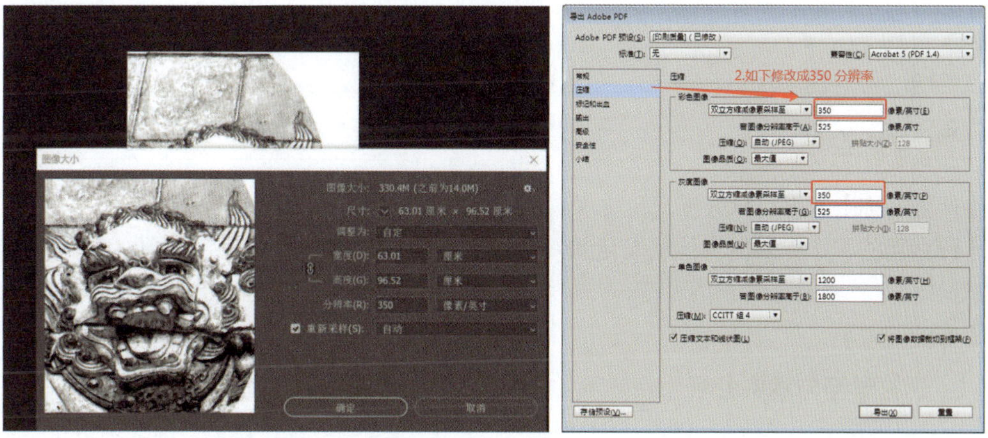

图 1-18　不同软件设置可用于印刷的图片素材质量

4. 选择输出方式

视觉元素的转化要根据不同的目标和不同的设计内容来进行，因此在设计过程中需要考虑多种采集方法，并根据实际情况选择最合适的设计方法，其采集工具与注意事项见表1-5。例如，文字元素可以采用文字加图片、文字加背景等形式；图形元素可以采用图形化处理、图形加文字或文字加图形等形式；色彩元素可以采用对比色或互补色等形式；字体可以采用宋体、黑体、楷体等形式。视觉元素的转化既要遵守视觉规律，又要根据实际情况选择合适的设计方法，只有这样才能保证设计方案的合理性和有效性。最后，在视觉元素转化的过程中，还要根据设计方案的要求对转化后的视觉元素进行二次加工。

表 1-5　不同采集方法对应的采集工具与注意事项对照表

<table>
<tr><th>采集类型</th><th>转化方法</th><th>转化工具</th><th>工作规范</th><th>注意事项</th></tr>
<tr><td rowspan="4">具象采集</td><td>扫描</td><td>扫描仪（2D/3D）</td><td rowspan="4">原始素材应保留其客观性，避免除格式外的主观修改；
注意工具使用时的操作规范，非平面印刷物的复印、转印要选择合适的采集方法或采集工具；
注意采集对象形态受采集环境光源和透视的影响，收集时通过透视矫正或锐化图片净化图像“杂质”与“变形”；
采取手绘建议用彩铅完成采集工作，比较快捷实现多层面的记录，这里注意不要过分追求细节</td><td rowspan="4">甄别发布信息网站公信力，学习根据工信管理和域名管理网站确认发布来源；
学习使用舆情工具甄别材料热度真伪；
注意标识原创与转发的版权归属；
注意复核同一文化背景下不同元素的信息差异（含来源、形象、注释等具体信息）</td></tr>
<tr><td>转印</td><td>激光或蜡板</td></tr>
<tr><td>拍摄</td><td>专业相机或智能手机</td></tr>
<tr><td>临摹</td><td>手绘（速写或素描）</td></tr>
<tr><td rowspan="6">抽象采集</td><td>形态抽象</td><td rowspan="6">手绘（或机绘）</td><td rowspan="6">注意量与质的同步累积，在进行抽象采集过程中，依照不同的抽象类型，每个环节开展 5 ~ 10 个的可能性尝试，且确保造型成立；
注意抽象与采集对象的关联性保存，在主要特征上要进行高度概括和唯一性探索；
严禁照搬或机械地进行解构，制造无用素材（如为了填充数量的涂鸦，对二次创作和创意延伸不具备开发基础）</td><td>注意丰富观察角度，积极开发从传统三视图到多维度的形态拓展</td></tr>
<tr><td>动态抽象</td><td>注意静态—动态的动势转化和动态规律的捕捉与记录</td></tr>
<tr><td>神态抽象</td><td>注意神态与场景的环境关系（如“一团和气”）</td></tr>
<tr><td>加法抽象</td><td>着重搜集图形图像增量的基础，避免无意义的缝合怪（如“太极鱼”）</td></tr>
<tr><td>减法抽象</td><td>着重搜集图像减法的正负型（如“八卦图”）</td></tr>
<tr><td>意趣抽象</td><td>着重搜集图形图像的象征意义（如“暗八仙”）</td></tr>
</table>

实战练习

【作业名称】文创素材的视觉转化规律探索

【作业目的】掌握如何将传统文化元素转化为具有现代审美和实用性的文化创意素材，理解视觉转化过程中的关键规律与技巧，激发创意灵感，并提升设计实践能力。

【作业要求】

1. 理论学习与案例分析

（1）理论学习：了解视觉转化的基本概念，包括但不限于色彩转换、图案抽象化、形状简化、质感模拟等。学习传统文化元素的识别与分类，如古代纹样、书法字体、传统服饰、民俗艺术等。

（2）案例分析：分组讨论并分析3~5个成功文创产品的视觉转化案例，探讨其转化策略，如《故宫文创》系列、《清明上河图》现代演绎等。总结视觉转化的成功要素和潜在挑战。

2. 实践操作

（1）素材选取与分析：每位学生从提供的或自选的传统元素中选择至少两个作为转化对象，如古代建筑元素、传统图案、历史人物画像等。进行元素的历史背景调研，分析其文化意义与视觉特征。

（2）视觉转化设计：进行创意构思，基于素材分析，提出转化设想，思考如何将传统元素融入现代设计语境，如手机壳、T恤、笔记本封面、App界面等。

（3）草图设计：利用手绘或设计软件，初步设计转化后的视觉效果，尝试不同的色彩搭配、图案变形、布局安排等。

（4）技术实践：使用设计软件（如Adobe Illustrator、Photoshop）完成设计稿，实现从草图到数字化的转化，注意保持视觉的和谐与创新。

（5）成果展示与评价：每位学生准备一份设计说明文档，介绍转化思路、设计过程及所采用的视觉转化规律。组织班级展示会，学生分享自己的作品，同学间相互评价，教师总结点评，提出改进建议。

【评价标准】

◎创意与原创性：设计的独特性与创新思维（30%）

◎文化内涵表达：转化后设计是否保留并恰当传达了原文化元素的精髓（30%）

◎视觉效果：色彩搭配、构图、元素运用的协调性与美观度（20%）

◎技术实现：设计的完成度与专业技能的运用（10%）

◎展示与交流：口头表达清晰度与互动交流能力（10%）

能力提升

可以通过哪些设计方法迅速提升画面效果

在设计中，想要让画面效果更惊艳，就必须要有一个清晰的构图，并且要有足够多的元素。构图就像是建筑的地基一样，它是所有设计的基础。当你能够对画面有一个清晰的构图后，就能够在后续的设计中不花费太多时间去调整画面。下面就来介绍几种可以让画面效果更惊艳的设计方法。

1．留白

在设计中合理运用留白，可以提升作品的专业度、清晰度及美学价值。以下是一些实用的技巧和原则。

（1）确定设计的核心元素：首先明确设计中最重要的信息或视觉元素是什么。这些核心元素应当是留白策略的焦点，确保它们有足够的空间脱颖而出。

（2）遵循邻近法则：元素之间的空白可以反映它们之间的关系。紧密排列的元素会被视为一组，而适当留白的元素则各自独立。合理安排间距，使页面布局有层次感。

（3）保持适当的间距：不要害怕在元素之间留下足够的空间，这能让设计“呼吸”，减少视觉拥挤，提高可读性和用户体验。

（4）利用留白引导视线：通过在关键信息周围增加留白，可以引导观众的注意力，让设计的重点一目了然。留白如同视觉的“路标”，帮助用户流畅浏览内容。

（5）建立间距系统：制定一套间距规则，如使用成比例的间距值（如12 pt、16 pt、24 pt等），保持设计中的一致性，这可以提升整体的和谐感和专业度。

（6）简化设计：去除不必要的元素，只保留对传达信息至关重要的部分。删除边框、多余的装饰或文字，可以使设计更加清爽，留白自然显现。

（7）强化对比：留白与密集元素之间的对比可以增强视觉冲击力。例如，一个大的标题与下方紧凑的正文形成对比，使标题更加醒目。

（8）考虑文化与语境：不同的文化和设计领域对留白的理解可能有所不同。了解目标受众的偏好，调整留白的使用，以适应其审美习惯。

（9）实践与反馈：设计过程中，不断尝试不同的留白方案，并获取用户或同行的反馈。留白的多少往往需要根据实际效果进行微调。

（10）理解“少即是多”：记住，设计中的留白并不意味着缺乏内容，而是通过精心策划的空白区域，使得设计的内容更加突出和有力。

2．对称

对称是最基本的构图原则，也是最经典的构图方式。对称式构图强调平衡、稳定，具有强烈的秩序感和庄重的感觉，同时也具有较高的识别度。对称式构图是将物体或图形以水平、垂直或对角线等形式进行重复排列，以形成稳定和平衡感，通常被设计为对称图形，如圆、直线、曲线等。对称式构图可以用来表现庄严和秩序感，同时也能很好地传达一种稳定的感觉。但对称式构图也有一定的局限性。在设计中，往往不需要把所有元素都放在同一水平线上，通常只需要将物体或图形放置在水平或垂直的位置就可以了。不过对称式构图还是有一定局限性的，在实际设计中，很多时候需要根据实际情况来调整画面元素的布局，使其达到最佳效果。

3．对比

对比是指在一个画面中，用视觉上的强烈差异来表现出其他元素的作用。例如，在设计中可以使用不同的颜色和背景来突出不同的元素。对比会让画面更加突出，让用户更容易将注意放到设计上。例如，在设计中加入一种更加鲜艳的颜色。虽然对比可以让画面更加生动，但也可能会破坏整个画面的平衡感。在设计中，对比元素可以有很多种，可以是颜色、形状、纹理、字体、纹理等，只要使之产生差异性就可以。

对比可以非常明显地表现出画面中元素之间的差异，从而让画面更加丰富和有吸引力。但是在设计中加入对比元素时，必须要注意对比元素之间的平衡感，并通过调整对比元素的大小来控制画面整体的平衡感，不能差异过大导致画面失衡，甚至破坏整个画面的平衡感，使画面变得不和谐。

4．重复

重复是一种比较简单的构图方式，它会让你的画面变得更加和谐。这种构图方式可以应用于文创产品或者其他产品的设计中。在设计中，重复的元素包括不同颜色、不同形状和不同大小的元素，这些元素会让画面更加丰富和有创意，更容易吸引用户，从而使其对设计内容产生兴趣。

5．呼应

呼应是指两个或两个以上的元素之间，通过巧妙的联系和配合，让画面中的元素产生视觉上的关联。如果想要设计出有呼应感的画面，那么在设计中就需要让画面中的元素具有一定的关联性，并且需要能够相互呼应。在设计中，呼应通常可以通过颜色、形状、大小、位置等多种方式来实现。呼应可以分为两种：一种是内容上的呼应，即通过文字、图片或其他形式来体现内容和背景之间的关联；另一种是形式上的呼应，即通过一些元素或者形式来突出主题。例如，在设计中使用一个圆形和一个方形相呼应，就能够很好地表达出内容上的关联性；在设计中使用两个大小不同的矩形来互相呼应，就能够很好地表现出形式上的关联性。

6. 几何元素

几何元素是一种非常神奇的元素，它能够使设计更加灵活和富有创意。几何元素也是最容易设计的一种元素，因为它们总是会给人带来一种抽象的感觉，并且它们通常都是非常有创意的。在设计中，使用几何元素能够让设计更加有趣，同时还能够让用户感觉到有深度。这也是为什么在设计中，一些简单的几何元素如圆、角、三角形等都是非常有效的设计方式。

在设计中，几何元素通常都会使用得很巧妙，并且通常会根据想要表达的意思来选择它们应该用在哪个位置。通常来说，使用几何元素进行设计都会使用一些非常巧妙的方式去表达。例如，可以通过圆、角、三角形等来突出强调主体。这样做能够使设计更加有趣、富有创意。

7. 色彩

色彩是生活中必不可少的一部分，它可以帮助人们传达信息，也可以影响人们的情绪。想要让设计的画面效果更惊艳，就必须要有足够多的色彩。不同的色彩能够为人们传递不同的情绪，但是也需要根据设计内容来选择合适的色彩。以下是一些常见的色彩。

（1）红色：红色能够很好地代表快乐、活力和激情。但是如果想要传达的内容是关于生活压力或者是与危险相关的话，那么就不适合使用红色。

（2）蓝色：蓝色是一个非常冷静和有力量的颜色，它能够很好地表达出积极和安全的感觉。但是如果想要传达需要非常冷静、理性或者非常紧张的内容的话，那么就不适合使用蓝色。

（3）黄色：黄色是一种温暖而充满活力的颜色，它能够传达出希望和成功。

（4）绿色：绿色是一种具有生命力的颜色，它能够给人带来希望和能量。

（5）橙色：橙色能够传达出活泼、温暖以及热情。

任务三　产品设计素材资料采集工具的选择与使用

任务描述

图片是信息的载体，它能记录时代变迁、社会进步、科技发展等，是人们获取信息不可或缺的重要渠道。由于受转印设备、拍摄设备、拍摄技术、拍摄地点等因素的限制，图片质量不稳定，甚至存在较大差异，为了避免日后进行图片资料搜集和使用带来隐患。需要结合不同的图片素材采集工具所需要满足的采集条件，完成素材采集。

技术分析

在做图片素材采集之前，要考虑好采集的图片素材内容，也就是想要采集的内容，在什么场合需要用到这些图片素材。

目前图片素材采集有三种方式：手动采集、自动采集和爬虫采集。

1. 手动采集

手动采集是最原始的采集方法，就是需要在某个图片素材网站或者软件上，手动去采集，去添加图片。或者亲自拍摄、拓印、扫描图像。手动采集目前仍旧是自主性和针对性较强的方案。可以通过图像扫描和工业扫描获取素材的图像和结构数据，如图1-19和图1-20所示。

图 1-19　扫描文本材料和表面纹理的设备

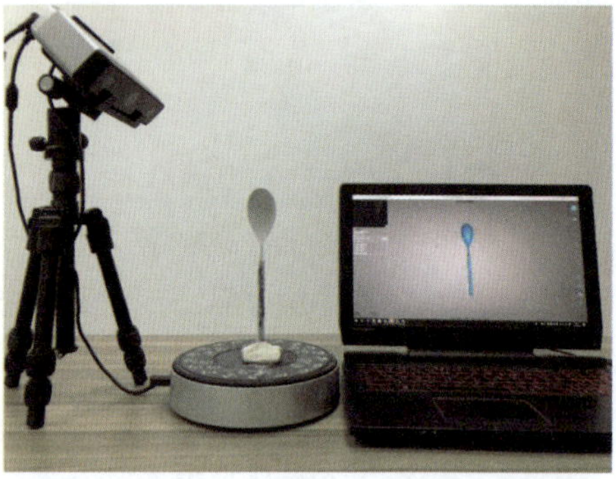

图 1-20　扫描产品结构和建模数据的设备

2. 自动采集

自动采集指的是利用软件来自动采集图片素材，例如，千图网、包图网、觅知网等。这些软件都是可以下载使用的，可以设置好采集规则，如采集的图片数量不能超过1 000张、时间不能超过5秒等。在设置好采集规则后，就可以通过这些软件来自动采集图片素材了。

这种方式的好处是使用简单、快捷，不过缺点也比较明显，需要付费购买软件才能使用，购买后可以设置采集规则，在固定的时间内自动批量地采集素材，如图1-21所示。

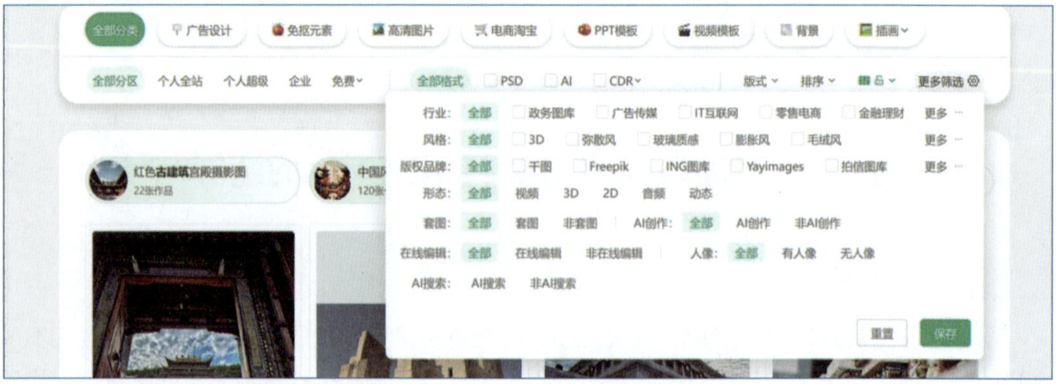

图 1-21　千图网内的图片搜索设置界面

3. 爬虫采集

爬虫采集，顾名思义就是像蜘蛛一样爬取网页，获取网页中的所有信息，然后进行整合分析。爬虫采集优点是自动化程度高，可以采集到任意想要的内容，缺点是速度较慢，如果数据量大就需要用到多个爬虫同时工作，成本较高。常见工具有八爪鱼爬虫采集器，如图1-22所示。

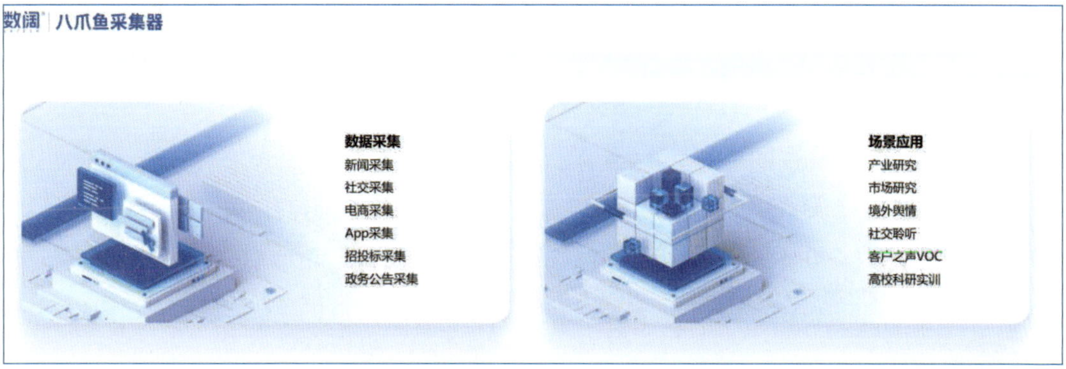

图 1-22　网络爬虫工具八爪鱼采集器

4. 选择合适的采集方式

如果对图片的质量要求比较高，希望能够采集到高质量的图片，可以选择手动采集；如果需要快速高效地获取大量的图片素材，可以选择自动采集；如果是一个新开的网站，没有专业的技术人员维护，或者想通过手动采集来获取大量的运营和文本类素材，可以选择爬虫采集。

实施标准

1. 根据实际需求选择采集工具

图片采集工具主要指常规图片采集工具，包括扫描仪、数码相机、数码摄像机等，一般来说，设计场景运用维度越广，环境要求越高，采用的设备越高级，所需要的采集工具就越专业。

2. 选择采集工具时要注意其稳定性

不同的采集工具都有其相应的使用条件和限制，只有满足特定条件才能采集出高质量的图片。选择采集工具时并不知道该工具是否能满足采集要求，一定要注意其稳定性，否则不仅会降低采集效率，还会给后期图片处理工作带来不便。例如，使用“手持扫描枪”进行拍摄时，由于其对光线要求比较严格，如果光线太暗或太亮都会影响图片质量。因此，在使用该采集工具时要注意光线问题，如果拍摄的图片有“马赛克”等现象，就会给后期处理工作带来不便。

3. 对采集工具进行合理使用，避免资源浪费

目前，市场上有许多图片采集软件可供选择，在使用前需要根据自己的实际情况选择合适的图片采集软件。例如，某企业对宣传图片进行素材采集时，需要使用Adobe Photoshop来完成；某高校需要采集一批照片素材作为课程论文，可以使用文字识别软件将文字转成图片；某科研机构需要采集一批实验图片，可以使用Fotor来完成。总之，应根据不同的情况合理使用图片采集软件，避免造成资源浪费。

4. 根据自身需求选择合适的采集方式

在图片采集的过程中，要根据自身情况选择合适的采集方式，不要盲目选择。例如，对图片质量要求严格，可以使用单反相机拍摄图片；如果想搜集风光、人像等主题的图片，可

以使用数码相机或者微单相机进行拍摄；如果没有特定的拍摄需求，又不想携带大量设备，可以采用手机拍摄图片。另外，还需要根据自己的需求选择图片采集方式，这样才能为后期图片处理提供保障。

5. 采集工具的保存期限

由于目前网络上存在大量的图片素材资料，因此采集工具的保存期限就显得尤为重要。在选择采集工具时，就应该根据实际情况，选择那些能够保存长时间的采集工具。例如，一些采集工具具有自动保存功能，这样可以大大减少后期图片资料整理的工作量。

实施步骤

考虑到实际操作场景，图片搜集和素材扫描可依靠设备或软件“一键操作”的集成功能，这里着重介绍手动采集中最常见的手机拍摄采集和定向搜索的两种方法。手机拍摄作为原始素材最为快捷的收录方式，拍摄技巧的掌握程度直接决定了素材的可塑性与外延性。

方法一：手机拍摄采集

1. 选择或设计环境光影

根据光线的属性分类可以把光线分为人造光、自然光；根据光线的强弱可以分为强光、柔光和弱光；根据光线的方向可以把光线主要分为顺光、逆光、顶光以及侧光，更为具体的光线分类如图1-23所示。

常规来说，手机的感光器件对光线的敏感度比较低，因此要在适当的光线下拍照，尽量避免在灯光较暗或较强的情况下拍照。手机里的专业模式相当于相机上的手动档，使手机能够像相机一样调节测光模式、感光度、快门速度等参数，以满足更多的拍摄需求。M是测光方式，支持矩阵测光、中央重点、点测光方式；ISO是感光度，感光度越高，照片噪点越多；S是快门速度，用户可以根据拍摄题材进行选择；EV是曝光补偿，在自动模式下可以通过调整曝光补偿来控制照片效果；AF和 WB分别是镜头自动对焦和手动对焦。通过这些参数设置，手机可以像相机一样调节测光模式、感光度、快门速度等，以满足更多的拍摄需求。这里以手机的操作界面为例，打开专业模式，可以看到6个调节选项，如图1-24所示。

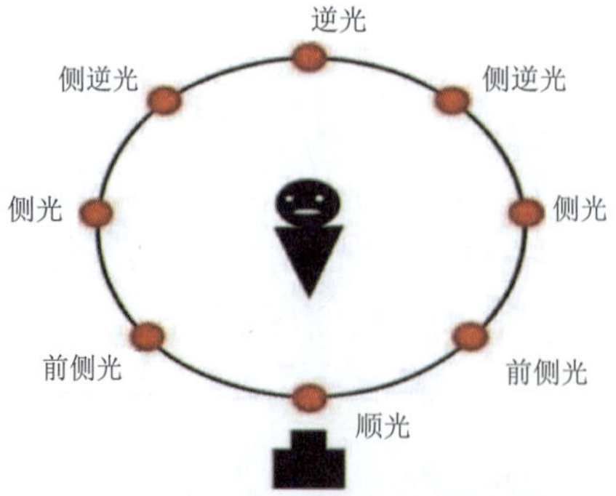

图 1-23　不同方向光线与拍摄主体的相对位置示意图

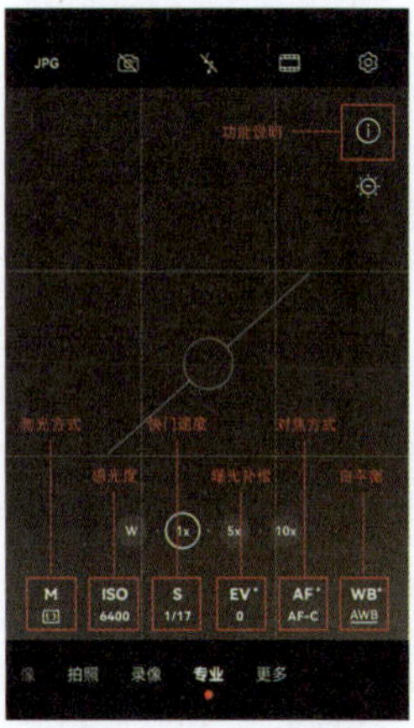

图 1-24　手机拍摄专业模式界面

当我们拍摄星空、夜景、人像时，可以用中央重点测光；当我们拍摄运动物体、静物时，可以用点测光；如果拍摄场景比较复杂、光线变化较多时，就可以用矩阵测光来调节，如图1-25所示。

ISO反映手机传感器对于光的灵敏程度。ISO越低，画质越好，画面越暗（注意：不要为过高清晰度选择过低的ISO）；ISO越高，画质越差，噪点多，画面越亮，如图1-26所示。

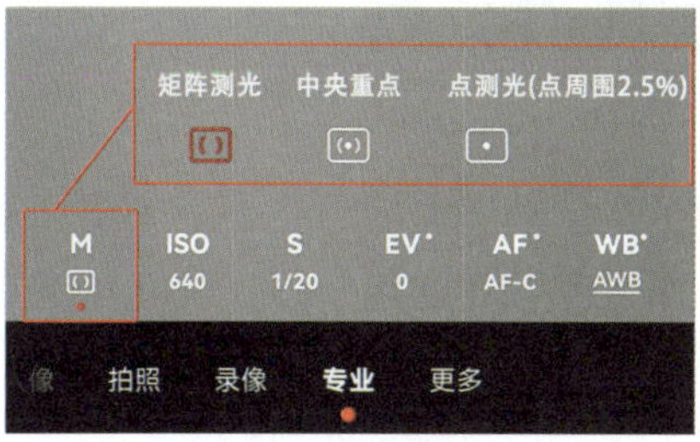

图 1-25　手机中调整图片曝光的选项

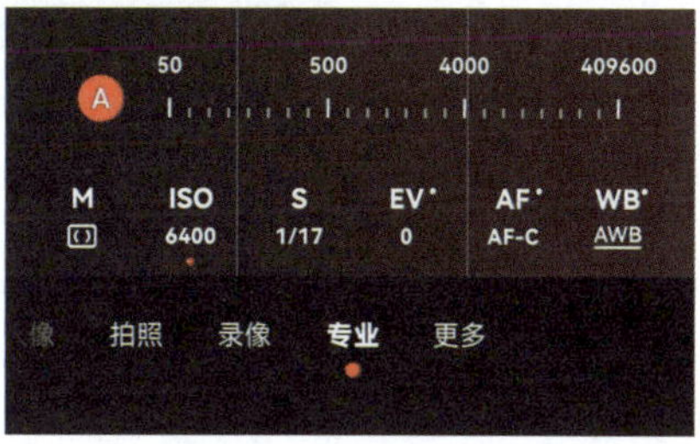

图 1-26　ISO 调节

S对应曝光时间，快门速度越快，进光量就越少，画面就越暗；快门速度越慢，进光时间越长，画面就越亮。曝光时间结束前需要保持设备静止，否则画面会模糊（注意：分母越大，快门时间越小）（见图1-27）。快门速度快，就适合抓拍运动中的人、行进中的车、奔跑中的小动物等；快门速度慢，可以拍出物体运动的轨迹，拍摄出光轨、星轨之类的画面。

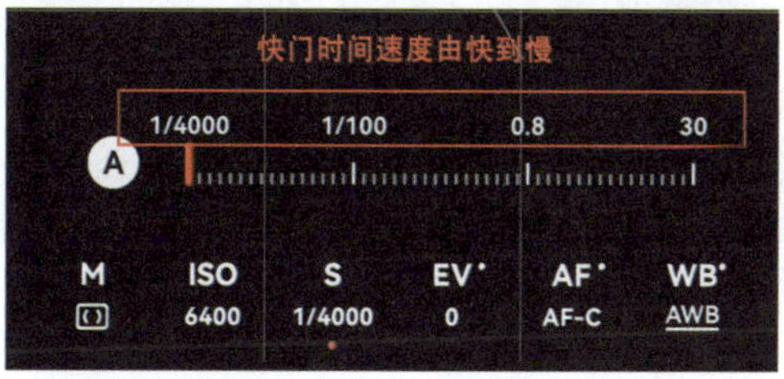

图 1-27　S 调节

EV主要是为照片补光。照片过暗，要增加EV值；照片过亮，要减少EV值，如图1-28所示。

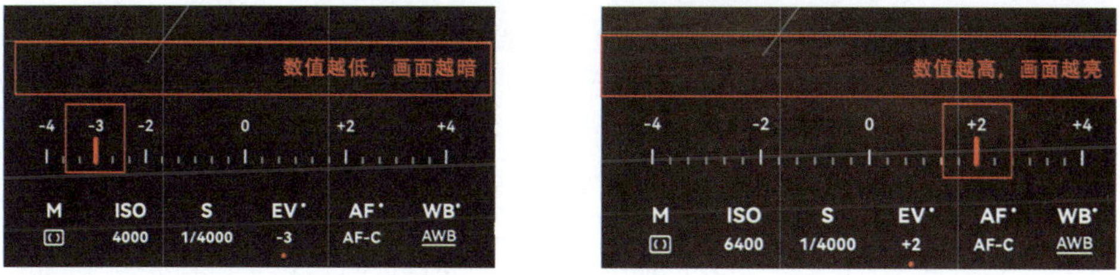

图 1-28　EV 调节

一张图片拍得是否清晰，对焦是至关重要的。手机上的对焦模式有AF-S、AF-C、MF三种，用于凸显不同的细节，如图1-29所示。AF-S：单次自动对焦，在图片中点击哪里对焦哪里，常用于拍摄静止的物体；AF-C：连续自动对焦，点击手机屏幕一次，然后自动连续对焦，适合拍运动的人或物；MF：手动对焦，选择某区域对焦，拍摄完或者移动手机时，对焦点仍不变。可以根据自己想要拍摄的效果，选择合适的对焦模式。

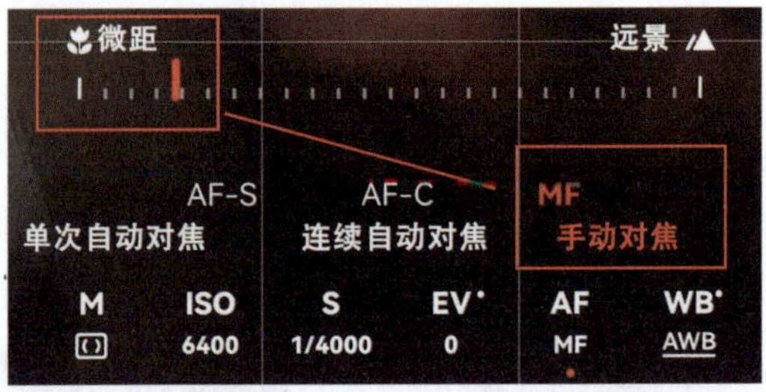

图 1-29 对焦调节

调整色彩的参数只有自动白平衡（auto white balance, AWB），能平衡其他颜色在有色光线下的冷暖色调，还原照片本色。一般都会选择自动模式，如果觉得自动拍出来色温不准确时，可以手动选取后面的云、雨、白炽灯、太阳这几个模式来获得更准确的白平衡，如图1-30所示。

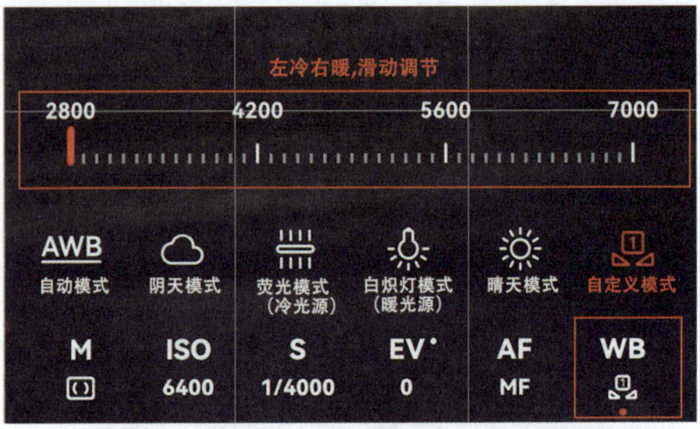

图 1-30 白平衡调节

2. 确认拍摄对焦

在手机拍摄中，我们会看到不同的对焦参数，即广角（0.5×）、1×、2×、3×、5×，一般根据不同的场景来选择相应合适的对焦，详见表1-6。

表 1-6 手机多焦段镜头的对比分析表

焦段标识	技术原理	等效焦距范围	功能特点	拍摄内容示例
0.5×	超广角镜头	14~18mm	112°~130° 超大视角覆盖，边缘畸变控制优化，强化空间透视纵深感	室内装修全貌、摩天大楼仰拍、峡谷地貌全景、Vlog 动态跟拍、创意自拍构图等
1×	主摄镜头	23~28mm	人眼仿生视觉还原，多像素合一高解析，全场景自动对焦优化	生活场景记录、街头人文抓拍、证件照级人像、电商产品展示等
2×	人像镜头 / 裁切中焦	50~56mm	标准人像透视比例，背景虚化自然过渡，细节解析力强化	人物肖像特写、珠宝首饰细节、咖啡馆环境人像、建筑立面雕花等
3×	光学长焦	70~85mm	3~5 倍无损变焦能力，空间压缩效果显著，主体分离度提升	演唱会艺人特写、野生动物生态、建筑顶部装饰、体育赛事精彩瞬间等
5×	超长焦	120~125mm	超视距拍摄能力，空气透视弱化效果，专业级防抖系统支持	山顶观景台远摄、天文摄影（需三脚架）、野生动物隐秘观察、建筑群空间层次表现等

3. 寻找拍摄角度和时间

在拍摄时，尽量选择与拍摄对象保持平行的角度进行拍摄，图片会显得更真实。拍摄角度推荐设置成30°~45°间，这样拍出来的图片效果比较好。在进行拍照时，要注意两个方面：一是要选择一个合适的位置进行拍照；二是要注意光线和光线照射的角度，如果光线不好，最好择时再拍。常规来说，一天中最佳摄影时间是16:00~18:00，即所谓的摄影黄金时段。但更准确的说法是，黄金时段是指日出后的第一个小时和日落前的最后一个小时。由于地理位置和季节、天气等因素限制，黄金时段不存在绝对区间，了解不同时间段的光线特点，有助于为相应主题选择合适的拍摄时间。黄金时段产生的光线比较柔和，不会出现强烈的反光和阴影，整体看起来非常温暖讨喜，但黄金时段并不适合所有类型的摄影题材。例如，街头摄影师更喜欢对比强烈的画面，所以一般在正午拍摄，而一些微距摄影师为了拍出颜色的饱和感与丰富细节更喜欢在阴天拍摄。不同拍摄主题的时间段可参考表1-7。

表 1-7 拍摄时间对照表

时间段	光线特点	拍摄主题
太阳初升（5:00~6:00）	光线不强	风景、氛围感人像
清晨（6:00~8:00）	光线泛黄、柔和	日出、逆光、剪影人像
上午（8:00~11:00）	阳光明媚但不强烈	人像、风景、小清新人像、建筑
中午（11:00~14:00）	光线最强、刺眼、杂乱	不适合拍照
下午（14:00~16:00）	光线与上午相似	人像、风景、建筑
太阳将落（16:00~18:00）	光线橘黄、柔和	氛围感人像、逆光、剪影
暮色（18:00~19:00）	蓝调色彩效果	蓝调人像

注：不同地区、不同季节，每天的最佳摄影时间有所不同，这里的时间段仅供参考。

4. 拍摄参数注意事项

如果在光线较强的环境下需要用手机进行拍摄，在阳光充足的室外拍照时，可以采用广角镜头，将背景全部虚化。拍摄时要避免强光直射，因为强光直射会影响照片的成像效果；在室内进行拍照时，则可以使用小光圈进行拍摄，可以将窗户、灯光、日光灯等灯光都关闭掉。

方法二：定向搜索

1. 确定要搜索的主题

首先明确要搜索的图片素材主题与适用类型。在确定了主题之后，开始搜索与主题相关的图片。可以在图虫创意、站酷、Pexels、中国国家地理等网站进行搜索。这些网站都是专门搜集图片素材的工具网站，而且都有搜索分类，方便按主题进行查找。对于新手来说，更推荐使用前两个网站，因为两者的图片都很丰富，也比较简单易上手。

2. 确定图片的尺寸

一般情况下，要获取的图片素材都会有一定的尺寸限制（如要求像素是1024×1096 px），这并不绝对，要看具体的素材需求。确定图片尺寸后，就可以进行图片筛选。

3. 选择搜索关键词

搜索关键词对于图片搜集来说非常重要，也是搜集图片素材时需要注意的问题。可以通过以下几个方面来选择搜索关键词。

（1）选择一些专业的图片搜索引擎，如百度、搜狗、360等。这些搜索引擎一般都提供了非常丰富的图片资源，可以根据自己的需要选择查找图片素材的关键词。

（2）通过图片资源网站来搜索相应的图片资源，如一些摄影网站、设计网站等。这些网站一般都提供了海量的摄影和设计素材，便于搜索相关的图片素材。

（3）选择合适的资料采集工具。

①高分辨率扫描仪。

应用场景：适用于扫描书籍、画作、文物等平面物件。高分辨率扫描仪能够捕捉到极细微的细节，如纸张纹理、笔触细节等，这对于复原和展示古籍书画的细节至关重要。

选择标准：选择时应考虑扫描仪的分辨率、色彩管理能力和光源类型。一般推荐分辨率不低于1 200 dpi的设备，以确保图像细节的丰富性和准确性。

②专业级照相机和镜头。

应用场景：用于拍摄大型文物、建筑和现场艺术表演。专业相机（如DSLR或全画幅无反相机）与高质量镜头的组合，能够在各种光照条件下获取高清晰度的图片。

选择标准：重视相机的分辨率、ISO性能、动态范围和对焦系统。镜头选择上，广角镜头适合建筑和景观摄影，而微距镜头适用于拍摄细小的艺术品细节。

③3D扫描设备。

应用场景：用于采集雕塑和其他三维艺术品的物理特征。3D扫描技术可以创建物品的高精度数字复制品，非常适合需要在数字环境中重现实物细节的场合。

选择标准：依据扫描的精度、扫描速度和软件兼容性来选择设备。高精度的3D扫描可以保证模型的细节至关完整，适合复杂细节的文物和艺术品。

④无人机摄影设备。

应用场景：适用于从空中拍摄大型、难以接近的建筑和地理位置，如古建筑群、景区等。

选择标准：考虑无人机的稳定性、图像质量和操作简便性。高分辨率的摄像头和稳定的飞行控制系统是选择无人机的关键。

实战练习

【作业名称】《山海经》神兽造型采集与创意再现。

【作业目的】深入挖掘中国古代神话经典《山海经》中的文化精髓，通过采集、研究《山海经》中的神兽形象，结合现代审美与设计理念，创造性地再现这些古老神兽的造型，从而加深对传统文化的理解，并提升个人的创意思维与艺术表现能力。

【作业要求】

第一阶段：文献调研与素材采集。

（1）文献阅读：阅读《山海经》相关章节，记录下至少10种神兽的名称、形态描述、象征意义及所在篇章。

（2）素材搜集：在网络上搜集不同版本的《山海经》插图、古代绘画、现代艺术家对神兽的诠释等作品，整理成视觉素材库。

（3）分析报告：撰写一份简短的分析报告，对比不同资料中同一种神兽的形象差异，思考背后的文化变迁与艺术表现手法。

第二阶段：创意设计与草图绘制。

（1）选题确定：从收集的神兽中选择3种作为设计主题，考虑其在当代文化语境下的新解读。

（2）创意构思：结合现代审美趋势与个人风格，对选定神兽进行再设计。考虑颜色搭配、形态重构、材质想象等方面。

（3）草图绘制：为每种神兽绘制至少3种不同风格的设计草图，包括正面、侧面视图及细节特写，注解设计思路与元素寓意。

第三阶段：模型制作或数字渲染（形式自选）。

（1）手工模型：可选择一种神兽设计，利用黏土、纸艺、木雕等材料手工制作模型，注重质感与形态的逼真呈现。

（2）数字建模：或选择使用3D建模软件（如Blender、ZBrush）对所有设计进行数字建模，渲染出高清图像，展现光影效果。

（3）细节完善：无论是实体模型还是数字作品，都需要注重细节处理，确保设计元素与原始神兽特征的和谐融合。

第四阶段：展示与分享。

（1）展板制作：准备一个展板，包括神兽的原著描述、设计灵感来源、设计草图、制作过程照片/截图及最终成果展示。

（2）口头汇报：组织一场汇报会，每位同学介绍自己的设计思路、创作过程中的挑战与解决方法，分享创作心得。

（3）互动交流：设置提问与讨论环节，鼓励同学之间相互评价，探讨如何更好地将传统文化融入现代设计之中。

（4）提交材料（参考）：研究报告电子版；设计草图集（电子版或手绘扫描版）；创作过程记录（照片或视频）；展示汇报PPT。

【评价标准】

◎文献调研的深度与广度（20%）

◎设计创意与创新性（30%）

◎技术实现的质量与细节处理（10%）

◎口头表达与交流能力（10%）

◎对传统文化的尊重与设计转化（30%）

能力提升

如何使用手工形式制作画面肌理

手工制作画面肌理是一种富有创意和乐趣的艺术手段，可以为作品增添独特的质感和视觉效果。在设计中使用手工肌理，很容易与用户搭建良好的情绪共鸣。作为一个重要的搜集视觉元素的实践环节，可以使用下面的肌理制作方法来丰富文创的视觉层次。

（1）渲染法：使用生宣纸或湿润的纸张，将水性颜料自然渗透到纸中，创造出丰富的层次和虚实变化。

（2）吹彩法：在纸面上滴上颜料后，用吸管轻轻吹气，引导颜料形成特定流向的线条和痕迹。

（3）滴流法：将大量颜料滴在纸上，然后倾斜纸面让颜料自由流动，产生宽大的线条和强烈的流动感。

（4）吸附法：将稀释的水性或油性颜料滴入清水中，待色彩流动至满意状态时，用吸水性强的纸吸取水面的色彩，得到流动感强烈的图案。

（5）抗水法：使用蜡笔、蜡或汽油等抗水材料在纸上预先绘制，然后覆盖水性颜料，抗水区域会自然显现。

（6）切割与重组：将画面切割并重新排列组合，或者拼贴其他材质，如金箔，来创造新的视觉关系。

（7）纸筋法：在画纸上添加纸筋，用水粘贴，干燥后撕去，以表现特定的纹理和质感。

（8）盖印与拓印：使用纸团、树叶、海绵、粗布等自然材料蘸取颜料后盖印在画面上，形成多样化的肌理效果。

（9）手指和刮刀使用：利用手指或刮刀厚涂颜料，可以形成立体且纹理清晰的效果。

（10）添加物质：在颜料中混合盐、糖、沙砾等颗粒物，增加肌理感，利用它们与颜料的相互作用形成特殊效果。

（11）滴溅法：直接将颜料滴溅或泼洒在画面上，形成随机而复杂的点、线、面结构，层次丰富。

（12）刀刮与雕刻：使用刀具、钢丝球等工具在已干燥的颜料层上刮擦，模仿木材、石材等自然纹理。

（13）浇注肌理：将调色油和颜料混合后通过针管等工具精确滴注，模拟电线、绳索等细节的质感。

通过这些方法，亲手创造出独一无二的肌理效果，为自己艺术创作增添无限可能。每种方法都可以根据个人创意和需求进行调整和组合，鼓励实验和探索，发现更多肌理制作的乐趣。

任务四　产品设计素材资料优化工具的选择与使用

任务描述

产品设计素材资料的优化不仅能够提升工作效率，保障设计质量，还能够加强团队合作，减少潜在风险，促进创新，是确保产品设计项目成功的关键因素之一。具体包括以下几个方面。

（1）提高设计效率：优化的素材资料意味着清晰的分类、易于查找的结构和高质量的内容。这能显著减少设计师在搜索和筛选素材上所花费的时间，使他们能够更专注于创意构思和设计执行，从而加速整个设计流程。

（2）保证设计质量：高质量的素材是高质量设计的基础。优化过程中包括去除低分辨率、版权不明或不适用的素材，确保设计师使用的每一项资源都是清晰、合法且符合项目需求的，有助于提升设计作品的整体视觉效果和专业度。

（3）促进团队协作：当素材资料被系统地整理和优化时，团队成员可以更容易地共享和交流设计资源，减少沟通成本，提高团队协作的效率。标准化的素材管理也有助于新成员快速融入项目，保持设计风格和品牌一致性。

（4）降低法律风险：确保所有素材都具有合法授权，避免了因使用未经授权的图片、字体或其他设计元素而可能引发的法律纠纷。这不仅是对知识产权的尊重，也是维护公司品牌声誉的重要措施。

（5）激发创新思维：优化后的素材库往往包含更多元、更新颖的元素，为设计师提供了丰富的灵感来源。良好的素材组织方式也能促使设计师在浏览过程中产生新的创意火花，促进设计的创新与突破。

（6）降低成本：高效管理和重复利用已有的优质素材可以减少对外部资源的依赖，降低购买额外素材的成本。同时，减少了因为错误使用素材导致的法律赔偿风险，也是间接的节约成本。

（7）提升用户体验：最终产品设计的直观感受往往源于素材的选择和应用。高质量、适宜的素材能够提升产品的视觉吸引力，增强用户的第一印象，从而提升用户体验和产品市场接受度。

核心任务包括提高图片打开速度（质量与格式的要求）、提高图片的记忆点（内容与风格的要求），以及提高图片的可编辑性（多软件适用）。

技术分析

目前市面上有很多可以提高视觉素材质量的软件和工具。这些软件和工具可以帮助人们进行素材分析、优化、排重以及其他辅助工作。这些技术手段主要包括：图像处理、动画处理、视频合成、媒体效果（如尺寸调整、颜色调整等）。这些技术手段在一定程度上可以提高工作的效率。

1. 图像处理

图像处理主要包括颜色、亮度、对比度、清晰度等，可以通过这些技术手段来提高素材的质量。如调整颜色，可以让图片更具有吸引力；添加滤镜，可以让图片更具艺术气息；调整透明度、大小等，可以提高素材的视觉效果，PS中优化图像的功能菜单如图1-31所示。

2. 动画处理

动画处理也是视觉素材优化中的一个重要技术手段。一般来说，如果动画做得好，可以提升素材的表现力，给人留下深刻的印象。但是由于动画制作成本较高，一般大型活动中才会使用动画处理，在日常工作中，一般都是使用PS或者AE等工具对动画进行处理，如图1-32所示。

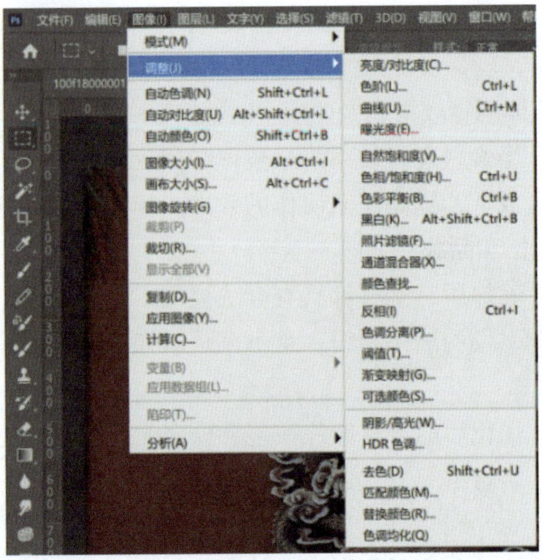

图 1-31　PS 界面下优化图像的功能菜单

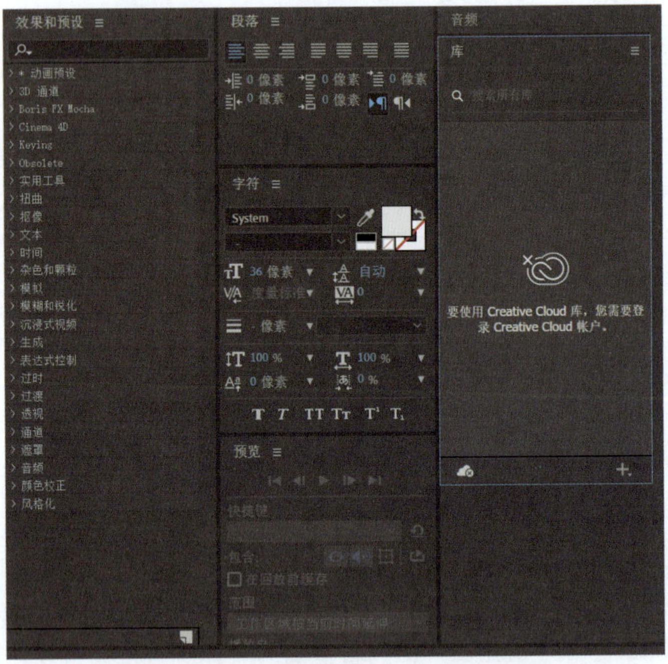

图 1-32　AE 界面下优化图像的功能菜单

在PS中可以利用路径工具对素材进行切分，在相应的位置添加一个关键帧，然后将其替换成对应的素材即可。这样就可以让素材动起来了。

3. 视频合成

在进行视觉素材优化时，还可以利用视频合成技术来提升素材的质量。目前，常用的视频合成技术包括：轨道合成、视频转换、视频叠加等。

其中，轨道合成是指在一段视频中添加多个不同的视频片段，从而形成一个新的视频。这种技术可以使一段素材的效果产生多种变化，从而提高素材质量。而视频转换则是在两段或者多段视频之间进行转换，使素材呈现一种连贯、流畅的效果。这种技术可以使素材中的时间线和空间关系更加明显，从而突出视觉效果。最后一种是视频叠加，它是指将多个素材合并到一起，形成一个新的画面，从而使画面更具冲击力。

4. 媒体效果

媒体效果包括尺寸调整、颜色调整、位置调整等。媒体效果可以使素材更加贴近目标用户，让他们在浏览时产生更大的兴趣。例如，尺寸调整可以对素材的大小进行调整，以符合目标用户的浏览习惯；颜色调整可以让素材更加吸引人。所以，媒体效果对于素材优化也是非常重要的。

5. 选择图像编辑和3D建模软件

1）选择图像编辑软件

Adobe Photoshop：这是最广泛使用的图像处理软件，适合进行复杂的图像编辑任务，如色彩校正、图层蒙版、高级滤镜应用等。Photoshop的强大功能使其成为优化传统艺术作品图像的首选工具。

Adobe Illustrator：作为一个矢量图形编辑工具，Illustrator是制作和编辑图标、徽标、复杂图形及其他需要在多种尺寸和分辨率下保持清晰度的设计元素的理想选择。

2）选择3D建模软件

Autodesk 3ds Max：这是一款功能强大的3D建模、动画和渲染软件，常用于视频游戏制作和电影特效。其高级的建模工具非常适合创建复杂的文化遗产3D复原和虚拟展示。

Blender：这是一个开源的3D创作套件，支持全过程3D制作，包括建模、动画、模拟、渲染、合成和视频编辑等。Blender的开源性质使其成为预算有限但需要全面3D设计工具的项目的优选。

整理常用素材库见表1-8，用于快速对应查找需要的素材文件，并根据素材完成相对统一的格式管理环节以便随用随取。

表 1-8　常用素材工具管理

素材工具	下载路径	任务规范
图片素材工具	摄图网（免费可商用）等类似专业图库网站均可，注意版权归属	不盲目开展素材整合任务，要根据个人设计习惯（受设计工具与出图方式制约）选择适合的文件格式，避免选择不熟悉或不符合行业内普遍设计习惯的文件格式；
	国家博物馆官网或类似数字博物馆图库；注意商业使用时咨询官方授权获取方式	
视频素材工具	潮点视频等类似专业视频素材库均可，如新片场、4K 中国、光厂等，注意版权归属	格式后要根据文档的格式确认存储参数规则，核心标准是：确保文件清晰流畅的前提下，占用内容最小的格式； 确保同一文件夹下的素材是同一格式的，避免在调用时需要二次制作素材的可能性。（修改素材会占用设计工时，拖慢设计进度）； 转存格式后，应在确保转存文件无破损、无遗漏、无卡顿的情况下方可删除源文档，具备硬件存储条件和云上传条件的，应设置缓存机制，源文件在未参与设计实践时尽量不完全删除； 建立任务记录习惯，每次优化或更新需建立新版本说明文档（txt 格式），便于素材调用和优化素材
	CCTV 官网及文博单位融媒体素材库；注意商业使用时咨询官方授权获取方式	
音频素材工具	耳聆网等类似专业音频素材库均可，注意版权归属	
	境外音频下载网站注意商业使用时咨询官方授权获取方式	
文献素材工具	NSTL 开放学术资源系统网；全国图书馆参考咨询联盟	
	论文查询网站：中国知网、万方数据、掌桥科研、维普网等	

实施标准

1. 视觉元素本身的效果

在设计中，视觉元素本身的效果就是指视觉元素本身所呈现出来的效果，如文字的大小、字体、字号、颜色等。好的视觉元素所带来的视觉效果可以在用户心中形成好的印象，从而形成品牌效应，增加用户对产品的信任感。

优化后的视觉元素和原稿相比，视觉效果的对比。

（1）视觉元素本身的效果：例如，原图是一条竖线，那么优化后的视觉元素可能变成了横线，或者其他形状。另外还有其他的一些变化。

（2）和原稿相比，视觉效果的变化：如原图是一张大图，那么优化后可能变成了一张小图，或者其他一些细节方面的变化。

（3）其他元素（如用户行为、产品信息）的变化：如原图是一条横线，那么优化后可能变成一条竖线；原图是一大块文字，优化后可能变成一篇小文章。

2. 观察者（设计师和产品对应的用户）对视觉优化后的效果的反应

如果优化后的效果非常好，用户很喜欢，说明这个优化是成功的。但是如果优化后的效果很差，甚至和优化前的效果完全不一样，那就说明这个优化是失败的。可以从下面三个维度来确认。

（1）审美喜爱程度。

（2）设计使用便捷程度。

（3）记忆点留存程度。

实施步骤

将传统元素转化为适用于现代设计的视觉元素，需要运用各种数字化技术和创意处理方法。

方法一：矢量化处理。

使用图形编辑软件（如Adobe Illustrator）将扫描的传统图案转换为矢量图形。矢量图形的优点在于无论放大到什么程度，都能保持边缘的平滑和清晰，非常适合需要多尺寸应用的商业设计。矢量化过程中，可以调整颜色和线条，以适应现代审美，同时保留元素的传统感。

1. 置入素材图片

（1）选择“文件”→“置入”命令，置入素材图片，如图1-33所示。

（2）在弹出的“置入”对话框中，选择待置入的图片。单击“置入”按钮，将选择的图片，置入当前的文档，如图1-34所示。

图 1-33 “文件”→“置入”命令

图 1-34 置入图片

2. 转换图片类型

（1）单击属性栏中的“图像描摹”按钮，将位图转换为矢量图，如图1-35所示。

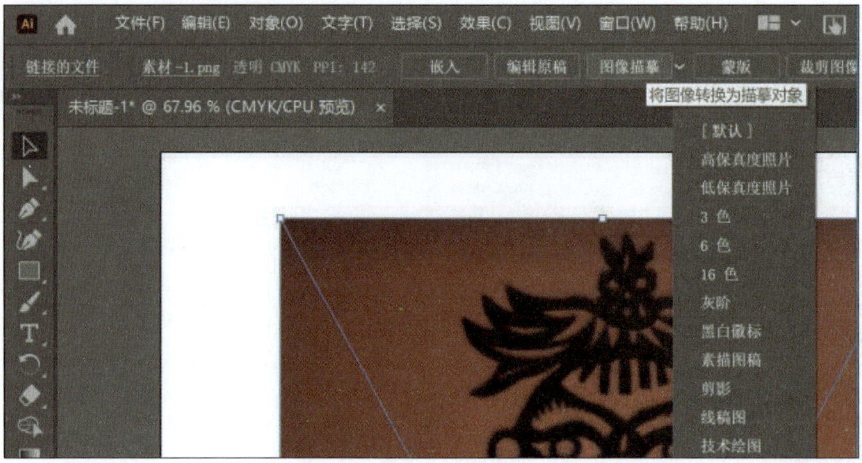

图 1-35　单击“图像描摹”按钮

（2）单击属性栏中的“图像描摹面板”按钮，弹出图像描摹设置面板。在弹出的图像描摹窗口中，单击“模式”下拉框，弹出系统预设色彩模式列表。选择列表中的“灰阶”选项，作为图像描摹色彩模式，如图1-36所示。

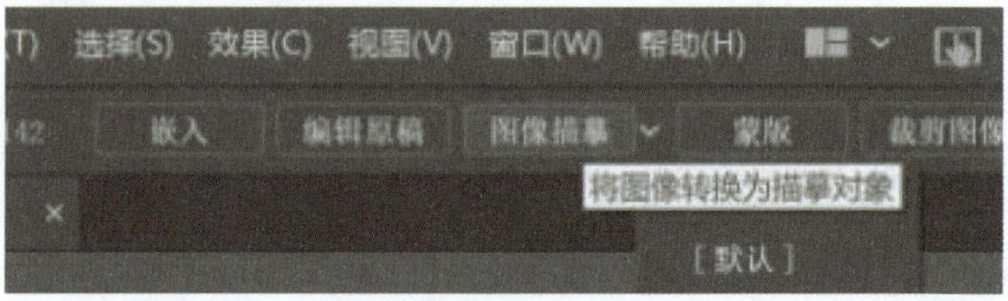

图 1-36　“灰阶”选项

（3）灰度中的“路径”参数用于控制描摹形状和原始像素形状间的差异，如图1-37所示。较低的值，创建较紧密的路径拟合；较高的值，创建较疏松的路径拟合。

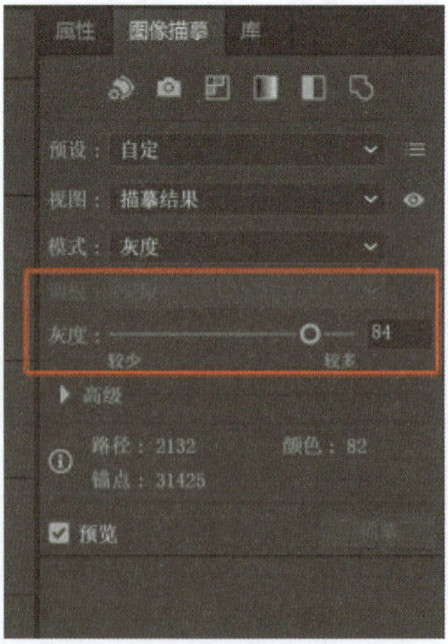

图 1-37　灰度路径调整

（4）单击“扩展”按钮，将描摹对象转化为矢量图形，如图1-38所示。

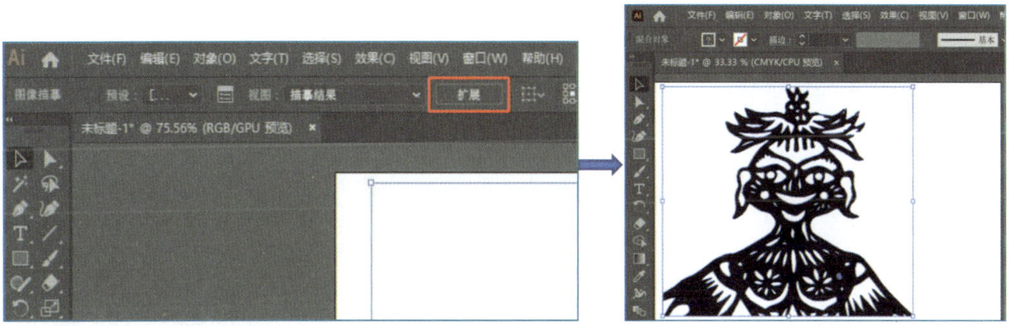

图 1-38　单击“扩展”按钮转化图像

方法二：进行3D建模。

利用3D建模软件（如Autodesk 3ds Max、Blender）根据二维图像创建三维模型，相关实施步骤可参考图1-39。

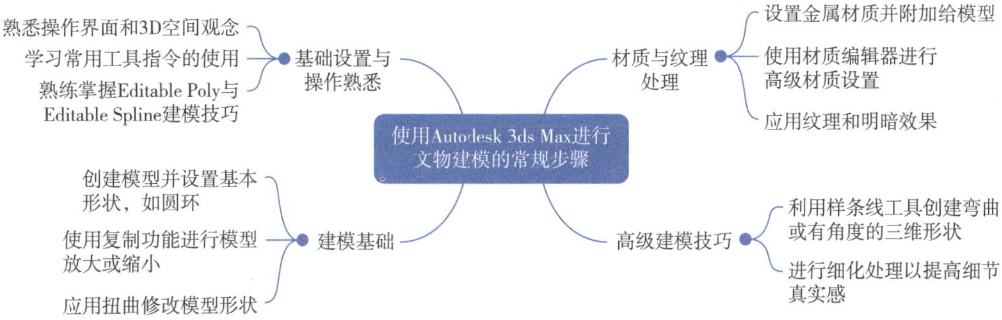

图 1-39　使用 Autodesk 3ds Max 进行文物建模的常规步骤

这种技术特别适合将雕塑、建筑细节等立体艺术作品转化为可以在虚拟现实或物理打印中使用的模型。3D模型可以用于游戏设计、动画制作或虚拟现实应用，让传统艺术以全新的形式呈现给现代观众。

方法三：动态化和交互元素的添加。

对于某些文化元素，如传统舞蹈、戏剧表演，可以通过动画技术重现其动态美学，如使用Adobe After Effects进行动画制作，相关实施步骤可参考图1-40。制作时可增加交互设计元素，如触摸响应、声音和光影效果，使得设计不仅限于视觉表现，而且能与用户产生更深层的互动。

图 1-40　使用 Adobe After Effects 创建古风卡通舞蹈形象的常规步骤

实战练习

【作业名称】唐朝纹样在现代设计中的应用。

【作业目的】深入了解唐朝艺术与文化的精髓，特别是唐朝时期的纹样艺术，通过现代设计软件或手工技法，将传统纹样融入现代设计之中，探索传统文化与现代审美之间的和谐共生，提升学生的文化素养和创新设计能力。

【作业要求】

1. 研究与素材收集

文献研究：查阅相关书籍、网络资源，了解唐朝的历史背景、文化艺术特点，特别是唐朝纹样的种类（如云纹、莲花纹、宝相花纹、几何纹等）、象征意义及应用场景。

素材收集：收集唐朝时期的文物图片、壁画、陶器、织物上的纹样图案，整理成素材库。

2. 设计软件/手工技法选择

根据个人兴趣与专长，选择一种或几种设计软件（如Adobe Illustrator、Photoshop、SketchUp等）或手工技法（如刺绣、雕刻、陶艺、剪纸等），作为本次作业的主要创作工具。

3. 纹样再设计

纹样提取与分析：从收集的素材中挑选1~2种具有代表性的唐朝纹样进行深入分析，理解其构成、色彩和象征意义。

创意改造：在保持原有文化韵味的基础上，结合现代设计理念和流行元素，对选定的纹样进行创新设计。考虑如何调整色彩、形态、布局，使之更加符合现代审美和使用场景。

软件设计：利用设计软件进行数字化创作，可以是矢量图形、平面排版、3D建模等形式。

手工创作：动手制作实物，如在布料上刺绣、木制品上雕刻纹样、陶瓷上绘制等。

4. 应用场景设计

设想并设计至少两种现代应用场景，如数字媒体界面和数字家装等，将再设计的纹样融入其中，展示其在现代生活中的实际应用潜力。

提供设计草图或概念图，说明设计理念、预期效果和纹样如何与整体设计相融合。

5. 成果展示与反思

准备一次展示会，使用PPT、视频或实物展示的方式，介绍设计过程、设计理念、遇到的挑战及解决方案。

【评价标准】

◎研究深度与准确性（10%）

◎创意与设计的原创性（10%）

◎纹样再设计的视觉效果与文化传播力（20%）

◎应用场景的合理性和创新性（30%）

◎技术实现的质量（20%）

◎展示与表达能力（10%）

能力提升

如何高效自学设计工具

高效自学设计工具需要结合理论与实践，自学是一个持续的过程，要保持耐心和毅力，通过不断实践和反思，逐步提升自己的设计工具使用能力。

1. 确定学习目标

明确想要学习的设计工具类型（如Photoshop、Illustrator、Sketch、Figma等）。根据职业需求或个人兴趣设定具体的学习目标。

2. 基础教程

利用网络资源，如bilibili等平台的基础教程视频。阅读官方手册或指南，了解工具的基本功能和操作。

3. 实践操作

跟随教程边学边做，通过实际操作工具加强转化能力。从简单的项目开始，逐步增加难度，如模仿经典设计案例。

4. 项目实战

结合自己的工作或兴趣，实际操作设计工具完成项目。通过实践中的问题解决来提高技能和经验。

5. 学习社区

加入设计相关的学习小组或论坛，如知乎、GitHub、Reddit等。与其他学习者交流经验，解答疑惑，获取反馈。

6. 定期复习

定期回顾和练习已学知识，避免遗忘。利用思维导图等工具整理和总结学习内容。

7. 挑战自我

参加设计比赛或挑战，如Adobe、Dribbble等平台的比赛。通过竞赛了解业界标准，提升自己的设计能力和创意。

8. 保持更新

设计工具和趋势都在不断更新，定期学习新功能和新趋势。关注设计领域的新闻、博客和社交媒体，了解最新动态。

9. 构建个人作品集

将自己的作品整理成作品集，不断更新和完善。作品集不仅是学习成果的展示，也是求职时的重要资料。

任务五　产品设计素材资料存储工具的选择与使用

任务描述

在建立新国风数字文创产品设计素材资料库的过程中，资料的存储是一个不容忽视的环节。选择合适的数据库管理系统和文件存储解决方案不仅关系到素材的安全和访问效率，而且直接影响到项目的可持续发展和扩展能力。下面将详细介绍如何选择和使用这些工具，以确保大量素材的安全、高效存储。

素材渠道整合是指将不同来源的素材集中存储到一个统一的平台或数据库中，以便更有效地管理和使用。这个过程包括以下步骤。

1. 多样化的渠道选择

线上资源：包括但不限于艺术和设计网站、电子书籍、博物馆和图书馆的数字档案。这些资源通常可以提供高质量的图像、详细的艺术作品描述及历史背景信息。

线下采集：实地访问文化遗址、博物馆、艺术展览以及与艺术家和工艺师的直接交流。这些实地访问可以获得原始素材和第一手的文化解读，有助于增加资料库的深度和真实性。

2. 合作伙伴网络建立

建立与博物馆、文化机构、艺术学院等机构的合作关系，定期获取他们的最新研究成果和艺术作品。与其他文创公司或设计工作室共享资源，形成互惠互利的合作模式，共同扩充各自的素材资源库。

3. 标准化采集流程

制定一套标准化的素材采集和处理流程，确保从不同渠道获得的素材在质量和格式上达到预设标准。采用统一的记录和归档系统，确保所有素材的来源可追溯，且信息完整。

需要独立完成数据库采集的工具选择、设置与应用。

技术分析

1. 数据模型设计

合理设计数据模型是使用数据库的关键。例如，在关系型数据库中，应精心设计表结构，合理使用索引来优化查询速度。在非关系型数据库中，应合理利用其灵活的数据存储模式，以适应各种数据的快速存取。

2. 性能优化

定期对数据库进行维护和优化，如调整缓存设置、查询优化和硬件升级等，以保证数据库的响应速度和处理能力。

实施标准

1. 选择合适的文件存储解决方案

本地存储：适合快速访问和处理大型文件的场景。本地存储的优点是控制简单，响应速度快，但缺点是维护成本高，扩展性和灾难恢复能力较差。

云存储服务（如AmazonS3、GoogleCloudStorage等）：提供可扩展、可靠和安全的远程文件存储服务。云存储的优点是易于扩展、成本可预测，并且提供了强大的数据备份和灾难恢复能力。

常见的存储工具及其功能特性见表1-9。

表 1-9 常见存储工具使用对照表

工作内容	工具名称	功能描述	操作系统	功能备忘（用户可根据使用设备和个人操作习惯自填）	
				优点	缺点
素材库工具搜集	图片助手（image assistant）	一款 Chrome 浏览器中用于分析网页图片、图片筛选、下载等功能的扩展程序	PC 系统计算机或平板计算机		
	ImageCyborg	支持网页图片批量获取和下载。用户只需要将网页链接粘贴至这个站点，点击下载图片即可	PC/MAC 系统计算机或平板计算机		
	Eagle	图片素材管理支持图片快速收集、整理、预览、编辑、检索。当然，这些工具均提供了浏览器插件，丰富快速批量下载图片、GIF、保存链接	PC/MAC 系统计算机或平板计算机		
	Billfish	支持 Mac、Win，支持浏览器插件。新增云端功能，支持多端共享访问，线上加密安全存储	PC/MAC 系统计算机或平板计算机		
	MuseDAM	Pro 版主要提供了存储空间扩容、上传下载加速、提高上传 / 转存 / 登录设备数上限	PC/MAC 系统计算机或平板计算机		
	百度网盘	除存储外，具备笔记、PDF 文件格式转换、翻译等功能。会员版有限速问题，如介意可使用青春版	各类常见智能设备端口		
	阿里云盘	极速上传、极速下载、超大文件快传；多设备备份；资料智能整理	PC/MAC 系统计算机或平板计算机		

2. 文件存储的组织与管理

文件命名和目录结构：建立一套系统的文件命名规范和目录结构，以便快速定位和访问文件。

元数据管理：使用元数据（如创建日期、作者、使用权信息等）来增强文件的描述性和可搜索性，可结合数据库管理系统进行管理。

3. 性能优化和成本控制

缓存策略：对频繁访问的文件实施缓存策略，以减少访问延迟和成本。

数据生命周期管理：根据数据的访问频率和重要性，制定数据生命周期政策，如将不常用的文件转移到成本更低的存储类别中。

实施步骤

一般图片都存储在服务器上，而服务器上的资源是有限的，如果一次性将所有图片都下载下来，就会出现卡顿的现象。为了解决这个问题，可以将图片存放在本地数据库中，将所有的图片放在一个单独的表进行单独管理。用户需要使用图片时，直接读取本地数据库中的数据就能下载图片。

1. 图片的处理和读写

图片的处理和读写是经常会使用到的基本操作。图片处理的目的是让图片更加美观，在实际操作中，会有一些特殊的要求，如颜色、大小、清晰度等。图片处理完成后，通过一些算法将图片进行一定程度的优化，然后通过数据库将其保存下来。

2. 图片的检索和展示

对图片进行检索和展示是一个非常关键的环节，也是常用功能。需要考虑检索的方式，是通过输入来进行检索，还是根据条件进行检索，若是前者，就需要考虑数据库的结构。以图1-41所示的Boardmix素材库为例，它是一款基于云端的在线素材管理软件，支持采集网页图片、文本、链接等元素，同时可上传本地的各类文件，包括TXT、PDF、Word、WPS、视频、音频等，在一处集中管理所有内容，且Boardmix内置了多种可视化工具（如便签、思维导图、PPT、画笔、看板等）和AI助手，轻松组织和呈现各种灵感碎片，全面提升办公用户的生产力。

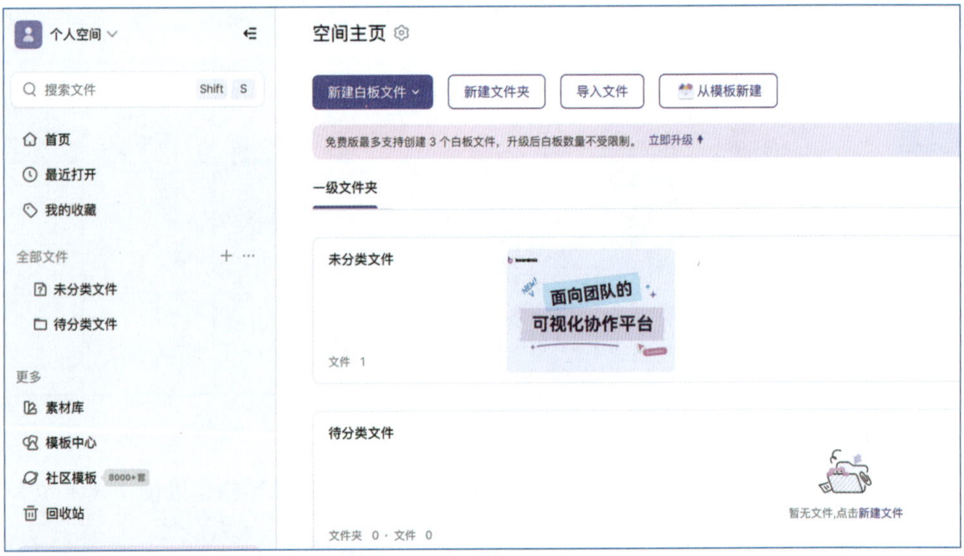

图 1-41　Boardmix 素材库上传界面

使用Boardmix管理图片素材库的具体步骤如下：

（1）创建看板：登录Boardmix并创建一个新看板。命名看板，如“图片素材库”或按项目命名。

（2）设置列：根据需要添加不同的列来分类素材，例如，“待处理”“使用中”“已完成”等。可以根据项目的不同阶段或素材的类型进行分类。

（3）添加卡片：在每列中创建新的卡片，在卡片中上传相关的图片素材。为每个卡片添加标题和描述，以便快速识别素材内容。

（4）标签和备注：使用标签来进一步分类或标记素材，例如，“高分辨率”“品牌图片”“促销活动”等。添加备注或评论来记录关于素材的详细信息或更新。

（5）协作共享：邀请团队成员加入看板，以便他们可以查看、上传和编辑素材。设置团队成员的角色和权限，确保素材的安全性和管理的有序性。

（6）搜索和筛选：使用搜索功能快速找到特定的图片素材。根据标签、成员或更新时间等条件进行筛选。

（7）整理和归档：定期检查素材库，删除不再使用的素材或存档旧项目。保持素材库的整洁和更新，以便快速找到所需的素材。

（8）移动和复制：根据需要，在不同列之间移动卡片来更新素材的状态。如果多个项目需要使用相同的素材，可以复制卡片到其他看板。

注意Boardmix的功能可能会随着版本更新而变化，需要随时查看最新的用户指南或联系客服以获取最新的使用信息。

实战练习

【作业名称】文创素材库工具对比分析。

【作业目的】深入理解并评估不同素材库工具在搜集文化创意素材方面的适用性与效能。通过对比分析，能够根据具体需求选择最适合的工具，提升项目设计中的素材搜集效率与质量。

【作业要求】

1. 选择素材库工具

从市场上众多素材库中，选择两款具有代表性的工具进行对比。例如，可以选择AdobeStock和Unsplash，这两个平台分别代表了付费专业素材库与免费开源素材库的典范。

2. 收集基本信息

对每款工具进行基础调研，包括但不限于以下类别。

（1）平台简介：成立时间、运营模式、用户基数等。

（2）素材种类：提供图片、视频、音频、插画、矢量图等各类素材的全面性。

（3）版权政策：使用许可、授权方式、是否需要署名等。

3. 分析工具的优势与不足

选择合适的工具，并分析工具的优势与不足，见表1-10。

表 1-10　工具的优势与不足

工　具	优　势	不　足
AdobeStock	高质量素材：提供大量由专业人士拍摄或设计的高清素材，适合商业级项目； 版权保障：明确的授权条款，减少版权风险； 与 Adobe 产品集成：无缝集成到 AdobeCreativeCloud 中，便于设计时直接调用素材	费用：相对于免费平台，使用成本较高； 搜索效率：海量资源可能导致搜索特定素材时耗时较长
Unsplash	免费：所有素材均免版税，适合预算有限的项目或个人学习使用； 社区驱动：拥有活跃的摄影师和设计师社群，不断更新新鲜创意素材； 易于搜索：简洁的界面设计，快速找到所需素材	素材质量不一：由于是开源平台，素材质量参差不齐； 版权潜在风险：虽然平台声明素材可自由使用，但用户仍需留意素材中的肖像权等问题

4. 实际操作体验

要求每位学生基于自己的设计项目需求，在这两款工具中分别进行素材搜索与下载，亲身体验并记录下使用感受，包括搜索效率、素材匹配度、下载便利性等方面。

5. 总结与报告撰写

根据上述收集的信息与个人体验，撰写一份对比分析报告，包括但不限于工具概述、优势与不足对比表、个人经验分享、建议与展望。

提交报告电子版，包括文字描述、图表、使用案例截图等。

【评价标准】

◎工具概述：简要介绍所选的两款素材库工具（20%）

◎优势与不足对比表：列出关键点对比（50%）

◎个人体验分享：结合个人项目需求，阐述哪款工具更适用及原因（20%）

◎建议与展望：对两款工具提出改进建议，并对未来素材库工具的发展趋势进行预测（10%）

应注意评估标准将综合考量报告的完整性、分析的深度、个人见解的独创性以及格式的规范性。通过此作业，学生不仅能够熟练掌握素材库工具的使用，还能培养批判性思维与决策能力，为今后的专业设计工作打下坚实基础。

能力提升

如何找到适合自己的素材库工具

想要找到适合自己的素材库工具，需要考虑具体需求、预算、工作流程以及团队协作情况，可以通过下面的步骤来选择合适的素材库工具。

1. 明确需求

确定需要管理哪些类型的素材，如图片、视频、音频、文档等。考虑工作流程，是否需要集成到其他工具或软件中。

2. 功能评估

搜索和筛选功能：是否支持关键词搜索、标签分类、智能筛选等。

（1）权限管理：是否可以设置不同用户的访问和编辑权限。

（2）版本控制：是否支持文件版本管理，方便回溯和更新。

（3）分享和协作：是否支持团队协作，以及是否可以方便地分享素材给外部人员。

3. 用户界面和体验

试用几个不同的工具，看哪个界面更符合使用习惯。考虑工具的易用性，是否需要花费大量时间学习才能上手。

4. 集成能力

检查工具是否可以与自己常用的设计软件、办公工具或其他业务系统集成。

5. 预算考虑

根据预算选择合适的工具，有些工具提供免费版或试用期。考虑长期使用的成本效益，有些工具可能初期投入较高，但长期来看更节省时间和金钱。

6. 安全性

确保工具提供足够的数据安全措施，如SSL加密、备份、恢复等。

7. 用户评价和反馈

查看用户评价和反馈，了解其他用户的使用体验。可以在专业论坛、社交媒体或产品评论网站上查找相关信息。

8. 支持和社区

选择有良好客户支持的工具，以便在使用过程中遇到问题时可以获得帮助。活跃的用户社区可以提供额外的资源和交流机会。

9. 试用和比较

在做决定前，尽可能多地试用不同的工具。比较它们的性能、功能、用户体验和价格。

10. 可扩展性

考虑工具是否支持扩展，以便随着业务增长或需求变化，工具仍然能够满足您的需求。

通过上述步骤，用户能够快速找到满足自身需求的素材库工具。需要注意的是选择工具时，最重要的是提高工作效率，而不是一味地追求功能和潮流。

学习笔记

项目评价

<table>
<tr><th>评价内容</th><th>子项目评价</th><th>自我评价</th><th>教师评价</th><th>校企合作顾问评价（选填）</th></tr>
<tr><td>素材渠道整合</td><td>1. 渠道正规
2. 资料精准
3. 素材质量（清晰度）</td><td>优□良□差□</td><td>优□良□差□</td><td>优□良□差□</td></tr>
<tr><td>素材格式整合</td><td>1. 存储及调用的便捷
2. 格式的针对性管理</td><td>优□良□差□</td><td>优□良□差□</td><td>优□良□差□</td></tr>
<tr><td>素材分类整合</td><td>1. 素材完整程度
2. 素材的可编辑性</td><td>优□良□差□</td><td>优□良□差□</td><td>优□良□差□</td></tr>
<tr><td rowspan="4">其他因素评估（教师填写）</td><td colspan="2">工具选用及操作熟练程度</td><td colspan="2">优□良□差□</td></tr>
<tr><td colspan="2">任务积极性与实施规范</td><td colspan="2">优□良□差□</td></tr>
<tr><td colspan="2">素材文件夹设计规范程度</td><td colspan="2">优□良□差□</td></tr>
<tr><td colspan="2">素材文件夹设计创新程度</td><td colspan="2">优□良□差□</td></tr>
<tr><td>* 整体评估依据</td><td colspan="4">素材可以提供完善的设计元素采集基础，可以提供完善信息佐证和版权保障</td></tr>
<tr><td>学生自评</td><td colspan="4">评语：</td></tr>
<tr><td>教师评价</td><td colspan="4">评语：</td></tr>
<tr><td>校企合作顾问评价</td><td colspan="4">评语：</td></tr>
<tr><td>任务验收签字：</td><td>学生签字：</td><td colspan="2">教师签字：</td><td>顾问签字：</td></tr>
</table>

项目二 新国风数字文创产品的设计调研

项目导读

设计调研对于新国风数字文创产品开发具有重要意义。设计调研可以帮助开发者了解市场需求、用户喜好、竞争对手等方面的情况，从而为产品开发提供有力支持。具体来说，设计调研对于新国风数字文创产品开发的意义体现在以下几个方面：

了解市场需求：设计调研可以帮助开发者了解当前市场上对新国风数字文创产品的需求情况，包括目标用户、市场规模、市场增长率等。这有助于开发者确定产品定位、功能设置、定价策略等，提高产品成功率。

把握用户喜好：设计调研可以深入了解用户对于新国风数字文创产品的喜好、需求和期望，从而指导开发者进行产品设计和优化。通过调研，开发者可以更好地满足用户需求，提升用户体验。

分析竞争对手：设计调研可以帮助开发者了解竞争对手的产品特点、优缺点和市场表现，从而为自身产品开发提供借鉴和参考。开发者可以针对性地改进自身产品，提升竞争力。

指导产品创新：设计调研可以帮助开发者发现市场上尚未满足的需求和潜在的创新点，为产品创新提供方向。开发者可以根据调研结果进行产品创新，打造具有竞争力的新产品。

评估产品效果：设计调研可以评估新国风数字文创产品在市场上的表现，包括用户满意度、市场占有率等。这有助于开发者了解产品优缺点，为后续产品迭代和优化提供依据。

提升品牌形象：设计调研可以帮助开发者了解用户对于品牌的认知和态度，从而有针对性地进行品牌传播和形象塑造。通过调研，开发者可以提升品牌知名度和美誉度，增强品牌竞争力。

优化营销策略：设计调研可以指导开发者制定和优化营销策略，包括推广渠道、广告投放、促销活动等。通过调研，开发者可以更好地把握市场动态，提高营销效果。

因此，设计调研对于新国风数字文创产品开发具有重要意义。开发者应充分重视设计调研，将其贯穿于产品开发全过程，以提高产品成功率，实现可持续发展。

项目目标

知识目标

◎了解市场调研的基本原理和方法，包括问卷设计、数据收集、统计分析等，以便从市场角度了解用户需求和市场趋势

◎掌握用户研究的方法，如用户访谈、观察法、用户体验测试等，以便深入了解用户的真实需求和痛点

◎了解设计思维的基本理念和方法论，能够从用户的角度出发，进行创新设计和解决问题

◎掌握基本的数据分析技能，能够使用数据分析工具（如Excel，SPSS，R，Python等）对调研数据进行处理和分析

◎熟练使用设计软件（如Sketch、AdobeXD、Figma等）来创建原型和用户界面，以及使用数据分析工具（如Tableau、PowerBI等）来可视化数据

◎能够清晰、有效地将调研结果和建议呈现给团队成员和其他利益相关方

能力目标

◎观察力：能够细致入微地观察用户行为、市场动态和变化趋势，从而发现潜在的需求和机会

◎与用户、团队成员和其他利益相关者有效沟通，确保信息的准确传达和理解

◎对收集到的数据进行深入分析，提炼出有价值的信息和洞察，为设计决策提供支持

◎在理解现有市场和文化的基础上，能够提出新颖的设计理念和解决方案

◎合理规划调研流程，确保调研项目按照既定目标和时间表顺利进行

◎能够将不同领域的知识（如设计、文化、市场等）综合应用于设计调研中

◎通过图表、原型、故事板等方式，将调研结果和设计概念直观地呈现出来

实践价值——开展新国风数字文创产品的设计调研的核心价值

市场需求洞察与满足：设计调研能够帮助企业深入了解市场需求，把握消费者的喜好和趋势，从而设计出更符合市场期望的产品，提高市场竞争力。

用户体验优化：通过对用户行为的深入研究和分析，设计调研有助于优化产品的用户体验，提升用户满意度和忠诚度。

技术与趋势前瞻性：设计调研可以帮助企业把握最新的技术发展趋势，确保产品在技术上的领先地位，增强产品的吸引力。

实践依据——开展新国风数字文创产品的设计调研的工作步骤

（1）定义研究目标：明确设计调研的目的和需要解决的问题，包括整合行业信息、分析产品形态等。

（2）制定研究计划：根据研究目标，制订详细的调研计划，包括调研方法、样本选择、时间表和预算等。

（3）文献回顾：搜集和分析相关的文献资料，包括市场报告、竞品分析、文化研究等，为实地调研提供背景知识。

（4）数据收集：采用多种方法收集数据，如用户访谈、问卷调查、观察法、工作坊等，以获取用户的直接反馈和行为数据。

（5）市场分析：研究市场趋势、竞争对手和行业动态，评估市场规模和增长潜力。

（6）用户洞察：分析收集到的数据，提炼用户的需求、喜好、痛点等信息，形成用户画像和用户故事。

（7）创意生成：基于用户洞察和市场分析，进行创意思维训练，生成创新的设计概念和解决方案。

（8）原型制作：根据创意概念，制作产品原型或概念验证模型，以测试设计的可行性和用户接受度。

（9）成果展示：向项目团队和管理层汇报调研成果，包括用户需求、设计概念、市场机会等，以获得支持和进一步的投资。

（10）后续跟进：在产品开发过程中，持续跟进设计调研的结果，确保设计决策的实施和优化。

每个步骤都需要精心规划和执行，以确保设计调研能够为新国风数字文创产品的开发提供有力的支持。

任务一　产品的分类与选择

任务描述

数字文创产品的多样性和创新性为用户提供了丰富的选择，同时也为文化创意产业的发展注入了新的活力。随着技术的不断进步，数字文创产品的种类和形式将继续拓展，为文化的传播和创意的表达提供更多可能性。以创新设计为目的的产品调研，首先需要明确调研的方向和立场，完成定义研究目标的具体工作。

技术分析

数字文创产品是指以数字技术为载体，融合文化创意元素的产品。它们通常包括数字艺术、电子书籍、数字音乐、游戏、应用程序、网络剧、短视频等多种形式。

通过对这些维度的综合考虑，可以对数字文创产品进行细致地分类，以便于市场定位、内容管理和用户服务。不同的分类方法可以满足不同的分析和管理需求。数字文创产品的管理涉及内容创作、版权保护、用户体验、市场营销等多个方面。以下是管理数字文创产品所需的一些关键技术，在市场调研中要熟知其定义和功能，并通过一些工具有效地进行信息管理和产品监控。

（1）内容管理系统（CMS）：用于创建、编辑、发布和管理数字内容，如文章、图片、视频等。

（2）数字版权管理（DRM）：保护数字内容不被非法复制和分发，确保版权所有者的权益。

（3）用户界面（UI）和用户体验（UX）设计：设计易于使用和吸引人的界面，提供良好的用户体验。

（4）数据分析与挖掘：利用数据分析工具（如GoogleAnalytics、Tableau等）来分析用户行为，优化产品和服务。

（5）项目管理：使用项目管理软件（如Jira、Trello等）来跟踪项目进度、分配任务和管理资源；使用协作平台（如Slack、MicrosoftTeams等）来促进团队成员之间的沟通和文件共享。

（6）搜索引擎优化（SEO）：优化网站和内容，提高在搜索引擎中的排名，吸引更多的有机流量。

这些技术的选择和应用将取决于数字文创产品的具体类型、目标市场和业务需求。有效的技术管理可以帮助提升产品的市场竞争力，增强用户体验，并确保业务的可持续发展。

实施标准

目前，文创产品的概念仍没有统一的定义，广义文创产品是指文化创意产业中为社会提供文化创意产品和服务的相关活动和过程，以及依托于这些活动所产生的成果所形成的产业。这里将新国风数字文创产品理解为：以中华优秀传统文化为核心内容，以数字技术为手段，利用数字化形式来表现和传播优秀传统文化、弘扬民族精神的作品。结合设计实践，数字文创产品分类参考如下。

1. 数字艺术文创

数字艺术文创是利用现代信息技术，将传统的文化元素和数字技术相结合，形成数字艺术作品，如动画、电影、游戏等。在数字艺术文创产品中，包含了大量的数字艺术元素，如动画、电影、游戏等。从产品形态上来看，有平面动画、立体动画、互动动画、数字音频视频等。

从传播渠道来看，有动画电影、游戏产品、电子出版物等。从产品用途来看，有日常生活用品、办公用品、服饰配件等。从产品类型来看，有动漫人物形象制作的工艺品、玩具产品等。从内容上来看，有剧情设计的软件程序、美术设计的绘画工具和服装设计的服装材料等。这些数字艺术文创产品涵盖了人们生活的方方面面，并产生了巨大的经济效益。

2. 文化衍生品

文化衍生品是指在文化产品基础上，运用现代数字技术和设计理念开发的衍生产品，主要包括：动漫周边、游戏周边、影视周边、数字文创产品。动漫周边主要是指以动漫人物为基础开发的周边产品，例如，玩具、文具、服饰等。影视周边是指以影视作品为基础开发的周边产品，例如，动漫电影、电视电影、舞台剧等。数字文创产品是指将传统文化与现代数字技术相结合，运用数字技术开发出的具有传统文化元素的数字文创产品，它主要包括：动漫形象衍生品、数字文物衍生品、虚拟偶像衍生品。以上这些产品都是以数字技术为基础进行开发，利用数字化手段来传承传统文化。

3. 数字音乐

数字音乐是以计算机技术、网络技术、通信技术等现代数字信息技术为依托，以计算机应用为基础，以声音、图像、视频等媒体形式为载体，在数字环境中传播的音乐作品。新国风数字音乐是以中国传统文化为基础，并在现代数字环境中传播的音乐作品。这些作品既有传统乐器的演奏，又有现代流行音乐的演唱；既有民族乐器的演奏，又有现代电子乐器的演奏；既有民族音乐元素，又有流行元素；既有民族旋律，又有现代编曲；既有传统题材，又有现代题材。这些作品是可以实现经济效益的文创产品，已经形成完整的产业链，并带动了整个产业的发展。新国风数字音乐在中国传统文化与现代数字技术之间架起了桥梁，不仅丰富了中国传统文化的表现形式和传播方式，还提高了中国传统文化的影响力和传播力。

4. 数字演艺

数字演艺是指通过数字技术手段将传统文化艺术的元素与现代科技手段相结合，形成新的演艺形式，它是数字技术与文化艺术的融合。从广义上讲，数字演艺属于文创产业中的一个大类，但从狭义上来说，它只是一个大类下的一个子分类。在广义的文化创意产业中，数字演艺属于文化产业中的一部分，但狭义的文化创意产业中的数字演艺却是指文化创意产业中依托于数字化技术手段而产生的新兴艺术形式。数字演艺也属于文创产品，但它是传统演艺和现代科技相结合形成的新产品。随着数字化技术和计算机技术的发展，数字演艺产业也在不断发展壮大。目前我国数字演艺产业主要分布在上海、北京、深圳、杭州等地区。

5. 数字传媒

数字传媒是一种以信息技术为基础，以互联网、物联网为载体，以数字内容为核心的媒体形式，包括移动客户端、网络电视、网络游戏等。在传统媒体时代，大众只能通过报纸、广播、电视等媒介来了解新闻和信息，而互联网则可以为大众提供一个全新的信息传播平台。随着移动互联网技术的发展，传媒也呈现出新的特征。在移动互联网时代，数字传媒作为一种新的传播方式，成为了当前最热门的内容生产渠道和方式。新国风数字文创产品中所涉及的数字传媒，是指以数字技术为基础，通过网络传播，将中华传统文化以数字化形式呈现在大众面前。从本质上来说，数字传媒是一种信息传播形式。与传统媒体相比，数字传媒具有更强的交互性和实时性，能够满足用户在不同场景下对信息内容的需求。因此，新国风数字文创产品中所涉及的数字传媒主要是指移动客户端和网络电视两大类。

6. 数字游戏

数字游戏是一种利用现代信息技术开发的数字产品，通常由计算机程序和计算机控制，以“玩”为主的一种娱乐活动。目前，数字游戏已经成为我国文化创意产业中非常重要的一个组成部分。从2010年至今，我国出台了《关于推进网络游戏产业健康发展的若干意见》《关于进一步加强网络游戏管理工作的通知》《关于印发网络游戏用户账号注销办法（试行）等三个文件的通知》等一系列相关文件，对网络游戏行业进行了规范和管理。随着国家对网络游戏行业的规范化管理和各地区政府对文化产业发展的扶持力度不断加强，网络游戏行业迎来了新的发展机遇。

7. 数字生活服务

数字生活服务是指利用互联网、物联网等技术手段，整合线上线下资源，为用户提供的服务，如餐饮、交通、旅游、购物、娱乐等方面的服务。数字生活服务已经渗透到人们日常生活中的方方面面，以数字技术为依托，实现人们日常生活的智能化和便捷化。数字生活服务不仅提高了人们的生活质量，而且推动了社会经济发展。近年来，随着我国数字化建设的不断推进和完善，越来越多的企业开始使用数字化技术来推动企业自身的发展，例如，阿里巴巴、腾讯、京东等企业在数字化方面取得了一定的成果。新国风数字文创产品可以通过数字技术实现文化传播和消费体验，将新国风文化与数字化生活服务相结合，将有助于弘扬中华优秀传统文化。

具体数字文创产品的划分有不同的角度和方面，例如，可以将内容形式、创作目的、传播渠道等作为依据进行分类，见表2-1。

表 2-1　数字文创产品分类

分类方式	类型	实例
内容形式	文本	如电子书、网络文学、数字杂志
	图像	如数字绘画、网络漫画、动态表情
	音频	如数字音乐、有声书、播客
	视频	如网络电影、微电影、短视频、动画
	互动媒体	如游戏、互动故事、虚拟现实体验
创作目的	教育性	如教育应用程序、互动学习软件
	娱乐性	如游戏、电影、音乐
	信息传播	如新闻网站、综合性网络传播平台
	艺术表达	如数字艺术作品、网络展览

续表

分类方式	类型	实例
传播渠道	在线平台	如各种在线商店、社交媒体、视频网站
	移动应用	如手机游戏、移动阅读应用
	实体媒介	如 USB 存储设备、智能硬件
交互性	单向传播	如传统电子书、网络视频
	双向交互	如社交媒体、在线游戏
	多向互动	如多人在线游戏、虚拟社交平台
技术类型	2D 数字艺术	如平面设计、网络漫画
	3D 数字艺术	如 3D 动画、虚拟现实
	增强现实（AR）	如 AR 游戏、教育应用
	虚拟现实（VR）	如 VR 电影、VR 游戏
版权属性	原创	全新创作的数字内容
	改编	基于已有作品改编的数字内容
目标用户	儿童	如儿童教育软件、动画片
	青少年	如流行音乐、网络剧
	成人	如专业书籍、艺术作品
文化属性	传统文化	如以传统故事为背景的游戏
	现代文化	如现代艺术、流行音乐
	跨文化	如融合多种文化元素的作品

实施步骤

通过上述数字艺术文创分类标准或具体分类方式确立分类形式，结合产品的构成要素，总结新国风数字文创产品分类管理的一般步骤如下。

1. 明确产品类型，制定分类框架，建立分类体系

根据数字新国风文创产品的构成要素，可以将其划分为三个大类，即数字新国风文创产品的内容类、形式类和功能类。

（1）内容类包括文化创意类、生活服务类、艺术设计类。

（2）形式类包括实用与非实用两大类别，其中实用类型包括个人消费品、办公用品、日常生活用品、家用电器四个类别。

（3）功能类型包括生活服务功能、娱乐功能和实用功能三个类别。

基于以上分类框架，数字新国风文创产品可以根据其内容类型和形式类型进行分类，从而形成不同的分类体系。

2. 依据分类体系，选择分类方法

数字新国风文创产品类别复杂，为便于管理，可以建立一个包含一级类目的分类体系，然后选择一种适合的分类方法对数字新国风文创产品进行管理。常用的分类方法有：主题分类法、类属分类法、产品分类法等。

3. 设置产品属性，划分类别

为实现产品的有效分类，必须建立起合理的分类标准，根据数字新国风文创产品的构成要素，可以将数字新国风文创产品分为：基础属性、特征属性和附加属性。

（1）基础属性包括文化性和艺术性，其中文化性是核心内容，是指文创产品所表达的人类精神活动内涵及其影响，强调文化和生活方式的传递；艺术性是产品能凸显材质工艺和形式特性，融合传统、历史、民俗等元素。

（2）特征属性包括独特性、实用性和市场价值，其中独特性是指文创产品的独特设计和创意；实用性是指产品设计满足实际使用需求；市场价值是指产品在市场上的销售潜力和经济效益。

（3）附加属性包括社交属性、精神消费和社会需求释放，社交属性是指通过社交媒体等平台分享和传播，增强用户互动；精神消费是基于信息技术的数字藏品等产品带给用户的精神满足。

4. 搭建产品库，确定管理系统

搭建数字新国风文创产品库，确定管理系统。产品库主要包括：基础信息库、分类信息库、规格信息库、标签信息库和属性信息库。其中，基础信息库包括：产品名称、类别、所属关系等；分类信息库包括：产品的详细属性；规格信息库包括：产品的外形尺寸、外观颜色、材料属性等；标签信息库包括：产品的使用方法、功能作用等；属性信息库包括：产品的名称、描述等。

可以根据实际需求选择其中的一种或多种作为产品分类管理的基础信息库，再选择一个或者多个作为分类信息库，然后通过入库管理系统将这些基础信息库中的内容添加到分类管理系统中。

5. 样本选择

（1）抽样原则：总体中的单位数与总体中的样本数相同，如果样本总量过少，则难以保证对所研究问题有代表性。样本容量过大，就会使调查费用增加。

（2）抽样方法：总体中的单位数由样本容量确定，抽样方法一般分为分层抽样等比例抽样。

（3）样本容量：根据需要确定所研究问题的大小，即要调查多少个产品。

实战练习

【作业名称】故宫IP数字文创产品青少年市场效果比较分析。

【作业目的】通过比较分析故宫IP下两款数字文创产品在青少年群体中的市场表现，理解青少年消费者对数字文创产品的偏好、接受度及影响因素，为故宫及其他文化IP的数字文创产品开发提供策略建议。

【作业要求】

1. 产品选择

产品A:《我在故宫修文物》数字产品（假设该产品通过AR技术让青少年用户参与虚拟修复故宫文物，体验文物修复过程）。

产品B：紫禁城365 App（一款集合了虚拟游览、数字展览、文化课程等内容的综合App，假设特别设有青少年板块）。

2. 比较维度

（1）吸引力：分析两款产品在青少年中的受欢迎程度，包括视觉设计、互动性、趣味性等方面。

（2）教育价值：评估产品对青少年历史文化知识的学习效果，如对故宫文化的认知提升、文物知识掌握等。

（3）参与度与互动性：考察青少年在使用过程中的参与程度，如互动次数、停留时间、用户生成内容的活跃度等。

（4）情感共鸣：探讨产品能否激发青少年对传统文化的情感认同和文化自豪感。

（5）市场反响与口碑：分析市场反馈，包括下载量、评分、社交媒体提及率等。

3. 结论与建议

总结两款产品在青少年市场的表现差异并分析原因。提出针对青少年群体的数字文创产品开发建议，如增加互动性、强化教育性与娱乐性平衡、利用社交元素等。探讨故宫IP如何进一步在青少年中增强品牌忠诚度，扩大文化影响力。

通过此作业，不仅能掌握市场调研的基本方法，还能深入理解数字文创产品的设计原则和青少年消费者行为，为将来从事类似任务打下坚实基础。

【评价标准】

◎撰写一份详细的研究报告，包括研究方法、数据分析、结论与建议（40%）

◎制作PPT或信息图，用于展示研究亮点和主要发现，便于汇报分享（40%）

◎附加短视频或交互原型，模拟青少年用户使用场景，增加说服力（20%）

能力提升

如何分析同一IP下的产品优劣

登录电商平台，输入关键词，就会发现一个有代表性的IP下往往有几款不同的数字文创产品。他们均有自己的设计理念，从不同维度通过结合数字化技术与传统文化元素进行设计创作而成。基于对传统文化与数字化技术相结合的一种新尝试，通过这样的方式让传统文化走进了大众的视野，让更多人了解到了中国传统文化的魅力。那么，如何快速去判断产品的质量呢？

首先，好的IP转化应该具有以下几种特征：有一定的社会认知度；有较强的用户黏性；具备鲜明的个性特征；具有较高的价值内涵；能够给企业带来经济价值。

同时，在IP形象的选择上，要注意“一主多辅”“一主多用”。比如故宫文创产品中有不少IP形象，但不同IP形象之间是有区别和差异性的，如有文创产品、文具、生活用品、食品等不同类型，不同IP形象之间又存在着一定程度上的同质化。

IP产品质量提升可以从以下几个方面入手。

（1）不能仅仅是文创产品，应该具备文化内涵和精神内核：能体现中国特色的先进文化、蕴含着丰富的革命精神和厚重的历史文化内涵；能利用先进技术和时代艺术语言对中华优秀传统文化进行创造性转化和创新性发展；有助于弘扬追求真理、勇攀高峰的科学精神。

（2）具有独特性和创新性。与实际需求相结合，并有一定的独创性，与市场上的同类产品有显著差异；传承传统手艺、非物质文化遗产，并运用现代化信息技术手段进行展示、再开发、有效传播，为其注入新的活力。

此外，随着文化创意产业的不断发展，人们对于文创产品的需求也越来越多样化，因此在保证一定原创性和创新性的同时，要从IP价值入手，深挖IP价值。

（3）具有较高的美学价值和美学意义。以中华优秀传统文化为基础，结合现代审美，凸显其本土化和独特魅力，提升产品核心竞争力。

（4）要想让文创产品真正走进大众生活，就要兼顾产品的实用性和用户体验，产品设计能满足用户基本需求，并增添趣味性。

任务二　产品的市场调研

任务描述

文创产品市场调研是指在产品研发之前，为达到开发目的，有计划地对市场进行调查分析，从而发现潜在需求，明确产品定位和开发目标。而数字文创产品是以数字技术为核心的新形态文创产品，是文创产业中一个重要组成部分。数字文创产品市场调研是指在开发前，对产品进行市场调查、分析和预测，了解消费者的需求和市场现状，为开发决策提供依据。

数字文创产品市场调研需要完成的任务有以下几个方面。

（1）了解产品的市场现状和消费人群。

（2）调研市场上同类产品的竞争力。

（3）挖掘消费者对产品的需求。

（4）分析消费者的购买动机。

（5）研究消费者对产品的态度和意见。

技术分析

在市场调研中，分析产品的技术通常涉及对产品的特性、性能、市场需求、竞争环境和用户反馈的综合评估。以下是一些常用的分析技术。

1. SWOT分析

分析产品的优势、劣势、机会和威胁。

（1）优势（strengths）：这些是组织内部的正面特征，赋予其竞争优势。它们可以是财务资源、技术专长、品牌声誉、市场份额、人力资源、专利权等。

（2）劣势（weaknesses）：内部因素限制了组织的有效运作或增长潜力。这可能包括缺乏资金、技能短缺、不良的企业文化、低效率的流程、品牌形象不佳等。

（3）机会（opportunities）：外部环境中存在的积极趋势或变化，组织可以利用这些来实现目标。机会可能源自市场增长、新需求、技术进步、竞争对手的弱点、政策法规变化等。

（4）威胁（threats）：来自外部的挑战或不利因素，可能阻碍组织实现目标。威胁包括经济衰退、竞争对手的行动、市场饱和、不利法律变化、技术过时等。

进行SWOT分析时，首先通过调研和讨论列出每个类别的具体要素，然后将它们排列在一个矩阵中，通常是四个象限的形式。分析的关键在于识别优势与机会如何结合以最大化增长潜力（SO策略），弱点与威胁如何克服以减轻负面影响（WT策略），以及如何利用优势抵消威胁（ST策略）和改善劣势以抓住机会（WO策略）。SWOT分析有助于组织明确自身的定位，制订有效的战略计划，并作出更加明智的决策。以《韩熙载夜宴图》App为例尝试进行SWOT分析，如图2-1所示。

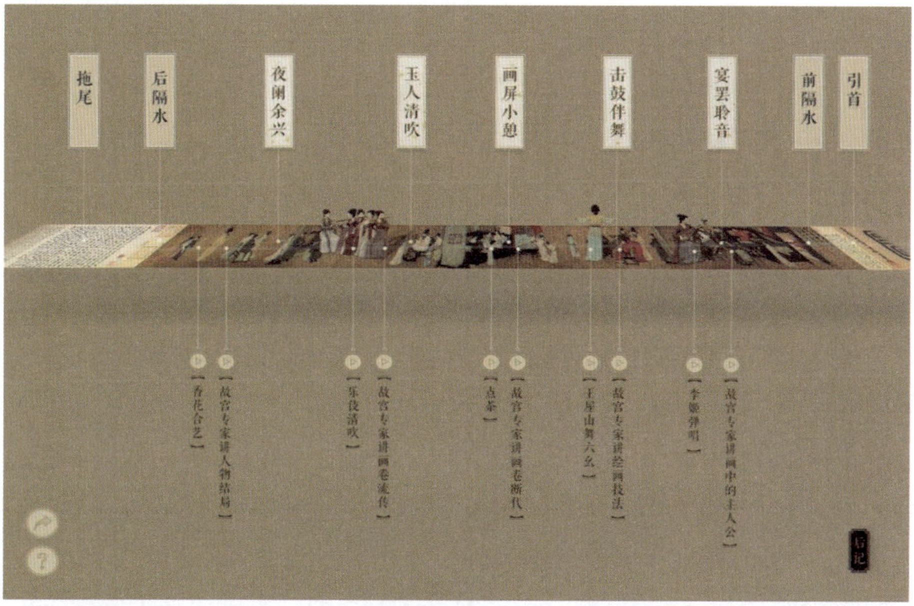

图 2-1 《韩熙载夜宴图》App 目录界面

这款应用独创了三层立体赏析模式：总览层、鉴赏层和体验层，使这幅“数字画卷”可远观、可近赏，向观众全方位解读画作中的每个细节。

可以进行如下SWOT分析。

①优势：

◎文化遗产的数字化：该App将中国传统文化遗产以数字形式生动呈现，让用户体验到古代艺术的魅力，符合现代数字化传播的趋势。

◎交互体验：该App采用多层次的互动体验设计，如总览、鉴赏、体验等，提高了用户的参与度和学习兴趣。

◎学术与艺术结合：集合了专业学者与艺术家的智慧，保证了内容的专业性和艺术价值，提升了产品的权威性。

◎教育意义：作为教育资源，能够有效普及中国古典文化和艺术知识，尤其对青少年群体具有教育意义。

◎获得认可：上线首日即获App Store编辑推荐，表明了其设计与内容质量得到高度认可。

②劣势：

◎受众限制：可能更吸引对中国传统文化感兴趣的特定群体，对一般大众的吸引力有限。

◎更新维护：需要持续地内容更新和技术创新以保持用户黏性，否则容易被快速发展的数字产品市场淘汰。

◎技术门槛：对于一些用户来说，复杂的交互设计可能构成使用障碍，影响用户体验。

③机会：

◎文化出口：作为中国文化的代表，该App有潜力成为向海外推广中华文化的重要窗口。

◎教育市场：与学校、博物馆等教育机构合作，可作为辅助教学工具，拓宽市场应用。

◎技术融合：结合VR/AR等新兴技术，未来可提供更多沉浸式体验，增强用户参与感。

◎数字化转型：顺应文化数字化趋势，政府和社会对文化传承的支持政策可能带来更多发展机遇。

④威胁：

◎市场竞争：随着数字化文化产品增多，同类竞品可能分散用户注意力。

◎版权问题：涉及古籍文物的数字化可能面临的版权争议或法律风险。

◎技术变革：数字技术快速迭代，需要不断跟进新技术以保持产品的竞争力。

◎用户兴趣变化：用户对文化消费的偏好可能随时间改变，需不断创新以满足新需求。

通过对《韩熙载夜宴图》App的SWOT分析，可以看出其在文化传承与教育方面具有明显优势，但也面临着受众限制和技术持续创新的挑战，同时存在通过技术融合与国际合作进一步拓展市场的机遇，但需警惕市场竞争和技术变革带来的威胁。

2. 产品生命周期分析

分析产品处于生命周期的哪个阶段（引入期、成长期、成熟期、衰退期），并据此制定相应的市场策略。以《天书奇谭》周边文创产品为例，如图2-2所示。

图 2-2　卡星时代研发的《天书奇谭》系列卡牌

对于《天书奇谭》周边产品及其所属的上海美术电影制片厂（简称“上影厂”）数字文创产品，可以基于典型的产品生命周期模型进行分析，这一模型通常包括引入期、成长期、成熟期和衰退期四个阶段。请注意，这里的分析是基于一般理论框架和已有的信息综合推测的，具体产品表现可能会有所不同。

1）引入期

（1）市场教育：《天书奇谭》作为经典动画作品，其周边产品的推出初期可能需要一定的市场教育，尤其是对于年轻一代观众，他们可能对该经典作品不够熟悉。

（2）小规模试水：上影厂可能会选择小批量生产或限定发行某些周边产品，如手办、画册、主题服饰等，以测试市场反应。

（3）口碑传播：利用《天书奇谭》的品牌效应和情怀价值，通过粉丝群体和社交媒体进行口碑营销，逐步提升知名度。

2）成长期

（1）需求增长：随着市场认知度的提升，对《天书奇谭》周边的需求逐渐增加，上影厂可能会扩大生产规模，推出更多样化的产品线。

（2）渠道拓展：通过线上线下多渠道销售，例如，官方网店、授权店铺、动漫展会等，增加产品的可获得性。

（3）跨界合作：与其他品牌或IP进行合作，例如，与时尚品牌联名，或在游戏、影视等领域进行跨界融合，以吸引更广泛的消费者群体。

3）成熟期

（1）市场饱和：《天书奇谭》周边产品达到市场饱和点，增长速度放缓，竞争加剧。

（2）维持策略：上影厂可能会通过定期推出限量版或季节性产品，以及举办主题活动来维持消费者的兴趣和购买欲望。

（3）品牌忠诚：此阶段重点在于巩固现有客户群，培养品牌忠诚度，通过会员制度、积分奖励等方式增强用户黏性。

4）衰退期

（1）替代品出现：随着新的动画作品和周边产品不断涌现，可能会对《天书奇谭》的市场地位造成冲击。

（2）策略调整：上影厂可能需要重新审视产品线，考虑是否需要进行产品升级、创新设计，或者利用怀旧营销策略重新激活市场。

（3）品牌延伸：考虑将《天书奇谭》的IP价值延伸至其他领域，如教育、文旅项目，以延长其生命周期。

综上所述，《天书奇谭》周边作为上影厂数字文创产品的一部分，其生命周期的管理不仅需要把握好各个阶段的特点，还需灵活应对市场变化，不断创新，以维持和增强其在市场上的生命力。

3. 市场需求分析

使用定量和定性的方法来评估市场的潜力和需求量，包括市场细分、目标市场选择和市场定位。

4. 用户行为研究

通过调查、观察和访谈来了解用户的购买行为、使用习惯和偏好。

5. 产品功能和技术分析

评估产品的技术性能、功能特性和创新程度。

6. 品牌分析

分析品牌形象、品牌认知和品牌忠诚度。

7. 用户体验测试

通过用户体验测试来评估产品的易用性、满意度和问题点。

这些分析技术可以帮助企业更好地理解市场动态，评估产品的市场潜力，优化产品设计，制定有效的市场策略，并提高产品的市场竞争力。

实施标准

市场调研是了解市场情况、分析竞争对手、挖掘客户需求、评估市场潜力的重要手段。在我国，进行市场调研通常需要遵循以下实施标准。

（1）合法性原则：确保调研活动遵守法律法规，尊重被调研者的合法权益。

（2）客观性原则：调研结果应当客观真实，避免主观臆断，确保数据的准确性和可靠性。

（3）科学性原则：采用科学的方法进行市场调研，包括但不限于问卷调查、深度访谈、小组访谈、数据分析等。

（4）系统性原则：市场调研应是一个系统的过程，包括明确调研目的、设计调研方案、执行调研计划、数据分析和报告撰写等步骤。

（5）时效性原则：市场情况变化快速，调研数据应及时更新，保证信息的时效性和参考价值。

（6）经济性原则：在保证调研质量的前提下，应尽量节约成本，提高调研的经济效益。

（7）保密性原则：对调研中获取的信息进行保密，特别是涉及商业秘密和个人隐私的部分。

（8）道德性原则：尊重被调研者，确保调研过程中不损害被调研者的利益，不进行任何形式的欺诈或误导。

（9）精准性原则：调研的目标群体应具有代表性，确保调研结果能够准确反映目标市场的实际情况。

（10）可操作性原则：调研方法应便于操作，调研结果应具有可操作性，能为决策提供具体指导。

在实施市场调研时，还应当注意保护知识产权，尊重被调研者的知识产权和个人隐私，同时确保调研过程中的数据安全和网络安全。在数据处理和分析阶段，应使用可靠的方法和技术，确保调研结果的准确性和科学性。最后，调研报告的撰写应清晰、准确、有逻辑性，能够为企业的决策提供有力的支持。

实施步骤

1. 了解产品的市场现状和消费人群

文创产品是文化产业中的重要组成部分，有自己独特的文化内涵和文化背景，不同类型的产品所体现的文化内涵是不同的，数字文创产品市场调研首先要了解其市场现状和消费人群。目前数字文创产品市场现状主要包括数字文创产业发展现状、国家和地区数字文创产品政策、消费者购买习惯、消费需求等。其中，消费者购买习惯主要包括购买人群的年龄结构、收入水平、消费心理等，了解其对数字文创产品的认知程度和购买意愿。

2. 调研市场上同类产品的竞争力

文创产品的主要用户群体是普通消费者，消费者会通过口碑和网络搜索等方式了解同类产品的特点和优缺点，从而选择购买。所以在开发前，需要对市场上同类产品的竞争情况进行调研，包括产品的种类、价格、包装、宣传手段等，以及产品本身是否符合消费者的需求，产品是否具有较高的性价比，是否能够满足消费者对文创产品品质和价格的要求。只有调研清楚了竞争对手，才能明确自己开发的数字文创产品在市场上的定位和竞争优势。

3. 挖掘消费者对产品的需求

挖掘消费者对产品的需求，是数字文创产品开发中重要的一步。在市场调研中，要分析消费者的需求和期望，记录消费者对产品功能、质量、价格等方面的要求，从中发现消费者对数字文创产品的潜在需求。数字文创产品开发人员要及时了解消费者需求变化，为产品设计提供依据。

4. 分析消费者的购买动机（了解即可）

在进行数字文创产品市场调研的时候，消费者的购买动机也是十分重要的，消费者的购买动机包括情感性、实用性、品牌形象和附加价值四个方面。而数字文创产品市场调研需要对消费者的购买动机进行分析，然后根据调查结果，确定消费者的购买动机是什么。消费者的购买动机会影响到数字文创产品的开发方向，进而影响到数字文创产品市场调研报告中数据信息的准确性。在进行数字文创产品市场调研时，一定要注意调查结果的准确性。

5. 研究消费者对产品的态度和意见（了解即可）

对消费者进行数字文创产品的态度和意见的调查，有利于开发人员了解消费者的消费需求，使数字文创产品的设计更加符合消费者的需求，提高数字文创产品的设计水平。

调研人员要通过电话、网络、走访等方式访问消费者，了解其对数字文创产品的态度和意见，分析数字文创产品所具有的价值与市场发展趋势。并与开发人员沟通，了解其设计思路、理念和方式等，对数字文创产品进行改进和完善，满足消费者需求。

实战练习

【作业名称】设计用户调查问卷。

【作业目的】根据材料搜集信息并分析调研方向，设计对应的用户调查问卷。

【作业要求】

1. 材料

“数字藏经洞”是全球首个运用游戏科技打造的“超时空参与式博物馆”。为了增加观看的趣味性和生动体验，产品设置了游戏角色，既有担任陪伴、讲解和对话的角色，也有供体验者自主选择生成、操控扮演的角色。借鉴游戏的操作模式和互动思维，为体验者提供在虚拟的数字世界体验敦煌文化的沉浸式、交互性方式。

2. 问卷示例

数字藏经洞大学生群体用户调查问卷设计

尊敬的同学，您好！我们正在对“数字藏经洞”项目进行用户体验调研，旨在了解大学生群体对于数字文化传承的兴趣与需求，以便提供更加贴合您期望的服务。本问卷预计耗时约5分钟，您的每一个回答都对我们至关重要，感谢您的宝贵时间和真诚反馈！

1. 您的性别：

□男

□女

□不愿透露

2. 您目前所在的年级：

□大一

□大二

□大三

□大四及以上

□研究生

3. 您所学的专业大类是：

□文科类

□理工科类

□艺术类

□经管类

□法学类

□其他（请说明）__________

4. 数字藏经洞认知度

您之前是否听说过“数字藏经洞”？

□是

□否（跳至第11题）

5. 如果是，您是通过哪种渠道了解到的？（多选）

□社交媒体（如微博、微信）

□学校课程/讲座

□新闻报道

□朋友推荐

□其他（请说明）__________

6. 使用情况

您是否曾经访问或使用过“数字藏经洞”平台？

□是

□否（跳至第11题）

7. 您主要使用“数字藏经洞”进行哪些活动？（多选）

□学习研究

□休闲浏览

□文化探索

□作为参考资料

□其他（请说明）__________

8. 您对“数字藏经洞”平台的满意度如何？

□非常满意

□满意

□一般

□不满意

□非常不满意

9. 功能与内容偏好

您认为“数字藏经洞”目前最吸引您的内容或功能是什么？

____

您希望“数字藏经洞”未来能增加哪些新功能或内容？（开放回答）

____

10. 改进建议与需求

您在使用“数字藏经洞”过程中遇到过哪些问题或不便之处？（开放回答）

____

对于促进大学生群体更好地参与到“数字藏经洞”的活动中，您有什么建议或想法？

____

11. 结尾

您是否愿意参与未来“数字藏经洞”举办的线上/线下活动？

□非常愿意

□愿意

□不确定

□不太愿意

□完全不愿意

您有无其他想对我们说的话或额外的反馈？（开放回答）

____

感谢您的耐心填写！

您的意见对我们至关重要，将直接帮助我们改进“数字藏经洞”，使其成为更适合大学生群体的数字文化平台。

【评价标准】

◎把握整体：整个问卷要与调研任务相符合，选取充分性和必要性的问题，内容翔实完整、条理清晰，并具有可行性（60%）

◎数据收集和分析：数据收集和分析过程应科学合理，确保数据的有效性和分析结果的准确性（30%）

◎报告撰写：报告撰写应规范、完整，结论和建议明确，能够为后续研究提供参考（10%）

能力提升

如何快速制作一份高质量的调查问卷并保证有足够的数据量

1．明确研究目的

制作问卷前先清晰界定研究目的和所需信息，设计具有针对性的问题。

2．确定目标受众

了解目标受众特征（如年龄、性别、职业等），有助于问卷设计的针对性及后期数据分析。

3．设计问卷结构

（1）引言部分：简短介绍调查目的，保证匿名性和数据保密性，鼓励参与。

（2）主体部分：

①封闭式问题：易于统计，如单选、多选、量表评分等。

②开放式问题：用于深入理解，但数量不宜过多，以免影响完成率。

（3）结束语：感谢参与，可提供联系方式或后续反馈渠道。

4．精简问题，明确表述

每个问题应简洁明了，避免引导性或双重含义的表述。使用通俗易懂的语言，确保所有受众都能理解。

5．预测试与修订

在正式发布前，对问卷进行预测试，可以是小范围的目标受众或团队内部成员。根据反馈调整问题顺序，修改表述不清或冗余的部分。

6．选择合适的分发平台

根据目标受众习惯选择合适的调查工具，如Google表单、问卷星、SurveyMonkey等。利用社交媒体、邮件列表、官方网站等多渠道推广，提高问卷的覆盖面。

7．设置激励机制

提供参与奖励，如抽奖、优惠券、独家内容访问权等，以提高参与意愿。

8．监控进度与质量

定期检查数据收集进度，评估响应率。如发现某个问题导致大量弃答，考虑调整或移除该问题。

9．确保样本代表性

注意样本的多样性，避免偏差。必要时，可以通过分层抽样等方法确保数据的代表性。

10. 数据量的保障策略

设定合理的调查周期，不宜过长以免参与者兴趣减退。在调查过程中适时提醒或二次邀请未完成的受访者。考虑合作策略，如与相关社区、组织合作，扩大调查范围。

通过上述步骤，可以制作出一份高质量的调查问卷，并通过有效的推广策略确保收集到足够且有代表性的数据量。常见工具有“问卷星”和“问卷网”，表2-2对两者的主要功能与服务进行了比对，便于读者选择。

表 2-2 问卷星与问卷网的主要功能与服务

功能与服务	问卷星	问卷网
功能全面性	功能相对齐全，体系成熟，适合专业调查	功能相对单一，操作简捷，适合简单调查
收费模式	部分功能需要收费	几乎全部功能免费，包含问卷星部分收费项
答卷数量	可能对答卷数量有限制	不限制答卷数，适合大流量项目
模板资源	模板库可能不如问卷网丰富	有丰富行业模板和官方整理模板，一键引用
使用体验	使用体验可能没有问卷网好	编辑界面更简洁，内容实时保存
附加服务	提供多种在线调查、考试、测评服务	提供按类别整理好的免费模板，质量较好

请注意，以上信息基于当前收录的版本功能，实际情况可能会有所变动，选择哪个工具还应考虑个人或项目的具体需求、预算以及对特定功能的偏好。

任务三 产品的用户信息分析

任务描述

文创产品的设计中，需要对用户进行充分地调研，从而了解用户对产品的期望以及消费需求等。同时，在文创产品的设计过程中，还需要充分考虑到产品的使用场景以及消费场景，这样才能为用户提供更加方便快捷的服务。在文创产品的开发过程中，核心要对用户体验进行分析，这个环节可以分为两个方面，一是产品功能期望，二是产品使用体验期望，如图2-3所示。

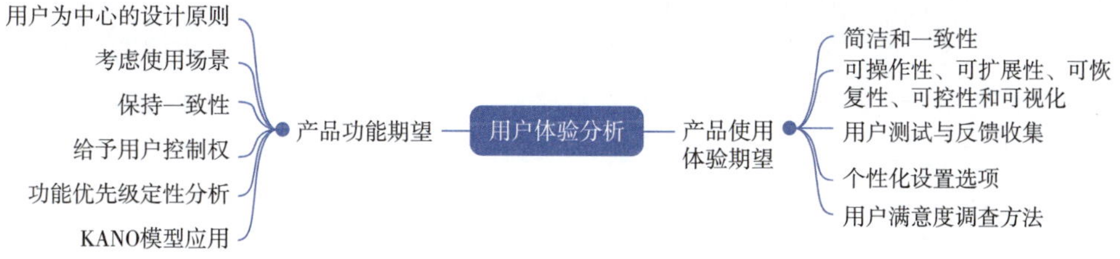

图 2-3 数字文创产品用户体验分析

对功能期望可以理解为用户对产品是否能满足其需求，例如，用户希望购买到具有高性价比、高品质、符合自身需求的产品。而对使用体验的期望则可以理解为用户希望产品能带给自身什么感受。

技术分析

用户画像本质是对目标用户进行的一种建模，目的是更好地了解用户群体，为产品设计提供指导。通过对用户数据进行采集，形成数据指标和标签，并根据这些指标和标签构建用户画像，如图2-4所示。

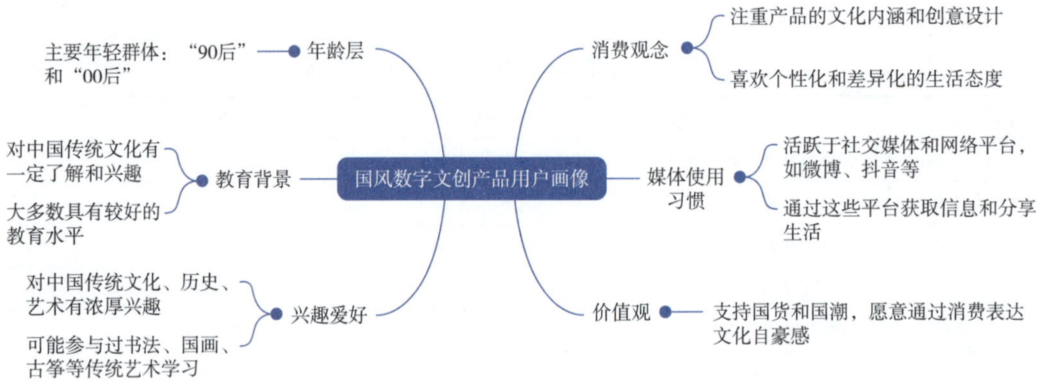

图 2-4　新国风数字文创产品用户画像

1. 数据可视化技术

为了更直观地展示用户画像，人们通常会采用数据可视化的方式，这就是所谓的“图表”。这种技术手段已经非常成熟，并在实际工作中经常被使用。

在绘制用户画像时，可以采用多个图表进行展示。例如，可以用柱形图、折线图、饼图等展示不同时间段内的用户画像情况。

2. 数据挖掘技术

数据挖掘技术是指从大量数据中通过分析找出隐含的、没有被发现的模式，是一种从大量数据中发现数据之间关系的技术。数据挖掘技术主要有关联规则挖掘、分类挖掘和预测模型挖掘等。

关联规则挖掘是根据用户之间的相似度，找出与目标用户相关度最高的产品功能，找到产品之间存在的相关性。分类挖掘是根据用户群体对产品功能的需求，对目标用户进行分类，并对分类结果进行分析和评估。预测模型挖掘是通过建立一个模型，根据已有数据对未来可能发生的事件进行预测。

在实际工作中，还可以利用画像与用户行为之间的关系，为他们提供个性化服务。如针对喜欢健身的用户，可以通过画像提供个性化的健身方案；针对喜欢社交的用户，可以为他们提供更加有趣的社交互动内容。在实际工作中，画像可以对企业进行精细化运营起到很好的指导作用。例如，通过对用户消费行为进行分析，可以深入挖掘用户的消费潜力，为企业制定更加合理的营销策略提供依据。

实施标准

在对用户画像进行绘制时，应遵循一定的原则，合理分类才能更好地体现出用户画像的作用和价值，才能帮助人们更好地对用户进行分类。

1. 数据可获得性

数据可获得性是指在用户画像中所包含的信息都应该是客观存在的，而不是一些人为主观臆造的数据。例如，用户在购买某产品时，该产品在消费者心目中所具有的质量、口碑等，这些都是用户画像应该包含的内容。并且对于用户画像所涉及的数据应进行科学的处理，尽可能地避免主观因素对数据的干扰，只有这样才能保证数据的客观性，从而使绘制的用户画像更具真实性，也有利于后续对用户进行分类。

2. 可标准化

在对用户进行分类时，应遵循一定的标准化，注意将分类的数量和维度保持一致；若不一致，则需要将不一致的部分进行合并。如将产品分为C端、B端、B端+C端等不同类别，然后再对不同类别的用户进行分类。否则会出现分类过于杂乱的情况。

这样才能更好地了解用户，也能对后续的产品运营和推广提供一定的支持。

3. 具有稳定性

绘制用户画像时，应尽可能地保持高度一致，以保证用户画像的完整性和稳定性。还需要考虑到产品的特殊性，将用户画像与产品特性的维度保持一致。

4. 用户画像的价值体现

用户画像可以帮助产品运营人员更好地了解用户，从而更好地满足用户需求。在实际使用过程中，产品运营人员可以通过对用户的基本信息进行收集和整理，将数据与行业内的数据进行对比分析，从而对用户进行更好地分类。同时，由于不同的行业、不同的领域之间存在着较大的差异性，因此产品运营人员可以通过对不同行业、不同领域用户数据进行分析，从而掌握不同领域之间存在着较大的差异性。

另外，在对用户进行分类的过程中，产品运营人员还可以利用分类结果对用户进行更为精准的定位，从而为后续的产品推广提供更为准确的方向。

5. 用户画像可以灵活配置

用户画像虽然能够对用户进行分类，但也不能保证能够达到人们所想要的分类标准，因此可以对用户进行灵活地配置。如用户的年龄、性别、学历、收入等，通过这些数据的分析进行分类，使用户画像更加精确。

在绘制用户画像时，应遵循以上的原则，对用户进行准确分类和管理，从而更好地为产品提供服务。当然在绘制用户画像时，不仅要考虑到这些基本原则，还应根据产品自身的特性和实际情况来对其进行设计和修改，更好地满足用户的需求和期望。

实施步骤

完成数字文创产品的用户画像，需要进行一系列细致的市场调研和数据分析工作。构建用户画像的步骤如下。

1. 确定调研目标

要明确调研目标群体，分析需要从用户画像中得到哪些信息，如用户的年龄、性别、地域、兴趣爱好、消费习惯等。

2. 收集数据

通过问卷调查、用户访谈、社交媒体分析、网站和应用程序数据分析等方式收集用户信息。

3. 数据清洗

对收集到的数据进行整理和清洗，去除无效和错误的数据，确保数据的准确性和可靠性。

4. 数据分析

使用统计分析和数据挖掘技术对数据进行分析，找出用户特征和消费行为的模式。

5. 构建用户画像

基于分析结果，创建用户画像。用户画像应包括以下几个方面。

（1）基础属性：如年龄、性别、教育背景、职业等。

（2）消费特征：如购买频率、消费能力、偏好渠道等。

（3）兴趣爱好：如喜欢的文创产品类型、文化偏好、娱乐活动等。

（4）行为特征：如上网习惯、社交媒体使用情况、参与文创活动的频率等。

（5）验证和更新：通过市场反馈和进一步的调研来验证用户画像的准确性，并根据新的数据和信息不断更新用户画像。

（6）应用用户画像：将用户画像应用于产品开发、市场营销、客户服务等方面，以更好地满足用户需求和提升用户体验。

完成用户画像的过程需要不断地收集新数据、分析趋势，并据此调整策略。这是一个持续迭代的过程，需要企业不断地关注市场变化和用户反馈。

实战练习

【作业名称】使用手绘与软件绘制新国风数字文创产品用户画像。

【作业目的】充分体验不同场景下手绘和机绘的区别，可以通过对不同工具的掌握灵活判断用户画像的呈现模式。

【作业要求】分别使用手绘和软件来实现新国风数字文创产品用户画像的绘制，对比两者的优缺点，并与他人进行经验交流和分享。

1. 手绘

1）优点

个性与创意：手绘允许高度的个性化表达，可以通过独特的线条、色彩和风格来展现新国风特色，使得用户画像更加生动且具有艺术感。

情感传递：手绘作品往往能更好地传达设计师的情感和温度，让观者感受到更多的人文关怀和故事性。

灵活性：在创作过程中可以随时调整和修改，无须依赖计算机或特定软件，适合灵感突发时快速记录想法。

2）缺点

效率较低：相较于软件绘制，手绘需要更多的时间和精力，尤其是对于需要精细调整和大量复制的元素。

修改难度大：错误修正和细节调整不如数字工具灵活，一旦完成难以无痕修改。

一致性难以保证：对于需要多个版本或系列作品时，保持风格和质量的一致性可能较为困难。

2. 软件绘制

1）优点

高效与精确：使用专业设计软件（如Adobe Illustrator、Photoshop）可以快速绘制并调整细节，保证作品的精确度和专业性。

易复制与调整：软件方便复制元素、批量处理，以及非破坏性编辑，有利于保持设计的一致性和高效迭代。

丰富资源：可利用软件内置的大量素材、字体和滤镜效果，快速提升作品的视觉效果，更容易实现复杂的设计理念。

2）缺点

学习曲线：高效使用设计软件需要一定的学习时间，对于初学者可能有一定门槛。

可能缺乏个性：如果过度依赖模板和预设，可能会导致作品缺乏原创性和独特性。

依赖硬件：需要稳定的计算机系统和软件授权，对于硬件配置有一定要求。

【评价标准】

◎体现新国风设计理念：文化独特性和优秀传统文化元素创新演绎（30%）

◎用户画像构建的重要性：理解客户心理、定位消费群体、把握市场需求（40%）

◎设计实践中的考虑因素：意境的表达与抒发、传统与现代的融合（30%）

能力提升

如何通过选择合适的画像工具和市场调研提升工作效率

1．选择绘制工具

常见可用于绘制用户画像的软件工具见表2-3。

表 2-3　常用绘制软件

工具	适用场景	特点
Adobe Illustrator	专业的图形设计软件，适合需要高精度和详细定制的设计	提供丰富的绘图工具和矢量图形编辑功能，适合创建复杂的用户画像
Sketch	数字产品设计，特别是用户界面和用户体验设计	轻量级，界面简洁，插件丰富，适合快速原型设计和团队协作
AxureRP	交互式原型设计，包括线框图、流程图和用户画像	支持动态内容和交互功能，适合展示用户行为和体验流程
Microsoft PowerPoint/Excel	基础的数据分析和演示制作	易于使用，普及度高，适合快速制作简单的用户画像图表
Canva	在线图形设计，适合非专业设计师制作简单的图形	提供模板和设计元素，操作简单，适合快速设计
InVision	用户界面设计和原型制作	支持高保真原型设计，提供协作和反馈功能
Figma	界面设计和原型制作，支持团队协作	基于浏览器，实时协作，设计元素和原型可以轻松共享和编辑

续表

工具	适用场景	特点
Lucidchart	流程图和图表制作	在线工具，支持多人协作，适合绘制图表和用户流程图
Tableau	数据可视化，特别是大量数据的分析和呈现	强大的数据分析能力，可以创建复杂的数据图表和用户画像
Infogram	创建图表和信息图	易于使用，提供多种图表模板，适合快速制作视觉吸引力强的用户画像

2．市场调研

在很多情况下，手绘仍旧是很优选的方式，它可以最大化保留信息不被遗漏，但是如果涉及演示汇报或招商路演，还需要把调研环节清晰地展示出来。可以通过遵循以下步骤来提高用户调研的工作效率。

（1）明确调研目标：在开始之前，明确调研的目的和需要收集的信息类型，这将帮助用户选择最合适的工具。

（2）选择合适的工具：根据调研目标和团队的技术能力，选择能够满足需求且易于使用的工具。考虑工具的功能（如数据可视化、协作、原型设计等）和兼容性（如是否支持团队使用的其他软件）。

（3）培训团队成员：确保团队成员熟悉所选工具的功能和操作。如果可能，进行内部培训或使用在线资源来提高团队成员的技能。

（4）利用模板和预制元素：许多工具提供现成的模板和设计元素，使用这些资源可以节省时间，保持设计的统一性。

（5）进行迭代设计：使用工具快速创建初步的用户画像，然后根据反馈进行调整。迭代设计有助于不断完善用户画像，同时保持工作效率。

（6）数据集成和分析：使用工具的数据集成功能，将调研数据直接导入用户画像中。利用工具的分析功能，对用户数据进行分析，提取关键洞察。

（7）共享和协作：利用工具的共享和协作功能，让团队成员和利益相关者参与到用户画像的创建和评审过程中。实时协作可以减少沟通成本，提高工作效率。

（8）自动化和快捷操作：学习并使用工具的快捷键和自动化功能，如自动布局、数据同步等，以减少重复性工作。

（9）优化工作流程：分析调研过程中的瓶颈，优化工作流程。例如，通过自动化数据收集或简化审批流程来提高效率。

（10）持续学习和适应：随着调研项目的进行，不断学习新的工具特性和最佳实践。根据项目需求的变化，灵活调整工具的使用策略。

任务四　产品创意生成

任务描述

创意是产品构成中最重要的元素，它决定了产品的造型、功能、品质，乃至于商业价值。

从产品形态的角度来看，创意可以丰富产品的造型，提升产品的形象，让人们在使用产品的过程中得到更多的美的享受，并提升对产品功能与性能的认知。在确认设计方向和产品类型后，就要开展下一个任务——开发优质的创意，主要步骤参考图2-5。

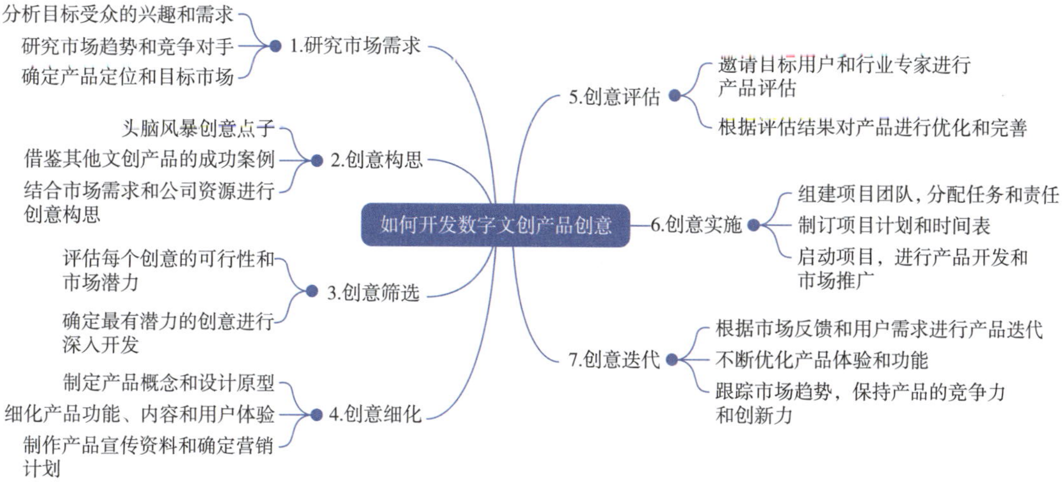

图 2-5　开发数字文创产品创意的主要步骤

技术分析

创意是产品的核心竞争力，在产品开发过程中，设计师需要从市场和消费者角度出发，通过对生活经验、时尚趋势、生活方式的了解与思考，来寻求产品创意。对此，创意不仅要从思想上进行挖掘、创新和突破，更要通过实用、有效的手段去开发出有市场潜力和竞争力的产品创意。注意在实际的操作中，可以根据设计团队的结构或项目时长来选择下列其中的一种方法或组合使用。

1. 头脑风暴

头脑风暴旨在通过自由联想和大量产生想法的方式，鼓励参与者提出尽可能多的创意，如图2-6所示。

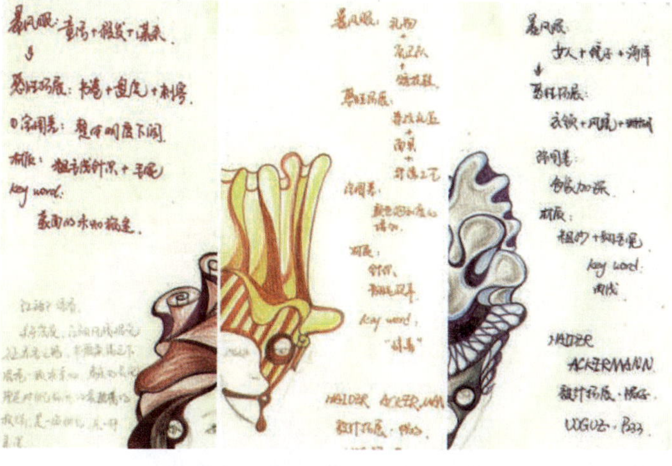

图 2-6　头脑风暴信息展示板

头脑风暴（brainstorming）是一种激发创造性思维和产生新想法的方法，通常在小组环境中进行。这个概念最早由美国BBDO广告公司创始人亚历克斯·奥斯本（Alex Faickney Osborn）在1953年提出，旨在鼓励参与者自由地提出尽可能多的想法，而不对这些想法进行立即的评判或批评。

头脑风暴的基本原则包括以下内容。

（1）延迟评判：在头脑风暴过程中，所有想法都被认为是宝贵的，不会立即被评价或批评。评判通常在想法产生阶段之后进行。

（2）自由联想：参与者被鼓励自由地提出任何想法，无论它们多么不切实际或奇异。这种自由的环境有助于打破常规思维，产生创新的想法。

（3）数量产生质量：头脑风暴的目标是产生尽可能多的想法。通常认为，更多的想法增加了找到高质量想法的可能性。

（4）构建和改进：一旦产生了大量的想法，参与者可以开始对这些想法进行构建和改进。这个阶段是对初步想法的进一步发展和完善。

头脑风暴是一种非常有效的创意生成工具，它可以帮助团队在解决问题、创新设计或战略规划等方面取得突破。

2. 思维导图

利用图形和关键词来组织和展示思路，帮助人们发现不同想法之间的联系。思维导图（mind mapping）是一种图形化的思维工具，它通过图解的方式表达人们头脑中的想法和概念。这种工具最初由托尼·博赞（Tony Buzan）在20世纪70年代提出，用于帮助人们更有效地思考和记忆。

思维导图通常从一个中心思想或主题开始，然后向外扩展出多个分支，每个分支代表与中心主题相关的一个子主题或关键点。这些分支可以进一步细分为更小的子分支，形成一个层级结构。每个分支或子分支都可以包含关键词、图像、颜色和其他视觉元素，以增强记忆和理解。

思维导图的特点包括：

（1）中心焦点：思维导图通常有一个中心图像或关键词，代表整个思维导图的核心理念。

（2）分支结构：从中心点向外延伸的分支代表主要主题或思想，这些分支进一步细分为子分支，代表更具体的信息。

（3）关键词使用：在思维导图中，每个分支上使用的关键词有助于突出重要的信息，并促进思维的连贯性。

（4）视觉和颜色：图像、颜色和符号的运用增强了思维导图的美观性和可记忆性，同时也帮助区分不同的主题和层次。

（5）非线性：与传统笔记方法相比，思维导图是非线性的，它允许思维自由流动，从而促进创造性和批判性思维。

（6）灵活性：思维导图可以根据需要进行修改和扩展，非常适合捕捉和组织动态变化的信息。

思维导图的应用非常广泛，可以用于学习、规划、解决问题、团队沟通等多个领域。它不仅有助于提高思维清晰度和记忆力，还能够激发创意和促进信息之间的联系。

3. 故事板

通过创造或讲述故事的方式来探索和表达想法，激发创意。

故事板（story board）是一种视觉化的叙事工具，通常用于电影、动画、广告、应用程序界面设计等领域。它由一系列按顺序排列的图画或框图组成，每个图画代表一个镜头或场景，通常配有简短的文字说明，来描述画面内容、角色动作或对话。

故事板的主要作用包括：

（1）预视化：在制作前期，故事板可以帮助导演、设计师和团队成员预视化最终产品的外观和感觉；通过角色的代入和情境化的场景，建立团队间的理解；展示各个镜头之间的关系，确保故事的连贯性和视觉效果的一致性。

（2）沟通工具：故事板作为一种视觉语言，可以帮助团队成员之间沟通想法和概念，确保每个人对项目的理解和预期是一致的；使产品经理、产品运营及产品开发人员能够感同身受地明白设计的内涵和外在表现。

（3）规划拍摄：在电影制作中，故事板帮助确定拍摄顺序、镜头选择、场景布局和演员走位，从而提高拍摄效率；多维度制订拍摄计划、以看板形式拖动排序。

（4）资源分配：通过故事板，制作团队可以预估所需资源和时间，如演员、道具、特效等，有助于更好地规划和分配资源，也利于团队更容易记住想法并清楚地呈现出来。

（5）问题发现：在制作早期阶段，故事板可以帮助发现故事逻辑、场景转换等方面的问题，避免在后期制作中花费更多时间和成本来修正。

表2-4列举了头脑风暴、思维导图和故事板在创意转化中的作用、关键元素、应用领域等特点，但每种工具在实际应用中都有其独特的优势和局限性，具体选择哪种工具取决于项目的具体需求和目标。

表 2-4　头脑风暴、思维导图、故事板的综合比较

特点	头脑风暴	思维导图	故事板
定义	一种激发创意和产生想法的技术，鼓励自由联想和延迟评判	一种图形化的思维工具，用于组织和表达思维内容	一种视觉化的叙事工具，用于预视化和沟通故事情节
主要作用	产生大量创意，促进团队合作和创新思维	帮助记忆、组织和理解复杂信息，促进思维清晰	预视化故事内容，沟通拍摄或设计意图，规划制作流程
关键元素	自由的环境，大量想法，延迟评判	中心主题、分支结构、关键词、图像和颜色	序列化的画面、文字说明、镜头指示
应用领域	问题解决，新产品开发，策略规划	学习、笔记、规划，创意思考	电影、动画、广告、应用程序界面设计
创作过程	提出想法，记录想法，评价和选择想法	确定中心主题、创建分支，添加细节、视觉美化	分析脚本、绘制草图、添加说明、排列顺序、反馈修正
目标	产生尽可能多的想法，从中筛选出有价值的创意	以图形化方式组织和呈现信息，提高记忆和理解	预视化故事，确保团队成员对项目理解和预期一致

实施标准

1. 头脑风暴的实施标准

（1）定义清晰的目标：在头脑风暴之前，明确界定讨论的主题和目标，确保所有参与者都了解要解决的问题或要达成的目标。

（2）多样化的参与者：邀请来自不同背景、专业和经验的人参与头脑风暴，以促进多元化的思维和创意。

（3）建立自由和开放的氛围：创造一个非评判性的环境，鼓励参与者自由地表达自己的想法，不担心被批评或嘲笑。

（4）追求想法的数量：强调想法的数量而非质量，越多想法意味着越多创新的可能性。

（5）延迟评判：在头脑风暴阶段避免对想法进行评判或批评，以免阻碍创意的流动。

（6）鼓励自由联想：鼓励参与者进行自由联想，将看似不相关的概念或想法结合起来，以产生新的创意。

（7）记录所有想法：确保所有提出的想法都被记录下来，以便后续的分析和评估。

（8）领导者的角色：头脑风暴的领导者应保持中立，引导讨论，确保所有参与者都有机会发言。

2. 思维导图的实施标准

思维导图通过关键词、颜色、图像和连接线来展示概念之间的关联。设计思维导图时，可以遵循以下标准。

（1）中心主题：确保思维导图有一个中心主题，这是整个思维导图的起点和核心。

（2）分支结构：从中心主题向外延伸出主要分支，每个主要分支代表一个与中心主题相关的关键概念或思想。

（3）层次结构：每个主要分支可以进一步细分为子分支，形成清晰的层次结构，帮助理解信息的组织。

（4）关键词使用：在分支上使用关键词而不是完整的句子，这有助于保持清晰和简洁。

（5）连接线：使用连接线来表示不同分支之间的关联，帮助理解概念之间的联系。

（6）颜色编码：使用不同的颜色来区分不同的主题或类别，增强视觉区分和记忆。

（7）图像和图标：适当使用图像和图标来增强记忆和视觉效果，尤其是对于视觉学习者。

（8）简洁性：保持思维导图的简洁性，避免过度复杂或混乱的设计。

（9）可读性：确保思维导图的布局清晰，易于阅读和理解，避免过于密集的文字或图像。

（10）动态性：思维导图应该是动态的，可以根据需要随时进行调整和更新。

（11）创造性：鼓励创造性思维，不拘泥于传统的思维导图形式，可以根据个人喜好和需求进行定制。

（12）反馈和修正：在完成思维导图后，可以寻求他人的反馈，并根据反馈进行修正和完善。

遵循这些标准，可以帮助用户设计出清晰、有逻辑性和易于理解的思维导图，从而更有效地组织和表达设计想法。

3. 故事板实施标准

故事板多用于电影、动画、游戏和广告等行业，用于规划、设计和讲述故事。故事板绘制标准通常包括以下几个方面。

（1）统一格式：确保所有故事板的尺寸、布局和格式保持一致，以便于团队协作和后期制作。

（2）清晰标题：每个故事板应该有清晰的标题，包括场景编号和描述。

（3）简洁描述：故事板的描述应简洁明了，通常不超过一行文字，重点突出。

（4）关键画面：选择能够表达故事关键信息的画面，避免过多的细节和不必要的内容。

（5）连贯性：确保故事板中的画面顺序能够清晰地展示故事的发展和情节的转换。

（6）分镜头技巧：使用分镜头技巧，如推、拉、摇、跟、移等，来增强画面的动态感和故事性。

（7）角色和背景：清晰地描绘角色和背景，确保角色的动作和表情能够传达角色的性格和情感。

（8）镜头角度和构图：选择合适的镜头角度和构图，以增强画面的视觉冲击力和故事性。

（9）色彩和风格：保持故事板的颜色和风格一致，以增强整体视觉的一致性。

（10）注释和说明：在故事板中添加必要的注释和说明，如音效、旁白、字幕等，以帮助团队理解故事板的意图。

（11）迭代和修改：在故事板绘制过程中，根据反馈和需求进行迭代和修改，以提高故事板的质量和可执行性。

（12）最终确认：在故事板完成后，进行最终确认，确保所有细节都符合预期，并且故事板可以被团队理解和执行。

遵循这些标准，可以确保故事板的有效性和可执行性，帮助团队更好地理解和执行故事板的意图。

实施步骤

1. 头脑风暴实施步骤

头脑风暴的实施步骤可以分为准备阶段、头脑风暴会议阶段和后续工作阶段。以下为具体的步骤。

1）准备阶段

确定目标和主题：明确头脑风暴的目的，定义要解决的问题或要达成的目标。

选择参与者：邀请多元化的参与者，包括不同专业、经验和观点的人。

安排时间和地点：选择一个适合集体讨论的场所，确保有足够的时间和安静的环境。

准备工具：准备白板、便笺纸、笔（马克笔等）、计时器等工具，以便记录和展示想法。

通知参与者：提前通知参与者头脑风暴的主题、时间和地点，并提供必要的前置信息。

2）头脑风暴会议阶段

开场介绍：主持人介绍头脑风暴的目标、规则和流程。

暖身活动：进行一些简单的创意练习，帮助参与者放松并进入创意状态。

提出问题：主持人提出要解决的问题或主题，鼓励参与者开始思考。

自由发挥：给参与者一定的时间（如5~10 min），让他们自由地提出尽可能多的想法。

记录想法：使用白板或便笺纸记录下所有的想法，确保每个想法都能被看见。

分享和讨论：鼓励参与者分享他们的想法，并进行简短的讨论。

轮流发言：确保每个人都有机会发言，避免某些声音主导讨论。

建立想法：鼓励参与者基于已有想法提出新的想法，或结合几个想法形成新的创意。

重复过程：如果有时间，可以重复上述自由发挥和分享讨论的步骤。

3）后续工作阶段

整理想法：将所有记录的想法进行整理，去除重复或明显不切实际的想法。

评估和筛选：对剩下的想法进行评估，根据可行性、创新性和潜在影响进行筛选。

优先排序：将筛选后的想法进行优先排序，确定哪些想法最值得进一步探索。

后续行动：制订后续行动计划，确定负责推进每个想法的人，并设定时间表。

反馈和认可：向参与者提供反馈，感谢他们的参与，并对有价值的想法给予认可。

通过这些具体的步骤，可以有效地实施头脑风暴，促进创意的产生和筛选，最终形成可执行的解决方案。

2. 思维导图实施步骤

绘制思维导图是一个结构化的过程，旨在通过图形化的方式组织和展示信息。以下是一般步骤。

（1）确定中心主题：首先，确定一个中心主题，这是思维导图的核心。这个主题可以是问题、目标、项目、想法等。

（2）选择合适的工具：选择适合的思维导图工具，可以是纸质笔记本和彩色笔，也可以是电子软件，如MindMeister、XMind、Lucidchart等。

（3）绘制中心主题：在中心位置绘制中心主题，可以用一个图像或图标来表示，然后用一个关键词来描述。

（4）添加主要分支：从中心主题向外延伸出主要分支，每个主要分支代表一个与中心主题相关的关键概念或思想。

（5）确定分支顺序：根据逻辑关系确定分支的顺序，通常是按照从一般到具体、从高到低、从先到后的顺序。

（6）绘制次要分支：在主要分支下添加次要分支，每个次要分支代表一个与主要分支相关的子概念或思想。

（7）添加关键词和图像：在每个分支上添加关键词，确保每个关键词都是简洁明了的。同时，可以适当添加图像来增强记忆和视觉效果。

（8）连接分支：使用线条或箭头来连接分支，表示它们之间的关系。确保连接线清晰，易于理解。

（9）添加颜色和图标：为了增强视觉区分和记忆，可以给不同的分支或概念添加不同的颜色和图标。

在绘制完成后，应检查思维导图的整体结构和布局，确保它们清晰、有逻辑性和易于理解。如果有必要，进行调整。此外，可以与他人分享自己的思维导图，讨论其中的内容和结构，收集反馈意见，以便进一步完善。

3. 故事板实施步骤

（1）确定故事框架：明确故事的基本框架，包括故事的开端、发展、高潮和结局。

（2）分镜头规划：根据故事框架，将故事分解成一系列的镜头，每个镜头代表一个关键的场景或动作。

（3）绘制分镜头：在每个分镜头中，绘制关键的画面，包括角色、背景、动作和表情。

确保每个画面都能清晰地表达故事的内容。

（4）添加描述和注释：在每个分镜头旁边添加简短的描述和注释，包括镜头的类型、角度、景别和运动等。这些信息有助于团队理解故事板的意图。

（5）检查连贯性：检查所有分镜头之间的连贯性，确保它们能够清晰地展示故事的发展和情节的转换。

（6）添加音效和旁白：根据需要，在分镜头旁边添加音效和旁白的信息，以增强故事的表达效果。

（7）调整和完善：在绘制完成后，检查故事板的布局和内容，确保它们清晰、有逻辑性和易于理解。如果有必要，进行调整和完善。

（8）讨论和反馈：与他人分享你的故事板，讨论其中的内容和结构，收集反馈意见，以便进一步完善。

实战练习

【作业名称】数字文创产品头脑风暴。

【作业目的】通过一次高效的头脑风暴会议，设计一款能够有效提升员工生活质量、促进工作效率、增强个人兴趣培养或提供放松方式的数字文创产品；充分发挥团队成员的专长。

【作业要求】在当前快节奏的工作环境中，许多上班族面临着工作压力、时间管理、持续学习及个人兴趣平衡等多方面挑战。在这样的模拟背景下，以开发一款适用于上班族的数字文创产品为前提，组织6人左右的小组完成一次头脑风暴，从多个角度全面考虑产品设计，提高创新方案的可行性和吸引力。

1. 完善小组构成，招募小组成员

项目经理：负责整体协调与进度管理。

市场分析师：研究用户需求与市场趋势。

创意设计师：负责产品概念和视觉创意。

技术顾问：评估技术可行性与创新技术应用。

用户体验专家：关注用户交互与体验设计。

内容策划：负责产品内容规划与创意文案。

2. 参与头脑风暴流程

1）准备阶段（30 min）

资料收集：每位成员提前调研上班族日常痛点、兴趣偏好及现有市场上的相关产品。

规则设定：确立无评判原则，鼓励自由思考，任何想法都可提出。

工具准备：白板、便笺纸、标记笔、计时器等。

2）激发创意（60 min）

主题聚焦：由项目经理引导，明确本次产品的核心价值主张，如“如何帮助上班族高效管理碎片时间”。

快速提案：每人限时5min分钟提出至少3个初步想法，使用便签记录后贴至白板。

思维导图：集体构建思维导图，将相似或关联的想法归类整合。

3）深入讨论与筛选（60 min）

小组讨论：针对每个分类深入探讨，评估创意的可行性、独特性和市场需求。

投票筛选：采用匿名投票方式，每人选择认为最有潜力的三个创意。

综合分析：基于投票结果，结合技术、市场及用户体验等多维度分析，选出1~2个最优方案。

4）方案细化（60 min）

原型设计：创意设计师主导，快速绘制产品原型草图或使用简易设计工具制作初步界面。

功能规划：明确产品核心功能、特色功能及后续迭代方向。

实施路径：制订初步开发计划、资源需求及预期时间线。

5）总结汇报（30 min）

成果展示：向小组外的导师或利益相关者展示最终选定的创意方案，包括产品概念、目标用户、预期效果等。

反馈收集：开放提问，收集外部意见，为后续优化做准备。

【评价标准】

◎一份头脑风暴报告，包含头脑风暴过程记录、最终创意方案、原型设计、功能规划及实施路径（70%）

◎一份模拟面向投资方或高层管理人员的汇报PPT（30%）

能力提升

如何通过故事板讲好文创产品故事

这里以一个虚构的文创产品——“时光回声”的限量版笔记本为例，来说明如何通过故事板讲好产品故事。该产品的设计灵感来源于古老的图书馆和藏书，旨在唤起人们对知识和历史的尊重。

1．确定故事框架

故事围绕一位年轻作家在图书馆的奇遇展开，他发现了一本古老的书籍，书中记载了一个隐藏的秘密。这个秘密激发了他的创作灵感，他开始在本子上记录下自己的故事，如图2-7所示。

图 2-7　AI 生成的故事框架插图

2．设计关键场景

场景一：作家走进充满历史气息的图书馆，四周是高耸的书架和尘封的书籍，如图2-8所示。

场景二：作家偶然发现了一本古老的书籍，书的封面上布满了灰尘，但封面的图案引起了他的注意，如图2-9所示。

图 2-8　设计场景一

图 2-9　设计场景二

场景三：作家打开书籍，书中的文字和插图仿佛活了过来，带他进入一个奇妙的世界，如图2-10所示。

场景四：灵感涌现，作家拿出“时光回声”笔记本，开始记录下他的奇遇和感悟，如图2-11所示。

图 2-10　设计场景三

图 2-11　设计场景四

场景五：作家在“时光回声”笔记本上创作，他的文字和笔记本的古老设计相互映衬，显得格外和谐。

场景六：最后，作家完成了他的作品，满意地合上笔记本，他知道这本笔记本将是他创作的宝贵伴侣。

3．设计视觉元素

图像：图书馆的内部、古老的书籍、作家专注的面孔、笔记本的详细设计。

符号：书页翻动的动画符号、笔尖在纸上写字的符号、光芒四射的符号表示灵感的闪现。

色彩：温暖的色调，如土色、深棕色和金色，营造出古老而舒适的氛围。

4．编写旁白和对话

场景一：“在这个充满智慧的殿堂，每一本书都蕴藏着无尽的故事”。

场景二：“但这本书，似乎有着不同寻常的秘密”。

场景三：“随着书页的翻动，一个古老的世界在我面前展开”。

场景四：“灵感如泉水般涌出，我需要记录下这一切”。

场景五：“‘时光回声’不仅仅是一本笔记本，它是通往过去的桥梁”。

场景六：“在这个本子上，我将创造出自己的传奇”。

5．排列故事顺序

按照时间顺序排列场景，确保故事的流畅性和逻辑性。

6．添加过渡和动态效果

场景之间的过渡可以使用书本翻页的效果，增加故事书的感觉。灵感闪现的瞬间可以使用光芒四射的动画效果，以突出这一重要时刻。

7．审查和迭代

与团队成员一起审查故事板，确保每个场景都能够有效地传达产品的核心价值，并根据反馈进行调整。

8．故事板展示

将完成的故事板通过动画或幻灯片的形式展示给目标受众，观察他们的反应，并根据反馈进行最后的调整。

9．整合营销策略

将故事板内容用于产品发布会、社交媒体推广、产品包装说明等，让故事成为产品营销的一部分。

通过这样的故事板，不仅能够展示“时光回声”笔记本的物理特性和设计美学，还创造了一个沉浸式的体验，让消费者感受到产品背后的故事和情感。这样的故事板有助于建立品牌形象，提升产品的吸引力和市场竞争力。

任务五　产品设计转化——原型绘制

任务描述

产品原型是指产品在开发过程中的初步模型或样品，它用于展示产品的外观、结构、功能和使用方式。原型可以是实物的、数字的或者两者的结合，其目的在于验证产品的设计理念、工作原理和用户体验，以便在产品最终推向市场前进行必要的调整和改进。

根据产品开发的不同阶段和需求，产品原型可以分为以下几种类型。

（1）概念验证原型（proof of concept prototype）：用于验证产品的基本概念或技术是否可行。

（2）低保真原型（low-fidelity prototype）：通常是手工制作的简单模型，用于快速展示产品的基本形态和功能。

（3）高保真原型（high-fidelity prototype）：更加精细和接近最终产品的原型，可以详细展示产品的外观、材料和用户界面。

（4）功能原型（functional prototype）：具有完整或部分功能的原型，用于测试产品的操作性和用户体验。

（5）用户界面原型（userinterface prototype）：专注于展示产品的软件界面和用户交互设计的原型。

（6）工业原型（industrial prototype）：接近最终生产标准的原型，用于测试产品的可制造性和成本。

产品原型的制作方法多样，包括手绘草图、3D打印、数控加工到数字模型等多种方式。在现代产品开发中，数字工具如CAD（计算机辅助设计）、CAE（计算机辅助工程）和3D建模软件等被广泛应用来加速原型的创建和迭代过程。

产品原型的制作是产品开发流程中非常重要的一环，它可以帮助团队更好地理解产品，发现设计中的潜在问题，并确保最终产品的成功。产品原型绘制在产品设计和开发过程中扮演着重要的角色，其重要意义体现在以下几个方面。

（1）可视化与沟通：产品绘制将抽象的创意和概念转化为具体的视觉形象，使得设计团队、利益相关者和潜在用户能够直观地理解和沟通设计意图。

（2）用户体验评估：通过绘制产品原型，可以模拟用户与产品的交互过程，评估产品的可用性和用户体验，从而在产品开发早期发现问题并进行改进。

（3）设计迭代与优化：产品绘制为设计师提供了迭代和优化的基础，通过多次修改和测试，可以逐步完善产品设计，提高产品的质量和用户满意度。

（4）成本和时间节约：在产品开发初期，通过绘制产品原型可以避免不必要的成本和时间投入。原型可以帮助团队在产品最终定型前发现和解决问题。

（5）风险评估：产品绘制可以帮助评估产品的技术实现风险，包括材料选择、制造工艺和功能实现等，从而减少后期开发中的不确定性。

（6）市场定位与策略制定：产品绘制有助于明确产品的市场定位，帮助团队制定更精准的市场策略和营销计划。

（7）投资吸引：对于创业者和寻求外部投资的企业来说，高质量的产品绘制可以作为展示产品潜力和价值的重要工具，有助于吸引投资者和合作伙伴。

（8）知识产权保护：通过产品绘制，可以提前注册设计专利，保护产品的独特性和创新性，防止竞争对手抄袭。

技术分析

在技术研发阶段，数字文创产品转化中常用的技术包括但不限于以下几种。

（1）3D建模与渲染：用于创建逼真的3D角色、场景和道具，以及进行高质量的图像渲染。

（2）动画制作：包括2D和3D动画，用于讲述故事、表达情感和创造动态视觉效果。

（3）虚拟现实（VR）与增强现实（AR）：提供沉浸式体验，允许用户与虚拟环境互动，或将虚拟元素叠加到现实世界中。

（4）游戏开发技术：如Unity、UnrealEngine等，用于开发各种类型的游戏，包括角色扮演游戏（RPG）、动作游戏、策略游戏等。

（5）交互设计：通过设计直观、易用的交互界面，提高用户体验和满意度。

这些技术在数字文创产品的研发中扮演着关键角色，帮助实现创意构思，提供创新的用户体验，并推动数字文创产品的持续创新和发展。

这里重点讨论创意形成后，产品原型的开发技术。以便支持后续的产品开发工作。在产品设计和开发过程中，原型开发是至关重要的一步，它帮助团队可视化产品概念，验证设计，并收集用户反馈。表2-5为常见的原型开发工具及其特性。

表 2-5　常见原型开发工具的特性

工具	优点	缺点
Sketch	丰富的设计功能和插件，适用于 Mac 和 Windows 操作系统	交互式原型功能相对较弱
AdobeXD	集成了 Sketch 和 Photoshop 的设计元素，可交互的原型适用于 Mac 和 Windows 操作系统	需要订阅费用
Figma	在线协作设计，丰富的设计资源和功能，适用于 Web 和移动应用	可能需要较长时间加载
AxureRP	支持高级交互和动画设计，适用于 Mac 和 Windows 操作系统	学习曲线相对较陡
InVision	丰富的设计资源和模板，适用于 Web 和移动应用的设计	需要订阅费用
Mockplus	丰富的组件和交互效果，适用于 Mac 和 Windows 操作系统	相对较新的工具，知名度较低
Principle	专注于动画和交互设计，适用于 Mac 和 iPad	仅支持 Mac 和 iPad
OrigamiStudio	丰富的设计资源和组件，适用于 Mac 和 Windows 操作系统	主要面向一些社交软件的应用设计

这些工具可以根据项目需求和团队偏好进行选择，它们都提供了丰富的功能和资源，可以帮助设计师快速创建高质量的原型。

实施标准

原型绘制是产品设计和开发过程中的一个关键环节，它涉及将概念转化为可操作的模型，以便于测试、评估和展示。以下是原型绘制的标准。

（1）清晰性：确保原型设计清晰、易于理解。每个元素和功能都应该有明确的标识和说明。

（2）准确性：原型设计应准确反映产品的最终形态和功能。所有的尺寸、颜色、形状和位置都应与实际产品相匹配。

（3）一致性：在整个原型设计过程中，保持设计风格和元素的一致性。确保所有的界面和交互都是统一和协调的。

（4）功能性：原型设计应能够展示产品的核心功能和交互方式。用户应该能够清楚地理解如何使用产品。

（5）可访问性：考虑产品的可访问性，确保原型设计对所有用户都是友好和易于使用的。

（6）用户体验：原型设计应提供良好的用户体验。界面布局、导航和交互应该直观、易于理解和使用。

（7）可扩展性：设计原型时，考虑产品的可扩展性和未来的升级。确保原型设计可以轻松地添加新功能或进行修改。

（8）技术实现：原型设计应考虑技术的实现和限制。与开发团队合作，确保设计可以被实现。

（9）文档和说明：为原型设计提供详细的文档和说明，包括设计意图、功能描述和操作指南。

实施步骤

产品设计转化是指将设计概念转化为实际产品的过程。这通常涉及多个阶段，包括原型设计、测试、迭代、生产准备和最终的产品发布。这里依据数字文创的产品特性，仅涉及产品的开发制作环节，具体的调研、量产和反馈不在这里进行实践。产品的原型设计作为产品开发过程中的一个关键阶段，可按照以下步骤进行设计。

1. 明确设计目标

在开始原型设计之前，首先需要明确产品的设计目标和用户需求。这一步骤包括与用户进行面谈、问卷调查或观察，了解他们的需求和期望。

（1）问题定义：基于收集到的信息，明确项目需要解决的问题或达成的目标是什么。

（2）用户研究：通过访谈、问卷调查、用户观察等方式，深入了解目标用户的真实需求和期望。

（3）设定设计目标：

①具体任务（specific）：目标应具体明确，避免模糊不清。

②可衡量（measurable）：目标应能够量化或至少能通过某种方式验证是否达成。

③可达成（achievable）：目标应具有可行性，团队应能在给定资源和时间内实现。

④相关性（relevant）：目标应与项目的整体愿景和用户需求紧密相关。

⑤时限性（time-bound）：为目标设定明确的完成时间或阶段性里程碑。

（4）制定设计愿景与策略：

①设计愿景：基于上述分析，提出一个概括性的设计愿景，描述期望的设计成果如何满足用户需求和解决业务问题。

②设计策略：制定具体的设计策略，包括设计方向、风格、交互模式（使用场景）等，以确保设计目标的实现。

（5）细化设计目标：

①功能目标：列出设计需要实现的具体功能或特性。

②体验目标：定义用户在使用产品时应获得的体验感受，如流畅性、愉悦感等。

③性能目标：设定产品的性能指标，如加载速度、响应时间等。

2. 结构化设计

在明确了设计目标之后，需要进行结构化设计，包括确定产品的功能、结构和交互方式。确定功能一般分为下列步骤。

（1）内部平台考虑：增加渠道、引入新用户、减少重复操作、提升效率、数据分层等。

（2）外部用户考虑：增加内容、减少操作、功能补充以提升用户体验。

（3）经济效益考虑：拉动付费转化率、增加新产品、重组数据提升转化率。

（4）用户操作流程：梳理用户从进入产品到完成目标任务的完整流程。

（5）明确调研目的，体验竞品功能，猜测并分析其底层逻辑和流程。

（6）制定功能方案：提出多种可能的解决方案，梳理每个方案的简要流程。针对性分析，选择最合适的方案。

（7）细化功能方案：梳理业务流程，增加异常情况处理；整理功能界限，定义清楚功能范围；考虑连贯场景，避免功能无效或冗余；预留后期迭代空间，防止自我限制。

3. 编制一个产品信息架构

一个产品的信息架构可以被看作是一个书籍的概要或者是一个内容的目录。

以微信为例，首先确定四大底层模块：微信、通讯录、发现和我，每个底层都有对应于模块的函数目的和定义，如图2-12所示。

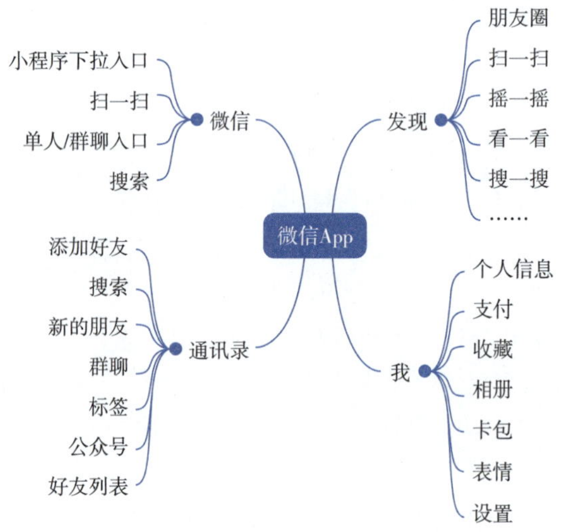

图 2-12　以微信为例的产品信息架构

4. 制作过程中反复验证

在制作图纸的过程中，有四个原则，需要在设计中自己去体会，去反复验证。才能确保产品的可实现性。

1）“增加-删除-修改-查找”四项基础功能的设计与复核

大多数的产品的操作与应用都离不开增加-删除-修改-查找等四个基础步骤，要确认每个功能是否给使用者设置了这四个处理窗口，若没有，则要结合使用场景考虑其理由。这里仍以微信为例，发朋友圈是一个增加的动作，发消息给好友也是一个增加的动作；若要将已在微信朋友圈中发布的信息删除，则是选择消息后在App右上角单击更多“…”按钮，在弹出的面板中选择“删除”命令。

2）相关功能跳转的核查与验证

在添加新特性时，要注意对已存在的相关功能的影响，以及在添加、使用过程中包含的其他界面（交互状态）的变化和效果。

3）各个环节操作场景的通路设计与回路设计

每个功能设置都要考虑操作成功（通路设计）和操作失败（回路设计，即操作失败后返回上一步或触发提示界面的操作）的可能性，根据测试结果，如未成功提交或无法传送等，针对不同的因素，引导用户做出相应的调整。

4）异常情况的处理设计

如软件加载未成功的提示页面，未触发某个功能的提示信息框设计等，可以在提示中提醒用户检查故障的功能说明等。

实战练习

【作业名称】数字文创原型设计作业。

【作业目的】随着数字技术的发展，数字文创产品越来越受到人们的喜爱。本次作业旨在利用Sketch设计一款创新的数字文创产品原型，该产品应融合传统文化与现代数字技术，旨在为用户提供独特的文化体验。例如，可以是虚拟文物展览应用、数字艺术藏品平台、交互式历史故事应用等。

【作业要求】

（1）创意与主题明确：设计需围绕特定的文化主题展开，展现创意，明确传达文化内涵与数字技术的结合点。

（2）用户界面设计：界面布局清晰合理，符合用户体验原则，色彩搭配和谐，图标与元素设计一致且具有辨识度。使用Sketch的符号（symbol）功能创建可复用组件，提高设计效率和一致性。

（3）交互原型设计：虽然Sketch不直接支持交互，但需要在设计中体现交互逻辑，如页面跳转、按钮状态变化、滑动效果等，并在提交时附上交互说明或使用InVision等工具制作简易交互原型。

（4）适应性与响应式设计：考虑不同设备屏幕尺寸，至少设计移动端和桌面端两种布局，展示设计的自适应性。

（5）细节与完成度：注意文字排版、图标细节、边距和填充等，确保整体设计精细无误。

提交作者时需注意：①提交Sketch源文件，确保所有图层组织有序，易于审查。②提交PDF或JPEG格式的预览图，展示关键页面设计。③如有交互原型，提供链接或录制演示视频。④附带设计说明文档，阐述设计理念、目标用户、设计特色及交互逻辑等。

【评价标准】

◎创意性：评估设计的新颖程度和文化主题的独创性（20%）

◎视觉表现：界面美观性、色彩搭配、图标及元素设计的协调性（30%）

◎交互逻辑：交互设计的合理性、逻辑清晰度及用户体验（25%）

◎技术应用：Sketch功能的恰当使用，包括符号、栅格、对齐等（15%）

◎完成度与细节：设计的完整度、细致度，包括注释、说明文档的完整性（10%）

能力提升

如何高效学习使用Sketch绘制产品原型

学习使用Sketch高效绘制产品原型，可以遵循以下几个步骤和技巧。

1．熟悉Sketch界面与基本操作

首先熟悉Sketch的工作界面，包括工具栏、检查器（inspector）等，如图2-13所示。

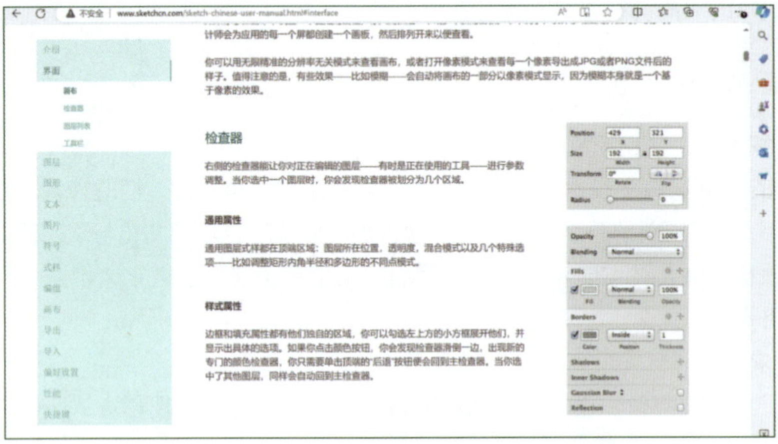

图 2-13　官网用户手册中讲解检查器的属性

（1）基础操作：学习创建、选择、移动、缩放和删除图层等基本操作。

（2）快捷键：掌握常用快捷键能大大提高效率，如按【V】键切换到选择工具，按【A】键切换到直接选择工具，按【R】键切换到矩形工具等。Sketch软件操作的部分快捷方式见表2-6。

表 2-6　Sketch 软件操作的快捷方式

类型	快捷方式	功能
通用操作	control+h	触发选区手柄
通用操作	control+1	触发自动参考线
通用操作	control+g	触发网格
通用操作	Space	抓手工具
通用操作	Enter	编辑所选图层
通用操作	⌘ +3	滚动至所选图层
通用操作	⌘ +2	放大所选图层
通用操作	Z	缩放工具（放大：按住【Z】键，用鼠标单击拖拽出一个区域放大；缩小：按【Alt+Z】组合键再用鼠标单击）
通用操作	Escape	退出当前工具，取消选择所有图层或返回检查器
通用操作	Tab/Shift+Tab	在当前群组中切换不同图层
添加图层	R	添加一个矩形
添加图层	O	添加一个椭圆
添加图层	L	添加一条直线
添加图层	U	添加一个圆角矩形

续表

类型	快捷方式	功能
添加图层	T	添加一个文本图层
添加图层	V	添加矢量图层
添加图层	P	铅笔工具
移动图层	Alt+ 拖拽鼠标	复制一个图层
更改尺寸	Alt+ 鼠标悬停	显示两个图层之间的距离
更改尺寸	Alt+ 更改图形尺寸	两边对称地更改图形尺寸
更改尺寸	Shift+ 更改图形尺寸	等比更改图形大小

2．掌握核心功能

（1）矢量图形：Sketch是基于矢量的设计工具，熟练掌握矩形、椭圆、星形、布尔运算（联合、相减、相交、排除，如图2-14所示）等创建复杂形状的方法。

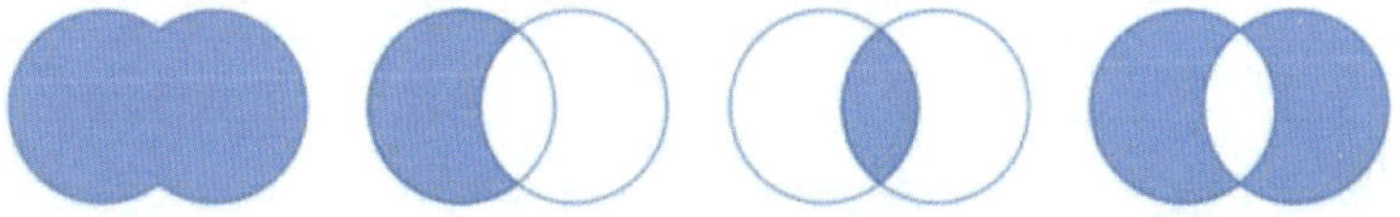

图 2-14　Sketch 中的布尔运算

（2）符号：利用符号功能创建可复用的组件，如按钮、输入框等，这将极大提升设计效率和一致性。

（3）样式与文本：设置并管理颜色、字体样式、文本样式，保持设计的一致性。

（4）栅格与对齐：使用智能栅格和对齐功能确保元素精确对齐，使设计整洁有序。

3．实践项目驱动学习

（1）初步模仿现有设计：从模仿你喜欢的App或网站界面开始，这有助于快速熟悉各种设计元素的应用。

（2）逐步构建复杂原型：从简单的登录页面开始，逐步增加功能模块，如导航菜单、商品列表、详情页等。

4．学习资源与社区

（1）官方文档与教程：Sketch官网提供了详尽的文档和视频教程，是学习的基础资源。

（2）在线课程：Udemy、Coursera等平台上有很多关于Sketch的专业课程，适合系统学习。

（3）插件与模板：探索Sketch丰富的插件生态系统，如CraftbyInVision用于原型制作，SketchMeasure用于导出标注等。同时，利用现成的模板可以快速启动设计。

5．反馈与迭代

（1）分享与获取反馈：在Dribbble、Behance等设计社区分享自己的作品，获取同行的建议。

（2）持续实践与优化：根据反馈不断调整和优化你的设计，实践是提升技能的关键。

6．集成设计与原型工具

虽然Sketch本身不直接支持交互原型制作，但可以与InVision、Figma、Principle等工具集成，实现从设计到交互原型的无缝转换。

通过上述步骤的练习与应用，可以逐步提高使用Sketch绘制产品原型的效率与质量。

项目评价

评价内容	子项目评价	自我评价	教师评价	校企合作顾问评价（选填）
调研渠道整合	1. 信息准确 2. 数据翔实 3. 参数可应用	优□良□差□	优□良□差□	优□良□差□
调研能力培养	1. 调研方法应用 2. 概念转化应用	优□良□差□	优□良□差□	优□良□差□
市场调研成果	1. 调研报告完成程度 2. 产品设计原型完成程度	优□良□差□	优□良□差□	优□良□差□
其他因素评估（教师填写）	工具选用及操作熟练程度		优□良□差□	
	任务积极性与实施规范		优□良□差□	
	调研文件夹设计规范程度		优□良□差□	
	调研文件夹设计创新程度		优□良□差□	
* 整体评估依据	调研可以提供相对准确的市场需求和设计方向，支撑原型的开发与初步创意转化。			
学生自评	评语：			
教师评价	评语：			
校企合作顾问评价	评语：			
任务验收签字	学生签字：	教师签字：	顾问签字：	

项目三 新国风数字文创UI产品的设计与制作

项目导读

随着互联网的快速发展，人们对互联网的依赖越来越深，逐渐将互联网作为主要的生活方式，人们对于产品的要求越来越高，因此在UI设计方面，需要更加注重用户感受和体验。

UI，即用户界面（user interface），是指人与计算机系统交互的媒介，它通过各种交互方式实现用户与计算机之间的信息交流。用户界面设计的目的是让用户的交互过程尽可能地简单和高效，确保用户能够方便、快速地完成所需的任务。

用户界面包括以下几种类型：

（1）视觉设计，包括布局、色彩、字体、图标等元素，影响用户的第一观感和使用体验。

（2）交互设计，涉及用户与界面交互的逻辑和方式，如点击、滑动、拖拽等操作。

（3）用户体验（UX），关注于用户使用产品时的整体感受，包括用户的情感、行为、认知等。

用户界面可以出现在各种数字设备和软件中，如桌面软件、手机应用、网页、游戏等。良好的用户界面设计能够提升用户满意度，增加用户黏性，从而为产品带来更大的商业价值。

新国风数字文创产品是一种将传统文化与现代设计相结合的一种文创产品。本项目主要分析新国风数字文创UI产品设计的基本流程和制作规范，为开发新国风数字文创UI产品设计提供基本操作指引。图3-1是以中国传统吉祥字为创意点设计的手机交互界面。通过传统艺术字的设计和动效，将新国风设计与传统节令相融合，起到了普及书法艺术的积极作用。

图 3-1　2017 年新年贺岁主题手机待机界面设计

新国风数字文创UI产品在业内的存在价值有以下几点。

（1）增强用户体验。新国风数字文创产品与传统文化结合，能够为用户带来更加直观、更加生动、更加具有内涵的体验。

（2）让用户获得情感上的满足。互联网已经成为人们日常生活中的重要组成部分。所以，在设计新国风数字文创UI产品时，应该将用户作为主要的出发点，注重用户的情感需求。通过设计用户能够获得情感上的满足，从而进一步提升用户的忠诚度。并且进一步促进产品在市场上获得良好的口碑。

（3）丰富用户的精神生活。新国风数字文创UI产品是以现代技术为依托，以传统文化为主题，进行创作而成的，这类产品能够有效丰富用户的精神生活。用户在使用新国风数字文创UI产品的过程中，能够通过对传统文化的学习和了解，进一步丰富自身的精神世界，从而使自身的文化素养得到提升。

（4）实现传统文化与现代设计的结合。当前，随着互联网的不断发展，人们对于产品的要求越来越高，并且对传统文化也越来越感兴趣。两者相结合，能够提高产品的竞争力，例如，将故宫博物院中的建筑进行现代化的设计和改造。其次在产品的包装上加入了一些现代元素，如用3D技术制作了故宫博物院中的各种建筑模型。这样既能够提高产品的竞争力和吸引力，也能够提高用户对产品的好感度和使用度。

项目目标

知识目标

◎了解和掌握设计的基本原则，如对比、重复、对齐和亲密性原则，以及设计模式，如网格系统、色彩理论、排版等

◎熟练使用各种设计工具，如Photoshop、Illustrator、Sketch、Figma、AdobeXD等，这些工具用于创建和编辑UI设计的视觉元素

◎理解用户体验设计的基本概念，包括用户研究、原型设计、用户测试和迭代设计过程。掌握原型设计工具，如AxureRP、InVision、Proto.io等，以创建可交互的UI原型

◎学习如何设计直观、易用的交互流程和元素，包括按钮、菜单、表单等

◎根据设备特性做好响应式设计，确保UI在不同的设备和屏幕尺寸上都能提供良好的体验

能力目标

◎独立构架产品逻辑，转化设计概念的能力

◎了解如何使用动效和微交互提升用户体验，学习使用AfterEffects、Principle、Flinto等工具

◎做好沟通和协作，与团队成员（如产品经理、开发人员、市场人员）紧密合作，明确熟知各个工种的职能和工作周期、协作节点

◎了解前端开发的基础知识，能够实现与开发人员在前端设计语境中，沟通使用HTML和CSS实现静态页面的布局和样式设计

◎能够进行用户测试，收集和分析用户反馈，以改进UI设计

◎合理地解决问题，提供创新的用户体验

实践价值——开发新国风数字文创UI产品设计的市场意义

新国风设计融合了中国传统文化元素和现代设计理念，通过数字文创产品UI设计，可以将传统文化以新颖的方式呈现给公众，特别是年轻一代，从而促进文化的传承和创新。随着市场竞争的加剧，产品差异化成为吸引消费者的关键。新国风UI设计提供了独特的视觉体验和文化内涵，可以帮助产品在众多竞品中脱颖而出，吸引对新国风文化感兴趣的消费者。

通过新国风UI设计，企业可以塑造独特的品牌形象，体现对中国文化的尊重和热爱，这有助于提升品牌的文化底蕴和品牌价值。新国风UI设计可以成为不同行业、不

同领域合作的桥梁，如文化、艺术、科技等，通过跨界合作可以创造出更多具有创新性和商业价值的产品和服务。

总之，开发新国风数字文创UI产品设计不仅有助于传统文化的传播和发展，还能为企业带来市场竞争优势，提升品牌形象，拓展市场空间，增强用户体验，促进跨界合作，具有深远的市场意义。

实践依据——开发新国风数字文创UI产品设计的工作步骤

1. 文化元素研究

深入研究中国传统文化，包括艺术、历史、建筑、文学等。提炼出新国风元素，如传统图案、色彩、书法、绘画等。确定可以将这些元素融入UI设计中。

2. 概念创意和设计方向

进行创意构思，提出设计概念。确定设计风格和视觉语言，保持新国风特色的同时符合现代审美。

3. 原型设计和用户反馈

首先创作草图和初步设计方案，接着使用设计工具制作UI原型，然后进行用户测试，收集反馈，最后根据反馈调整和优化设计。

4. 视觉设计和技术实现

精细化的视觉设计，包括图标、布局、色彩、字体等。可以与前端开发团队合作，确保设计能够准确实现。设计响应式布局，确保UI在不同设备上的兼容性。这里重点处理产品的创意转化和设计开发部分，后续的环节是要结合产品开发团队一起为产品优化和迭代做准备，设计师明确基本工作环节配合执行即可。

5. 用户测试和迭代

再次进行用户测试，验证设计的可用性和用户体验。根据测试结果进行设计迭代和优化。

6. 上线前准备和发布

准备设计交付物，如设计规范、切图、动画等。与开发团队协作，确保UI顺利集成到产品中。监控产品上线后的用户反馈，为后续的优化提供依据。

7. 后续优化和维护

根据用户使用情况和市场变化，持续优化UI设计。定期更新设计，保持产品的活力和竞争力。

在整个工作流程中，保持与团队成员的紧密沟通和协作是非常重要的，同时也要密切关注用户反馈和市场动态，确保UI设计能够满足用户需求，体现新国风文化的魅力，并随着时代的发展不断进步。

任务一　UI产品设计的分类

任务描述

UI产品可以根据不同的平台、设备和应用场景进行分类。

1. 移动端UI设计

这是目前最为普遍的UI设计领域，专注于手机和平板计算机应用程序的界面设计，包括操作系统界面、社交应用、购物应用、新闻阅读器等各类App的设计。

2. PC端UI设计

涉及计算机软件和网页界面的设计，如办公软件、图形处理软件、浏览器界面、桌面应用程序以及网页按钮、导航等元素的设计。

3. 游戏UI设计

专注于游戏界面的创建，包括菜单、控件、HUD（heads-up display，抬头显示器）、游戏内物品和角色界面等。游戏UI设计需要高度的创意性和互动性，以提升用户体验和沉浸感。

4. 智能端UI设计

这一类别涵盖了新兴或特殊用途的界面设计，比如增强现实（AR）、虚拟现实（VR）应用的界面，智能穿戴设备（如智能手表、健康追踪器）界面，ATM机、自助服务终端、车载信息系统等嵌入式系统的界面设计。这类设计往往需要结合特定的技术和使用环境进行定制。

5. 网页UI设计

虽然有时被归类于PC端UI设计之中，但随着响应式设计的普及，网页UI设计更倾向于独立分类，它专注于网站的布局、导航、表单、按钮等元素，以提供良好的网页浏览体验。

6. 软件UI设计

泛指各种应用程序的界面设计，既包括PC端也涵盖移动端，以及跨平台的应用程序设计，注重用户体验、交互逻辑和视觉美感。

7. 播放器界面设计

专注于音乐、视频播放器等媒体应用的界面设计，强调直观的媒体控制和内容展示。

这些分类反映了UI设计在不同领域和平台上的多样化应用，每种类型都有其特定的设计原则、技术和用户体验要求。随着技术的发展，新的UI设计分类也可能不断出现。

技术分析

UI产品设计要求设计人员具备多方面的能力，以确保他们能够创造出既美观又实用的用户界面。

1. 基础软件操作能力

熟练掌握UI设计软件，如Photoshop、Illustrator、Sketch、Adobe XD、Figma、After Effects用于动效设计，Axure或墨刀等用于原型设计，以及XMind或MindManager等思维导图软件辅助产品框架设计。

2. 图形设计能力

能够使用计算机绘制准确、美观、独特的图形，即使不依赖手绘，也能通过数字工具展现创意和审美。

3. 视觉设计能力

掌握色彩搭配、布局设计、图标设计等，确保视觉元素和谐统一，提升产品视觉吸引力。

4. 交互设计能力

理解用户行为和交互模式，设计符合逻辑的操作流程和界面元素，提高用户操作的流畅性和易用性。

5. 理论知识

了解设计原理、设计规范、用户体验（UX）原则，以及心理学、人机交互（HCI）等相关理论。

6. 沟通能力

与产品经理、开发人员、测试人员等团队成员有效沟通，确保设计意图得以实现，并能清晰地向非设计背景的团队成员解释设计方案。

7. 需求理解与挖掘

能够深入理解用户需求，通过调研、访谈等方式，挖掘用户的真正需求和痛点。

8. 竞品分析

具备市场调研能力，通过分析竞争对手的产品，找出差异化设计机会，优化自身产品设计。

9. 创新与解决问题能力

面对设计挑战时，能够创新思考，提出新颖的设计解决方案，不断优化用户体验。

10. 适应性与学习能力

设计软件和技术不断更新，UI设计师需要快速学习新工具和设计趋势，保持设计的现代感。

11. 品牌设计能力

对于某些岗位，可能还需要设计品牌标识、VI系统等，因此了解品牌策略和品牌传播知识也很重要。

12. 文档编写与项目管理

能够撰写设计规范文档，记录设计决策和流程，以及管理设计项目的进度。

综合这些能力，UI设计师才能在快节奏的数字产品开发环境中，创造出既符合美学标准又能满足用户需求的高质量产品界面。

实施标准

确保视觉元素和谐统一并提升产品视觉吸引力，可以通过以下几个关键步骤和策略来实现。

1. 明确品牌指导方针

遵循品牌识别系统（brand identity system, BIS），确保所有的视觉元素都与品牌的色彩、字体、形状和风格保持一致。这有助于建立品牌识别度和信任感。

2. 色彩运用

合理选择和搭配色彩，使用色彩理论来传达情绪和品牌信息。创建色彩方案时，可以使用互补色、类似色或单色系搭配，确保色彩之间既有对比又有和谐。色彩的一致性对于视觉吸引力至关重要。

3. 字体与排版

选择易于阅读且与品牌形象相符的字体。限制字体种类，通常不超过两到三种，以维持设计的整洁和专业性。调整字体大小、粗细和对齐方式，以引导用户的阅读顺序和视觉流动。

4. 图标和图形的一致性

图标和其他图形元素应该风格统一，无论是线条粗细、填充样式还是形状，都应保持一致，以增强整体设计的连贯性。

5. 布局与空间

合理安排元素的空间布局，使用网格系统来组织内容，确保各个部分之间的平衡和协调。留白（或负空间）的适当使用可以提升设计的高级感和易读性。

6. 视觉层次构建

通过大小、颜色、对比和位置来建立视觉层次，突出重要信息和操作元素。确保用户能迅速捕捉到界面中的重点内容。

实施步骤

学习不同平台的UI设计规范和指南是成为一名专业UI设计师的重要步骤。表3-1是一些方法和资源，可以帮助学习Web、iOS和Android平台的UI设计规范。

表 3-1　不同平台的 UI 设计方法和资源

平台	学习渠道	方法和资源
Web	Google 的 Material Design	Material Design 是 Google 推出的一个设计系统，它包含了丰富的设计指南和资源； 访问 Material Design 的官方网站，阅读设计原则、组件和模式
	Apple 的 Human Interface Guidelines	Apple 为 iOS、iPadOS、watchOS 和 macOS 提供了详细的设计指南； 访问 Apple 的官方设计指南网站，了解布局、图标、字体和交互的最佳实践
	Adobe XD 的 UI kits	Adobe XD 提供了多种平台的 UI kits，包括 Web、iOS 和 Android； 下载并使用这些 UI kits 来学习每个平台的组件和布局规则
	在线教程和课程	参加在线教程和课程，如 Udemy、Coursera、Skillshare 上的 UI 设计课程

续表

平台	学习渠道	方法和资源
iOS	Apple Human Interface Guidelines	Apple 的官方设计指南是学习 iOS 设计的最佳起点；了解 iOS 的设计原则、界面元素、图标、字体和交互指南
	Sketch、Adobe XD 等设计工具的 iOS UI kits	使用这些工具提供的 iOS UI kits 来学习 iOS 的设计模式和组件
	iOS 设计社区和论坛	加入 iOS 设计社区，如 Reddit 的 r/iOSDesign，以获取灵感和反馈
	App Store 中热门的 iOS 应用	分析 App Store 中热门的 iOS 应用，了解它们如何遵循和扩展 Apple 的设计指南
Android	Material Design	Material Design 是 Google 的官方设计语言，为 Android 提供了全面的设计指南。学习 Material Design 的原则、组件、布局和动画
	Android 开发者网站	访问 Android 开发者网站，了解 Android 应用的设计和开发最佳实践
	Android 设计工具和资源	使用 Android Studio 和官方的 Design Support Library 来实践 Android 设计

良好的规范说明必须有效，易于理解。在实施过程中，要注意合理的分类，规范本身的统一，排版的可读性，以提高设计者的查询效率；确保明确的定义，精确的描述，完整的场景，以便于设计者了解并应用。逐步学习UI设计规范可以参考下列步骤。

1. 色彩规范的确立

色彩是一套UI的核心要素，色彩的使用和组合直接影响到整个造型的品位。界面设计的色彩标准包括：品牌主色、文字颜色、界面颜色（背景颜色，线条框架颜色）等，如图3-2所示。

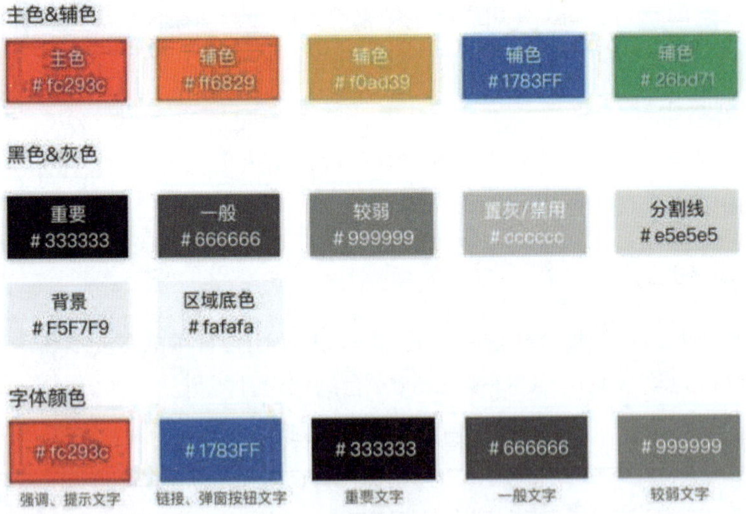

图 3-2　设计界面设计色彩规范

2. 字体规范的确立

每一种文字都有自己独特的风格，在不同的环境中会有不同的感觉。因此，在设计时就应该把字体的设计影响纳入考量，并在具体的设计规格中加以说明，如图3-3所示。

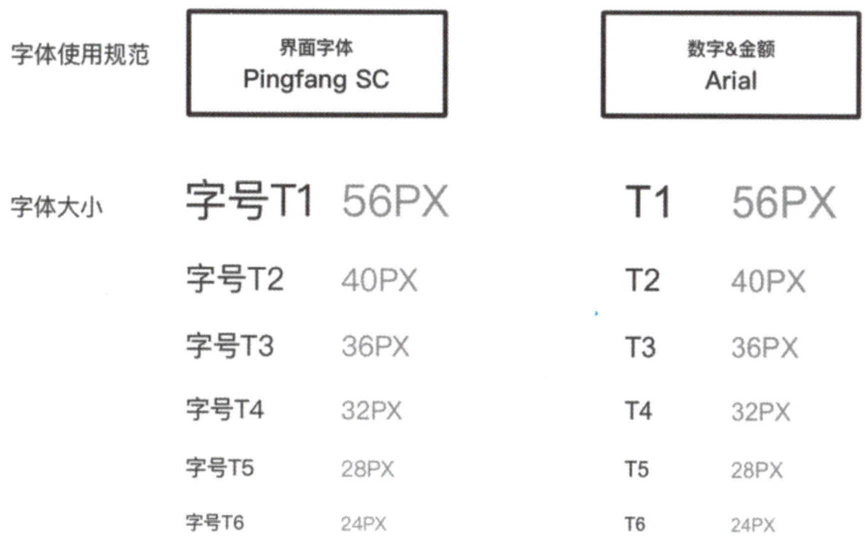

图 3-3 设计字体规范

3. 图标规范的确立

在用户接口中，能够识别属性的图像称为“图标”。图标是用户界面设计的一个关键环节，它可以出现在一个产品的各个网页上。在图标的设计规格中，通常从功能上将图标划分为应用图标和功能图标。

应用图标：各种App的识别标志（见图3-4），如在应用商店里下载的一些应用程序的标志。

功能图标：规范中最好标明图标格式与使用方式。如是原生 App，那么需要标注图标导出格式与尺寸。

图 3-4 设计图标规范

4. 图片规范的确立

在App界面设计中，图片扮演着至关重要的角色。表3-2是根据不同用途列举的图片设计规范表格。

表 3-2 不同图片用途的设计规范

图片用途	尺寸规范	格式规范	其他注意事项
应用商店截图	iOS：多种尺寸以适应不同设备（如 iPhone、iPad），具体尺寸需参考苹果开发者文档	PNG 或 JPEG	展示应用特点和功能，禁止包含推广链接

续表

图片用途	尺寸规范	格式规范	其他注意事项
应用内图标	一般为正方形，44 × 44 px（Retina 屏需 88 × 88 px）	PNG（透明背景）	简洁明了，易于识别
背景图片	根据设备屏幕尺寸设计，如常见的 1 080 × 1 920 px（适用于多数手机屏幕）	JPEG 或 PNG	色彩搭配协调，符合应用主题
功能演示图片	根据具体功能设计，确保清晰展示功能特点	JPEG 或 PNG	可以包含文字说明，帮助用户理解功能
引导页图片	全屏尺寸，如 iPhone X 为 1 125 × 2 436 px	JPEG 或 PNG	引导用户了解应用功能，设计需吸引人
头像 / 用户图片	一般为圆形或方形，尺寸根据应用需求设计	JPEG 或 PNG	美观耐看，避免非主流或夸张图片
广告图片	根据广告位尺寸设计，确保清晰度和吸引力	JPEG、PNG 或 GIF（动画广告）	遵守广告法规定，不得违规

5. 界面布局规范的确立

界面布局是UI构建的先决条件，也是接下来进行互动与可视化设计的依据。为了确保相同类型的产品之间的一致性，在设计说明书中可以给出通用的规范，设计师在选用时应遵循如下的原则。

（1）清楚使用者在这个案例中要做什么，以及要获得什么决定信息。

（2）要清楚决定的信息与作业的先后顺序，并根据其内容特征，进行适当的布局，如图3-5所示。

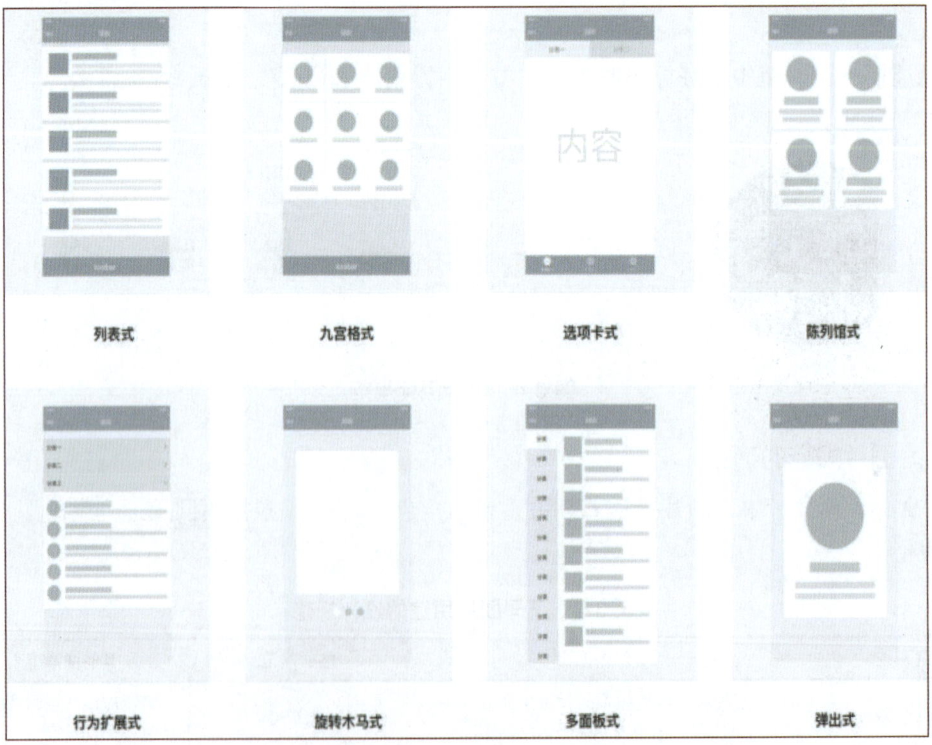

图 3-5　界面布局

6. 控件规范的确立

控件是指产品界面中可操作的部件，常用的 UI 控件（control）类型包括：按钮、输入框、下拉列表、下拉菜单、单选框、复选框、选项卡、搜索框、分页、切换按钮、步进器、进度条、角标等，见表3-3。

表 3-3 常见控件类型

控件类型	规范要求和注意事项
按钮	名称应易懂，用词准确，避免模棱两可相同或相近功能的按钮用 frame 框起来，便于操作支持快捷方式和硬件操作，如按 tab 键切换标注正常、点击、悬停、加载、禁用等五个状态的填充色、边框色等图标按钮需标注 icon 和按钮文本之间的间距、icon 图标的大小
输入框	长度和外观符合用户预期，足够宽，保持空白并配以明显边框考虑到垂直排列和标题内嵌的问题提供帮助提示和合理设置字符限制告知用户输入内容，使用标签和占位符进行格式校验、边界值校验、唯一性校验、合法性校验、长度校验、数据类型校验等
下拉列表 / 菜单	菜单项不要过多，避免用户不知所措，通常不超过 15 种常用或流行的选项放在顶部使用自动完成功能的文本字段优化长下拉列表菜单项标签简洁明了，按逻辑顺序排序避免删除禁用项，应显示为灰色并给出提示自定义下拉菜单的菜单数量，减少用户操作
单选框	只能选择一个选项，样式上用填充的圆形表示选中，描边的圆形表示未选中按钮在左标签在右，位置可灵活调换避免在单选框列表中嵌套下一层级的选项单选按钮和标签一起作为热区，便于用户准确点击默认选中一个选项，减轻用户纠结，引导用户使用
复选框	允许一次选择多个选项，选中一个选项不影响其他选项避免在只有两个选项时使用复选框，以免造成误导页面中的所有复选框使用相同尺寸，或根据重要性灵活调整复选框下方的描述文字控制在两行以内复选框与信息图标、图片等水平或垂直居中对齐
选项卡	标签数量适中，一般是 2~5 个，文案精简每个标签所占的宽度可适当调整选项卡内容区域清晰区分，便于用户切换和查看
搜索框	位置显眼，便于用户快速找到支持多种搜索方式，如关键词、模糊搜索等提供搜索建议和历史记录，提高搜索效率搜索结果清晰展示，支持排序和筛选
分页	支持在页面间的快捷切换分页按钮样式和位置一致提供总页数和当前页码信息支持跳转到指定页码的功能
切换按钮	样式清晰，表示开关两种状态提供明确的文字或图标说明支持快捷键操作切换时有明显的反馈效果
步进器	数字输入框支持步进增加或减少提供明确的步进值和范围支持输入验证，确保输入值在有效范围内样式简洁明了，易于操作
进度条	实时反映任务进度提供明确的百分比信息样式简洁，颜色区分不同状态（如未完成、完成、错误）支持暂停、继续和取消操作（如适用）
角标	通常用于显示未读消息、通知等数量信息样式小巧，颜色醒目位置固定，便于用户快速注意到支持数字、图标和文字等多种形式

7. 组件规范的确立

常用的 UI 组件（component）包括：表格、对话框、提示条、气泡提示、日期选择器、多级选择器、标签输入框、组合框、上传等，见表3-4。

表 3-4　常见 UI 组件

组件类型	设计规范	注意事项
表格	标题、表头、正文内容字体、字号、颜色需区分且有层次； 标题一般居于表格上方，居左或居中，与表格留有一定距离； 文字数据与表头可同一字号，颜色可做区分，统一居左或居中，数字尽量居右对齐； 使用间隔色填充表格背景，使表格干净整洁，便于阅读	注意字体的版权问题； 表头通常居中显示，并添加背景色突出； 行高最好一致，边框风格统一； 浅色表格用比背景色稍显灰的间隔色，深色表格用稍浅的颜色
对话框	内容应当是一个确认钮、一个超链接或某些选项； 不要将对话框突然弹出，每次弹出一定是用户可预知的； 避免道歉性质或是有歧义的文字，明确选项内容； 一个对话框上不要出现大于 2 个的行为	避免频繁使用对话框打断用户思路； 使用自然的语言描述对话框内容； 保持对话框的干净与整洁，不要信息只显示一半； 避免在对话框中加载额外的对话框
提示条	灯色（红、绿、黄）和亮度需醒目，符合国家标准； 形状简洁明了，字体、图案、标识清晰可辨	设置在合适的位置和高度，以便驾驶员清晰看到； 闪烁频率和模式根据实际需要设置
气泡提示	突出重点信息，采用不同颜色、字体或图标强调； 内容简洁明了，使用简洁语言和短句； 添加简单动效，如淡入淡出、滑动等，增加交互感	出现在用户观察范围内，不遮挡重要页面内容； 根据内容和重要程度确定大小和样式； 触发方式明确且易于操作，避免过多干扰
日期选择器	明确选择器用于选择特定时间点还是时间段，确定时间粒度； 支持输入的选择器允许用户点击选择或自行输入日期； 提供默认值减少用户操作，但需基于用户行为和数据测试	提供预设选项帮助用户快捷选择，数量控制在 7 个以内； 用户输入时保留日期格式和分隔符，提供自动纠错功能； 作为筛选条件时需提供快捷清空操作
多级选择器	选择器顺序从外到内，先选取外层元素再内层元素； 使用不同的组合符号表示关系，如空格表示父子关系	注意选择器的简洁性和效率，避免不必要的层级选择；
标签输入框、组合框、上传等	—	根据具体使用场景和用户习惯进行设计，确保易用性和用户体验

以上规范仅作为UI设计分析与学习的初步了解步骤，实际设计中可能因应用类型、目标用户群体等因素而有所不同。在设计过程中应充分考虑用户体验和视觉效果，确保各项规范在App界面中发挥最佳作用。

通过上述资源和方法，可以逐步学习并掌握不同平台的UI设计规范和指南。记住，实践是学习的关键，不断地设计、测试和迭代将帮助你更好地理解和应用这些规范。逐步总结研究各分类特点，针对每一类UI设计，深入了解其特点和特定要求。

（1）移动端UI设计：需考虑触屏操作、屏幕尺寸适配、性能优化、简洁高效的设计原则。

（2）PC端UI设计：关注鼠标键盘交互、多窗口管理、高分辨率显示、复杂功能的界面布局。

（3）游戏UI设计：强调沉浸感、操作反馈、视觉风格与游戏主题的融合、性能与美观的平衡。

（4）网页设计：重视响应式设计、SEO优化、加载速度、导航的清晰性。

（5）其他终端UI设计：依据设备特性定制，如大屏触控、语音控制等。

（6）特定领域设计：需结合技术限制与用户习惯，如AR/VR的三维空间布局，可穿戴设备的小屏幕信息展示。

实战练习

【作业名称】手机应用UI设计深度分析报告。

【作业目的】本作业旨在加强学生对移动应用用户界面（UI）设计的理解与鉴赏能力，通过实际案例分析，学习如何评估和提升应用的用户体验。学生应能识别并解释设计元素如何影响用户的交互过程，同时思考如何在保持品牌一致性的同时创新设计，以满足目标用户群的需求。

【作业要求】

编写一份详细的分析报告，要求条理清晰、图文并茂。或者，制作一个PPT演示文稿，便于课堂展示分享。报告内容示例如下。

1. 应用简介

应用简介一般包含应用名称、版本号、开发商、主要功能概述。

2. 目标用户群体

描述应用的主要目标用户是谁，他们的年龄、性别、兴趣爱好、使用习惯等。

3. 设计风格与视觉元素

（1）色彩方案：分析应用的主色调、辅色调及其传达的情绪和品牌信息。

（2）字体应用：使用了哪些字体，字体大小、风格是否统一，如何增强可读性。

（3）图标与图形：图标设计的一致性、创意性，以及如何辅助用户理解功能。

（4）布局与空间：界面布局的合理性，是否便于用户操作，如何利用空白空间。

4. 交互设计

（1）导航结构：应用的导航模式（如底部导航、抽屉导航等），是否直观易用。

（2）交互流程：分析核心功能的交互流程，如登录、搜索、购买等，是否顺畅、高效。

（3）反馈机制：应用如何给用户提供操作反馈（声音、震动、动画等）。

（4）适配性：在不同屏幕尺寸和分辨率上的表现，以及横竖屏切换的适应情况。

5. 用户体验

（1）易用性：应用是否容易上手，新手引导是否充分。

（2）可访问性：是否考虑到视障人士等特殊用户的需求，如文字大小调节、语音辅助等。

（3）性能：加载速度、响应时间、内存占用等技术指标。

（4）情感化设计：应用如何通过设计激发用户情感，如庆祝动画、个性化内容等。

6. 创新点与不足

列举至少两项该应用在UI设计上的独特之处。同时，指出存在的问题或改进空间，并提出改进建议。

【评价标准】

◎选题相关性与创新性：是否选择了具有代表性的应用进行分析；分析中是否提出了新

颖的观察角度或独到见解（15%）

◎应用概述的清晰度：应用基本信息介绍的完整性与准确性；目标用户群体定位的准确性和分析深度（10%）

◎视觉设计分析：色彩、字体、图标与图形的分析深度及准确性；布局与空间利用的合理性分析；使用 Wanx API 生成的应用关键界面示例图解分析（30%）

◎交互设计评估：导航结构的逻辑性和易用性分析；关键交互流程的详细描述与优化建议；用户反馈机制的有效性评价（25%）

◎用户体验探讨：易用性、可访问性分析的全面性；应用性能表现的考量与用户情感触达的要求（15%）

◎报告呈现与格式：报告结构清晰，逻辑连贯，无语法错误；图文并茂，有效利用图表和应用截图支持分析（5%）

能力提升

参加UI产品的专业赛事需要注意什么

对于初学者来说，没有什么比参加专业赛事更能加速成长的学习办法了，赛事会有清晰的客户需求和产品环境，可以让设计师专注在元素把控和设计技术上。那么如何参加UI产品的专业赛事呢？

1．寻找比赛信息

关注设计平台：许多设计比赛会在UI设计的主流平台如Dribbble、Behance、UI中国、站酷等发布信息。

官网与社交媒体：关注知名设计组织、科技公司、设计竞赛官网以及它们的社交媒体账号，如Twitter、LinkedIn等。

设计赛事汇总网站：有些网站专门汇总各类设计比赛信息，如DesignContest、Awwwards、Core77等，定期浏览这些网站可以发现最新的比赛信息。

2．筛选适合的比赛

（1）比赛类型：根据自己的兴趣和专长选择比赛类型，比如移动应用设计、网页设计、概念设计等。

（2）截止日期：留意比赛的报名截止日期和作品提交截止日期，确保有足够时间准备。

（3）奖励与影响：了解比赛的奖励设置，包括奖金、实习机会、产品实现机会等，以及比赛的行业影响力。

3．阅读比赛规则

细读比赛的官方规则，包括参赛资格、作品要求、版权说明、评审标准等，确保自己的作品符合所有要求。

4．准备作品

（1）创意与概念：根据比赛主题或要求构思独特的设计概念。

（2）设计制作：运用专业的UI设计工具完成设计，注意用户体验、界面美观和创新性。

（3）作品展示：精心准备作品集或演示文稿，清晰展示设计思路、设计过程和最终成果。

通过比赛指定的平台或渠道提交作品，注意检查文件格式、大小限制和提交时间。

5. 关注结果与反馈

按照比赛通知的时间关注获奖名单公布，无论结果如何，都可以从中学习和成长。对于评委的反馈或公开的评分理由，认真分析，作为未来提升的参考。

任务二　UI产品设计的创意分析与转化

任务描述

"新国风"创意，即中国传统文化的现代表达。作为中国文化的重要组成部分，新国风创意是基于传统文化和民族精神，融合当代设计思想，具有极高的审美价值和文化内涵。在现代社会中，"新国风"创意正日益受到人们的重视，并逐渐成为人们追求个性和自由的表达方式。

"新国风"创意不是简单地将中国传统文化进行呈现，而是在尊重其基本内涵和表达形式的基础上进行创新。其主要内容包括：图案设计、色彩设计、字体设计、文字排版、材质选择等方面。"新国风"创意对于UI设计来说是一种全新的视觉表达方式，它能够有效地提升UI设计的品质和内涵。UI产品设计的创意来源可以多种多样，设计师通常从不同的领域和文化中汲取灵感，将这些创意转化为实际的设计。

常见的创意来源有以下几种。

1. 用户研究

通过用户访谈、问卷调查、用户测试等方式收集用户的需求和偏好。分析用户的行为模式和痛点，从而产生设计创意。

2. 市场趋势分析

研究当前的设计趋势，如色彩、字体、布局等。结合产品特性，将趋势元素融入设计中。

3. 文化和社会影响

从传统文化、艺术、流行文化等领域汲取灵感。将文化元素抽象化，转化为界面设计的视觉语言。

4. 自然和日常生活

从自然界和日常生活中的元素中发现美和秩序。将这些元素转化为设计中的图案、色彩和形状。

5. 技术和创新

探索最新的技术和交互方式，如增强现实（AR）、虚拟现实（VR）。将技术创新转化为新的交互体验和界面设计。

6. 跨界合作

与其他领域的专家合作，如艺术家、建筑师、音乐家等。结合不同领域的知识和技能，创造出独特的UI设计。

7. 个人经验和情感：

设计师个人的经历、情感和审美偏好也是创意的重要来源。将个人风格和情感融入设计中，创造个性化和有温度的界面。

设计中的四大基本原则——对比、重复、对齐和亲密性，这是构建视觉和谐、易于理解且吸引人的设计的关键。这些原则广泛应用于图形设计、界面设计、网页设计等多个领域。下面是对每一个原则的简要解释。

（1）对比（contrast）：对比是指通过使设计中的元素在视觉上有所不同，从而吸引观众的注意力并强调重要信息。对比可以通过颜色、大小、形状、纹理或类型的不同来实现。例如，使用深色背景上的浅色文字，或者在一个区域使用大字体标题与小字体正文形成对比，都能有效引导用户的视线并突出重点。

（2）重复（repetition）：重复是指在整个设计中一致地使用某些设计元素，如颜色、形状、材质、空间关系、线宽或字体样式，以此来增强设计的一致性和统一感。重复不仅能够增加视觉上的连贯性，还能帮助用户在不同的页面或部分之间建立联系，从而提高整体的可识别性。

（3）对齐（alignment）：对齐原则要求设计中的所有元素都应与一个或多个明确的视觉参考线对齐，以避免页面显得杂乱无章。对齐可以创造秩序和平衡，提高设计的整洁度和专业感。无论是左对齐、右对齐、居中对齐还是两端对齐，一致的对齐方式能够引导用户的阅读路径，使内容更加易读。

（4）亲密性（proximity）：亲密性指的是将相关的元素组织在一起，使它们在视觉上形成一个单元或组合，而将不相关的元素分隔开。这样做可以帮助用户快速理解和分类信息，减少认知负担。通过调整元素之间的距离，可以有效地传达哪些内容应该一起被视为一组信息，从而提高内容的结构清晰度。

这四大原则相互作用，共同构成了设计的基石。在实际应用中，灵活运用这些原则，并在必要时适度打破规则，可以创造出既美观又实用的设计作品。如网格系统、色彩理论、排版等。在这个环节里，要核心处理的任务有以下两点。

（1）文化元素研究

深入研究中国传统文化，包括艺术、历史、建筑、文学等。

提炼出新国风元素，如传统图案、色彩、书法、绘画等。

确定如何将这些元素融入UI设计中。

（2）概念创意和设计方向

进行创意构思，提出设计概念。

确定设计风格和视觉语言，保持新国风特色的同时符合现代审美。

技术分析

开展中国传统艺术文化图形元素的提炼研究，需要综合运用多种技术和方法，以确保既深入理解传统艺术的核心价值，又能创造性地将其融入现代设计之中。以下是一些关键的技术和步骤。

1. 文献与图像资料研究

首先，深入研读相关书籍、古籍、图录、电子数据库等，收集丰富的图形资料。这包括古代图案、纹饰、书画、雕刻、陶瓷、织物等艺术作品中的图形元素。使用数字化技术如

OCR（光学字符识别）和图像处理软件辅助整理和分类。

2. 田野调查与实物考察

实地走访博物馆、古迹、民俗地区，观察和记录仍在使用的传统艺术图形，如建筑装饰、民间服饰、手工艺品等。使用摄影、扫描仪等设备高清记录，必要时进行三维扫描以获取更详尽的信息。

3. 图像数字化与处理

将收集到的传统图形进行数字化处理，利用Illustrator、Photoshop等软件进行清理、矢量化、色彩调整等，以便于后续分析和应用。

4. 图形分析与解构

运用艺术史、符号学、美学等理论，对图形的构成、含义、风格流变进行深入分析。通过比较法，识别不同地域、时期图形的异同，提炼出核心元素和规律。

5. 计算机辅助设计技术

结合计算机辅助设计（CAD）、计算机图形学（CG）等技术，对传统图形进行创新设计和变形，探索其在现代媒介上的应用可能性，如动态图形、交互设计等。

6. 文化与设计融合

在尊重和保持传统精神的基础上，运用现代设计理念和技术，如可持续设计、用户体验（UX/UI）设计原则，使传统图形在新的设计语境中焕发新生。

通过上述技术和方法的综合运用，可以有效地提炼并创新中国传统艺术文化图形，促进其在当代设计领域的传承与发展。设计是一种对创造性思维进行组织、计划和实施的过程，它需要在设计过程中具有高度的灵活性，即能够适应不同的需求和环境，并且能够将各种想法和概念整合到一个有意义且有用的产品中。

创意概念从想法转化为视觉形象是一个涉及创意思维和设计技能的过程。可以通过下列技术来完成从概念到视觉的转化目的。

（1）思维导图：使用思维导图来组织和扩展初始想法。通过视觉化的方式将想法之间的关联展现出来。

（2）快速草图：快速手绘草图，将想法初步具象化。通过草图来探索不同的视觉表现和布局。

（3）情绪板：创建情绪板，收集与创意概念相关的图像、色彩、纹理等。帮助确定设计的视觉风格和情感氛围。

（4）故事板：制作故事板，以序列化的方式展示创意的视觉故事。用来描述用户如何与产品或服务互动。注意情绪板和故事板的功能差异见表3-5。

表 3-5　情绪板与故事板的功能差异

特征	情绪板	故事板
定义	一种视觉化设计工具，通过图片、颜色、材质等元素集合，传达情感和风格	一系列连续的画面，展示设计概念、情节或交互流程的视觉叙述
目的	捕捉和传达设计的情感氛围、风格导向和视觉基调	描述一个故事、场景或用户流程，展示动作、变化和交互细节

续表

特征	情绪板	故事板
应用领域	广告、品牌设计、室内设计、产品设计、时尚设计等	动画、电影、游戏、交互设计、UX/UI 设计、教学设计等
内容组成	图片、色彩样本、纹理、关键词、短语、引用	手绘图、照片、数字图像、文字描述、箭头指示动作流程
创作方式	非线性，侧重感觉与氛围的综合表达	线性或非线性，按照时间顺序或逻辑顺序排列画面，展现叙事发展
交流对象	设计团队内部、客户，用于沟通设计理念和风格	团队成员、利益相关者、投资者，帮助理解项目愿景、测试概念可行性
关键要素	情感反应、审美一致性、氛围营造	时间、空间、角色、动作、视角、过渡效果
设计阶段	设计初期，启发灵感、确定视觉方向	设计中期至后期，细化设计、验证交互逻辑、准备制作

通过上述表格，可以清晰地看到情绪板与故事板在定义、目的、应用领域、内容组成、创作方式、交流对象、关键要素以及在设计阶段中的位置等方面的区别。两者虽都是设计过程中重要的工具，但各自聚焦于设计的不同方面和阶段。

实施标准

中国传统艺术文化图形的提炼工作是一个涉及文化传承与创新的过程，其实施标准应当综合考虑以下几个方面。

（1）文化准确性与尊重：提炼过程中必须确保对原始图形的文化背景、象征意义和历史脉络有准确的理解和尊重，避免文化误读或曲解。

（2）审美价值的保留与提升：在提取和再创作时，要保留传统图形的审美特质，同时结合现代审美趋势，进行适度创新，提升其在当代视觉传达中的表现力。

（3）功能性与实用性：根据现代设计需求，对传统图形进行功能性改造，确保它们在新的应用场景中既美观又实用，满足特定的设计目的和使用环境。

（4）创新性与原创性：鼓励创新思维，不是简单复制传统图形，而是通过解构、重组、变形等手法，创造出既蕴含传统韵味又富有时代感的新图形。

（5）可持续性与环保：在设计实践中考虑材料的选择和生产过程的环保性，推动传统图形与现代可持续设计理念的结合。

（6）技术适应性：利用现代设计软件和技术手段，如数字化、3D打印、虚拟现实等，增强图形的多维度表现力，提高制作效率和精度。

（7）知识产权清晰：明确提炼和再创作过程中可能涉及的知识产权问题，确保所有创作活动都在法律框架内进行，尊重原创者的权利。

（8）受众接受度：在设计初期进行市场调研，了解目标受众对传统图形的认知和喜好，确保设计成果能够得到广泛认可和共鸣。

（9）教育与传播：提炼工作不仅限于设计实践，还应包含对传统艺术文化的教育传播，提升公众对传统文化的认识和兴趣。

（10）评价与反馈机制：建立一套评价体系，包括同行评审、用户反馈、市场反应等，用于检验提炼工作的成效，并据此不断调整优化。遵循这些标准，可以确保中国传统艺术文化图形的提炼工作既能保持文化的连续性，又能促进其在现代社会的活力与创新。

以传统元素为灵感开发文创产品时，应注意以下事项：

①深入研究与理解：深入挖掘和研究传统文化的内涵与精髓，确保对所选取的文化元素有全面而深刻的理解，避免表面化或误解。

②尊重原创与版权：在借鉴传统图案、故事等元素时，需确保合法使用，尊重原著版权，必要时获得授权，防止侵犯知识产权。

③文化敏感性：保持高度的文化敏感性，避免触碰宗教、民族等敏感话题，尊重各文化群体的感受，确保文创产品正面积极的传播文化。

④市场定位清晰：明确目标消费群体，理解他们的文化需求和审美偏好，确保文创产品既有文化深度也能引起市场的共鸣。

⑤创新与差异化：在尊重传统的基础上，注重创新，避免简单复制，通过设计手法、材料使用或技术应用上的创新，使产品具有独特性。

⑥功能性与实用性：平衡艺术性与实用性，使文创产品不仅仅是一件艺术品，还能在日常生活中发挥作用，增强消费者的购买意愿。

⑦跨界合作：考虑与不同领域的艺术家、设计师、文化机构等进行跨界合作，引入多元视角，丰富产品内涵。

遵循这些注意事项，开发者能够更加负责任且有效地将传统文化转化为深受市场欢迎的文创产品，实现文化传承与创新的双赢。

实施步骤

从传统文化或文物中提取纹样是一项细致且专业的工作，其具体步骤通常包括：

1. 前期准备与调研

确定研究主题和目的，选择具有代表性的文物类别或特定历史时期的文物作为研究对象。收集相关文献资料，了解文物的历史背景、文化意义及纹样的类型特点。准备必要的工具和设备，如高分辨率相机、扫描仪、测量工具、笔记本计算机等。

2. 现场考察与数据采集

实地访问博物馆、考古遗址或收藏单位，对目标文物进行近距离观察。使用专业设备对文物表面的纹样进行高清晰度拍照或扫描，注意光线角度、避免反光和阴影对图像的影响。

对于复杂或细节丰富的纹样，可能需要进行多角度、多层面对照拍摄，甚至采用3D扫描技术。

3. 图像处理与数字化

利用图像处理软件（如Adobe Photoshop、AutoCAD等）对采集的图片进行处理，包括裁剪、调色、去噪、增强对比度等，以清晰展现纹样细节。将处理后的纹样进行矢量化，转换成可编辑的图形格式，便于后续设计使用。

4. 纹样分析与分类

对提取的纹样进行详细分析，包括纹样类型（如动物、植物、几何等）、结构布局、象征意义、艺术风格等。根据分析结果对纹样进行分类和编目，建立纹样数据库，便于管理和后续研究。

5. 纹样提炼与创新设计

在充分理解纹样文化含义的基础上，根据现代设计需求，对传统纹样进行适度的提炼和创新，如简化线条、改变颜色、融合现代元素等。利用设计软件进行初步设计尝试，探索纹样在不同载体（如服装、家居、文具等）上的应用可能性。

6. 版权与伦理考量

确保纹样的提取与使用符合相关法律法规，尤其是涉及版权和文化传承的敏感性问题。与文物持有机构沟通，获取必要的授权或许可。

7. 文档记录与设计要求

编写研究报告，记录提取过程、分析结果及设计思路，为后续设计转化研究提供参考。遵循上述步骤，可以系统而严谨地从文物中提取纹样，既保护了文化遗产，又促进了传统文化的传承与创新。

实战练习

【作业名称】练习设计一个以传统纹样为灵感的ICON图形。

【作业目的】选择一个传统纹样作为设计灵感，例如，云雷纹、回纹、菱形纹、万字纹、方胜纹、团花纹、如意纹、卷草纹、龙凤纹或鱼纹。提高将传统元素转化为现代设计的能力。

【作业要求】

深入研究所选纹样的历史背景、文化含义和视觉特征。收集相关的图片和资料，以便在设计过程中参考。

1. 构思草图

绘制几个草图，探索如何将传统纹样转化为ICON图形。考虑ICON的功能、目标用户和应用场景，确保图形与ICON的用途相匹配。

2. 设计原型

在Photoshop中创建一个或多个原型，尝试不同的颜色、形状和布局。保持图形的简洁性和易于识别性，同时保留传统纹样的元素。

3. 反馈和调整

展示设计原型给同学、老师，收集他们的反馈。根据反馈调整设计，确保图形能够有效地传达其含义和功能。

【评价标准】

◎设计包括所有必要的细节和调整（60%）

◎准备一份设计说明，解释设计灵感和创意过程（40%）

能力提升

如何选择合适的传统纹样进行UI中图标（ICON）的图形设计

常见的传统纹样有以下几种，如图3-6所示。

图 3-6　常见传统纹样

云雷纹：源自商代青铜器上的装饰，通常由回旋的云雷形组成，适合用于表示循环、运动或变化的ICON。

回纹：由连续的线条或曲线组成，形成回环或波浪状，适合用于表示连续性、循环或水流等概念。

菱形纹：由多个菱形组成，可以形成复杂的图案，适合用于表示秩序、对称或平衡。

万字纹：源自佛教，象征吉祥和永恒，适合用于表示祝福、吉祥或宗教相关的ICON。

方胜纹：由两个斜交的菱形组成，适合用于表示合作、和谐或双赢。

团花纹：由多个花形图案组成，适合用于表示自然、生命或女性。

如意纹：源自如意吉祥物的形状，适合用于表示好运、吉祥或祝福。

卷草纹：由连续的草叶或藤蔓组成，适合用于表示生命、活力或自然。

龙凤纹：由龙凤图案组成，适合用于表示尊贵、吉祥或传统。

鱼纹：由鱼形图案组成，适合用于表示丰收、吉祥或喜庆。

在选择传统纹样时，需要考虑ICON的设计目的和应用场景，以确保纹样与ICON的主题和意义相符合。同时，纹样应简洁、易于识别，以确保ICON的易用性和功能性，二者在图标设计中的重要性如图3-7所示。它们分别指的是图标在使用过程中对用户友好的程度以及图标能够完成其设计目的的能力。

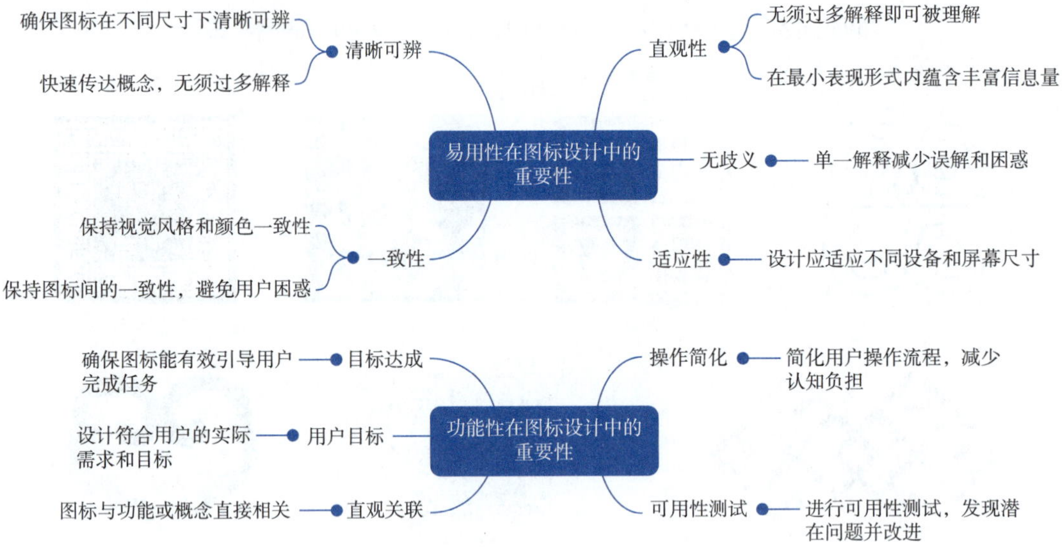

图 3-7　确保 ICON 的易用性和功能性

1．易用性（usability）

清晰可辨：图标应该能够清晰地传达其含义，即使是在较小的尺寸或低分辨率的条件下。

一致性：图标应该符合用户界面设计的一致性原则，确保用户能够通过已知的图标模式来预测其功能。

直观性：图标应该直观易懂，不需要过多的解释就能被用户理解。

无歧义：图标不应该有多种可能的解释，以避免用户在使用时产生困惑。

适应性：图标应该能够适应不同的设计风格和环境，如在不同的颜色方案和背景中仍然易于识别。

2．功能性（functionality）

目标达成：图标应该能够有效地引导用户完成特定的任务或操作。

用户目标：图标应该符合用户的实际需求和目标，而不是设计师的主观意愿。

直观关联：图标的设计应该与它所代表的功能或概念有直接的关联。

操作简化：图标应该能够简化用户的操作流程，减少用户的认知负担。

可用性测试：图标设计应该经过可用性测试，确保它们能够满足用户的需求和期望。

在设计ICON时，设计师需要综合考虑这些因素，以确保图标不仅美观，而且实用，能够有效地服务于用户和产品的整体设计目标。通过不断地迭代和用户反馈，设计师可以优化图标的设计，提高其易用性和功能性。

任务三　UI产品设计草图的整理与绘制

任务描述

UI产品设计草图（UI product design prototype）是一种视觉设计文档，它详细展示了产品用户界面的布局、交互流程和视觉效果。UI产品设计草图通常在产品开发的早期阶段制作，用于与团队成员、利益相关者和最终用户沟通设计理念和功能。

以网页设计为例，一个完整的UI产品设计草图通常包括以下元素。

（1）界面布局：展示应用程序或网站的各个页面布局，包括菜单、按钮、输入框、图标、图像和文本的排列。

（2）交互设计：描述用户与产品交互的方式，包括点击、滑动、拖拽等操作，以及这些操作触发的响应。

（3）视觉设计：展示产品的视觉风格，包括颜色方案、字体选择、图标设计、布局元素的风格和一致性。

（4）用户流程：描绘用户在产品中的操作流程，包括任务流程、导航路径和关键的用户体验节点。

（5）标注和说明：为每个设计元素添加标注，解释其功能和设计意图，以及可能的使用场景和用户反馈。

（6）技术规格：如果需要，包括对技术实现的要求，如前端和后端的技术要求、性能指标、数据交互等。

参考图3-8所示的步骤，可以绘制出一个完整的UI产品设计草图，为产品开发提供清晰的设计方向和视觉参考。在实际操作中，设计师需要不断迭代和优化设计，确保产品能够满足用户需求和市场竞争力。

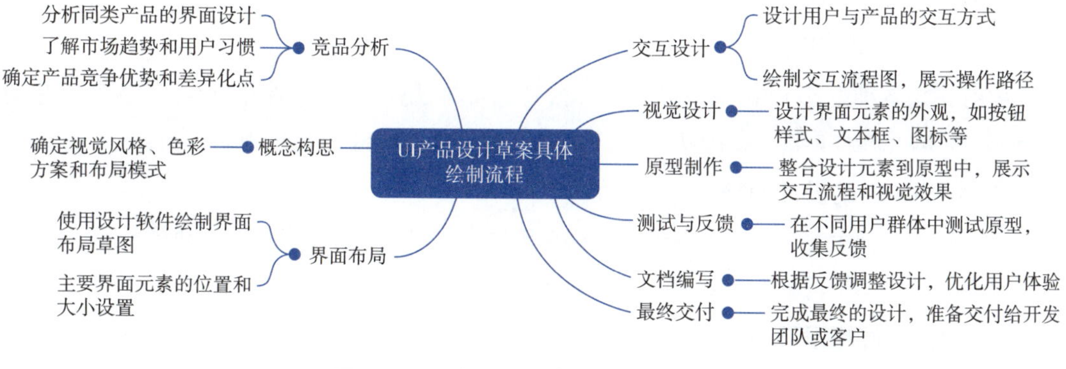

图 3-8　UI 产品设计草案具体绘制流程

以手机界面为例，看一下图3-9所示的UI的设计原型图。

原型图的主要功能是帮助设计师和团队成员更好地理解和交流设计概念。它可以模拟用户与界面的交互过程，展示界面元素的布局、导航结构和交互行为。设计师可以通过原型图快速验证和改进设计方案，减少后期开发阶段的错误和重复工作。

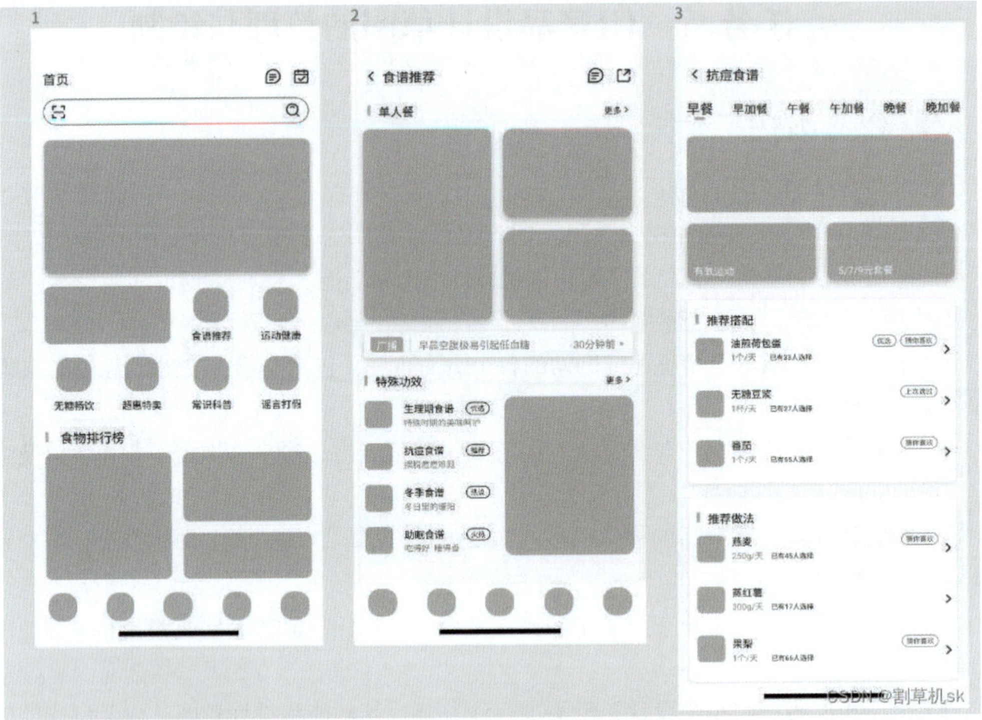

图 3-9　手机界面 UI 的设计原型图

技术分析

绘制UI草图通常需要以下技术。

1. 基本的绘画技能

掌握基础的绘画技巧，如线条、形状、透视等，以便能够准确地表达设计概念。

2. 设计工具的使用

熟练使用各种设计工具，如铅笔、橡皮、尺子、圆规等传统的绘图工具。掌握数字化的绘图工具，如平板计算机、绘图软件（如墨刀、Sketch、Figma、Photoshop等）。

3. 用户中心的设计理念

理解用户的需求和习惯，以便设计出符合用户使用习惯的界面。掌握用户体验（UX）设计的基本原则，如用户研究、原型设计、用户测试等。

4. 界面布局和设计原则

掌握界面布局的设计原则，如对齐、平衡、对比、重复等。了解界面设计的基本原则，如简洁性、一致性、易用性、可达性等。

5. 颜色和字体的运用

掌握颜色理论，能够合理地运用颜色来表达界面元素的状态和层次。了解字体的基础知识，能够合理地选择和运用字体，以提高界面的可读性。

6. 交互设计的理解

理解交互设计的基本概念，如按钮、菜单、表单等的设计和布局。掌握如何通过草图来表达交互流程和操作逻辑。

7. 创意思维和解决问题的能力

具备创意思维，能够提出新颖的设计概念。具备解决问题的能力，能够在设计过程中找到最佳的解决方案。掌握这些技术可以帮助设计者更有效地绘制UI草图，更准确地表达设计概念，为后续的设计和开发工作打下良好的基础。

实施标准

UI（用户界面）产品设计遵循一系列设计原则，以确保界面既美观又实用，同时提供良好的用户体验。了解和掌握UI设计的基本原则，可以独立将创意概念转化成草图。以下是一些核心的UI设计原则。

1. 一致性（consistency）

界面元素和交互模式应该在同一系统中应保持一致。用户应该能够从之前的使用经验中预期如何与新的界面元素交互。

2. 简洁性（simplicity）

设计应该简洁明了，避免不必要的复杂性。清晰的信息架构和直观的导航可以帮助用户快速找到他们需要的功能。

3. 可见性（visibility）

系统的状态应该始终对用户可见，以便用户了解发生了什么。重要信息和功能应该容易被发现，而不是隐藏在深层的菜单或复杂的流程中。

4. 易用性（usability）

界面和图标应该易于使用，用户不需要过多学习就能完成任务。设计应该考虑到不同用户的能力和经验水平。

5. 可达性（accessibility）

设计应该考虑到所有用户，包括那些有残疾或特殊需求的用户。界面应该遵循无障碍设计原则，确保所有人都能使用。

6. 美观性（aesthetics）

界面应该具有吸引力，使用户在使用过程中感到愉悦。适当的视觉设计可以提高用户的满意度。

7. 适应性（flexibility）

设计应该能够适应不同的设备和屏幕尺寸。响应式设计可以确保界面在各种环境下都能良好工作。

遵循这些设计原则可以帮助设计师创造出既美观又实用的用户界面，从而提供更好的用户体验。这里要注意草图和原型的关系，见表3-6。原型图和UI图的关系密切，它们共同构成产品的设计蓝图。原型图是用UI图生成的基本条件，而UI图是原型图的重要组成部分。

在实际产品开发过程中，设计师需要不断迭代和优化这两个图，以满足用户需求和市场竞争力。

表 3-6　UI 草图与原型图的关系

项目	定义	关系说明
原型图	展示产品功能和交互流程的示意图，通常包括线框图、流程图等	原型图用于展示产品的功能和交互流程，是 UI 图的基础和前提
UI 草图	展示产品视觉设计的示意图，包括界面布局、元素样式等	UI 图基于原型图，对其进行视觉设计，是原型图的延伸和细化
关系	原型图和 UI 图相辅相成，共同构成产品的设计蓝图	原型图确定了产品的功能和交互，UI 图则在此基础上进行视觉设计，确保产品的美观和易用性

实施步骤

这里以墨刀（mockplus）为例介绍绘制UI草图的基本操作流程。墨刀是一款流行的原型设计工具，可以帮助设计师快速创建高保真度的UI草图。具体操作步骤如下。

1. 创建新项目

打开墨刀软件，单击“新建项目”按钮，根据实际需求选择项目类型，如“Web网站”“App”或“自定义”，如图3-10所示。

图 3-10　创建新项目页面

设置项目的名称和尺寸，可以选择预设的设备尺寸或自定义尺寸，如图3-11所示。

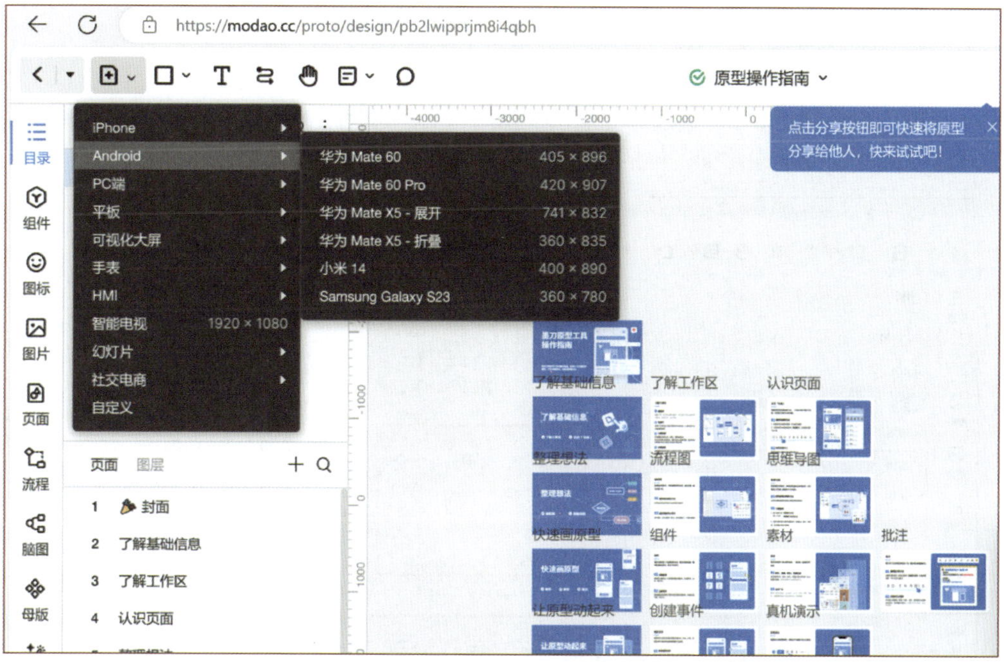

图 3-11　选择预设的设备尺寸或自定义尺寸

2. 选择模板

在创建项目时，可以选择一个模板作为起点，有助于快速开始设计，如图3-12所示。

图 3-12　选择模板页面

用户在初步学习使用工具时，可以仔细观察模板内的各种设置，如果不需要模板则可以选择空白页开始设计。

3. 添加组件

从左侧的组件库中拖动所需的UI元素到画布上，如按钮、文本框、图片等，如图3-13所示。可以对组件进行样式设置，包括大小、颜色、边框、背景等。

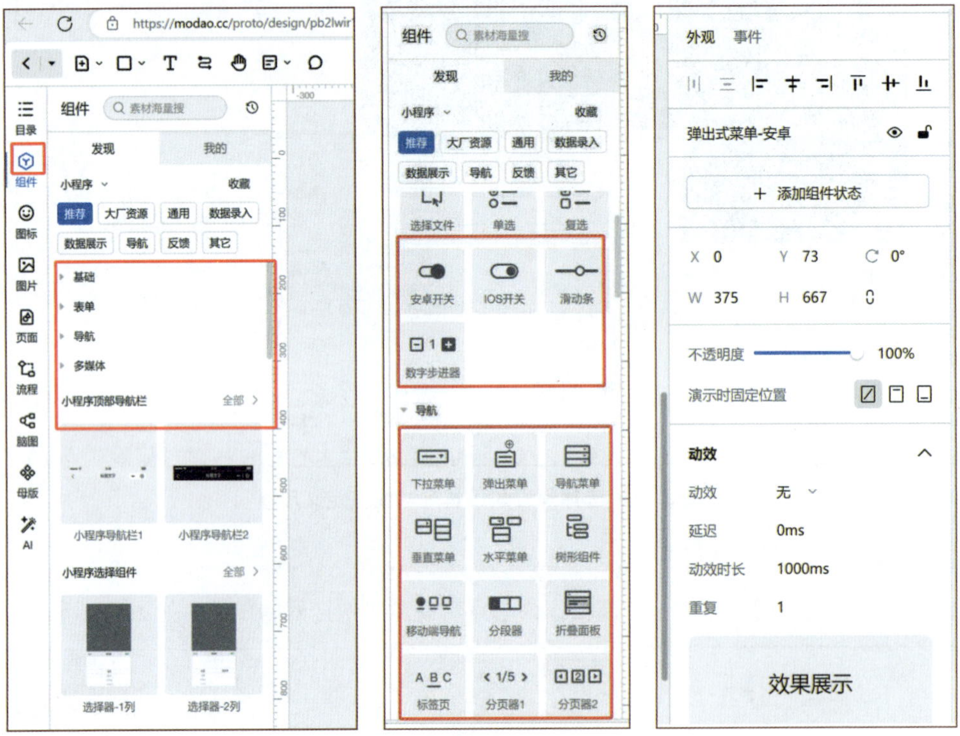

图 3-13　添加组件

4. 布局设计

使用对齐工具确保组件的整齐排列，如图3-14所示。

还可以使用“编组”功能将多个组件组合在一起，便于整体操作。

5. 交互设计

为组件添加交互效果，如单击、滑动等，如图3-15所示。然后为操作设置链接，实现页面之间的跳转。

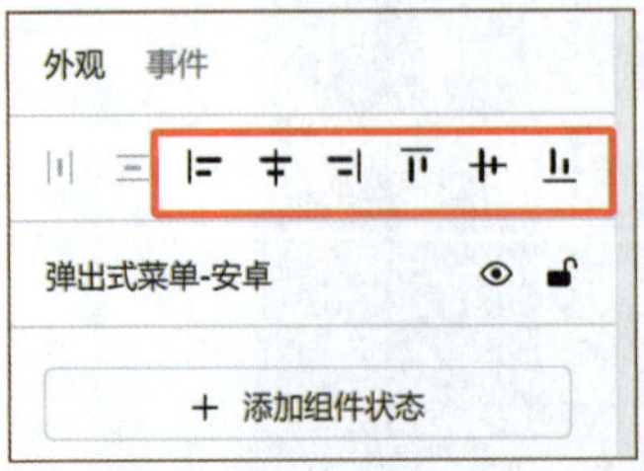

图 3-14　对齐工具

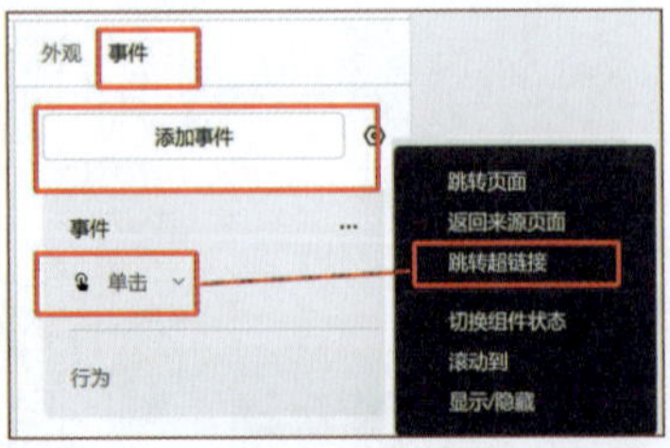

图 3-15　设置单击后跳转超链接

6. 页面管理

页面可分为启动页、基础、登录页等，如图3-16所示。添加新的页面以设计不同的屏幕或状态。通过页面管理器来组织和管理所有的页面。

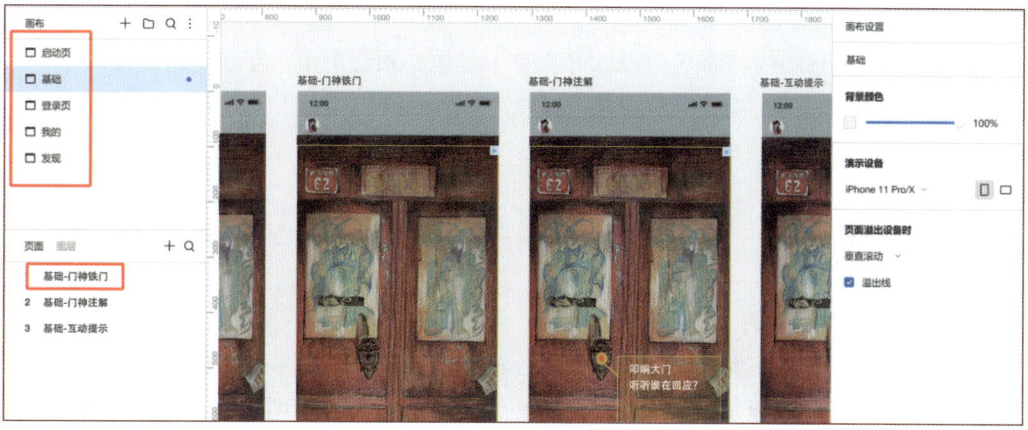

图 3-16　页面的展示

7. 预览和测试

使用预览功能查看设计的UI在手机或网页上的效果。可以在预览模式下测试交互功能，确保一切按预期工作。

8. 协作与分享

如果是团队项目，可以使用墨刀的协作功能，邀请团队成员共同编辑。可以将设计项目分享给同事或客户，以便获取反馈。

9. 导出和发布

完成设计后，可以导出为HTML、图片或PDF格式。如果是App项目，还可以生成可安装的App包进行测试。

10. 迭代和修改

根据反馈进行设计的迭代和修改。重复上述步骤，直到设计满足所有需求。

以上步骤是使用墨刀绘制UI草图的基本的设计流程，具体操作可能会因为项目的复杂性和个人习惯有所不同。此外，墨刀还提供了丰富的教程和资源，能帮助用户更快地熟悉和精通工具的使用，从而提高设计效率。

实战练习

【作业名称】古镇旅行规划应用首页UI草图设计。

【作业目标】掌握UI草图绘制技能和技巧，深入理解UI设计的核心原则及其在实际项目中的应用。

【作业要求】

设计一款古镇旅行规划应用程序的首页UI草图，旨在帮助用户轻松规划他们的古镇特色旅行，包括目的地探索、行程安排、酒店与交通预订等功能。注重原创性，能体现主题；在设计中融入用户中心思想，始终从用户的角度出发考虑每项功能的实用性与便捷性。

1. 功能要素

（1）清晰的目标定位。首先确定目标用户群体（如古风旅游者、复古摄影爱好者等），并围绕他们的需求设计首页布局。

（2）完整的信息结构与布局。设计一个易于导航的顶部菜单，至少包含“首页”“目的地”“行程规划”“住宿”“交通”和“我的行程”等选项。

主体区域分为两部分：上方为轮播推荐热门目的地或特色活动，下方为功能快捷入口或最新旅行资讯。

（3）交互设计。设计一个搜索栏，允许用户输入目的地或关键词搜索，在草图中标注搜索建议的弹出效果。添加一个交互元素，如“探索附近”按钮，设计其在被点击时可能展现的下拉菜单或页面跳转提示。

（4）视觉元素与一致性。使用统一的色彩方案和字体风格，保持整体设计的一致性。设计至少3种不同状态的按钮（默认、悬停、按下），并确保它们在草图中的识别性。

（5）响应式设计考量。考虑不同屏幕尺寸的适配，草图应体现如何在手机和平板等不同设备上调整布局。

（6）创新点。引入一个创新功能或设计元素，如天气预报小部件、个性化旅行推荐系统或社交分享功能，并在草图中突出展示。

2. 实施步骤

（1）草图初稿。使用纸笔或数字绘图工具（如Sketch、Adobe XD或任何手绘软件）绘制草图，先快速勾勒出大致框架和元素位置。

（2）细节完善。在初稿基础上细化每个元素，添加文字标签、图标和必要的交互指示。

（3）标注与说明。在草图旁或直接在设计上，用简短的文字标注解释各部分功能、交互方式或设计意图。

（4）反思与优化。审视自己的设计，思考是否有更好的布局或交互方案，是否所有元素都遵循了UI设计原则，然后进行相应的调整。

3. 提交内容

完成的UI草图扫描件或电子版。设计说明文档，概述设计理念、目标用户、主要功能及创新点等。

提示：创作过程中，可以参考现有旅行类应用，但务必保持原创性，避免直接复制。

【评价标准】

◎信息传达与功能布局。核心信息是否准确传达：首页应明确展示应用的主要功能和特色；功能布局是否合理：各功能模块应分区明确，便于用户快速找到所需内容；是否考虑用户习惯和需求：布局和导航设计应符合大学生的使用习惯；是否有清晰的视觉层次：通过色彩、字体大小等区分信息的重要程度（40%）

◎美观性与吸引力：色彩搭配是否和谐：色彩应符合大学生审美，且不超过三种主色调；字体和图标选择是否恰当：字体清晰易读，图标简洁明了；整体视觉效果是否吸引人：设计应具有独特性，能够吸引目标用户群体（30%）

◎可用性与易用性：导航设计是否简洁明了：导航栏应易于理解，方便用户快速导航；是否考虑用户交互体验：草图应体现出对用户操作的考虑，如点击、滑动等交互方式的便捷性（20%）

◎创意与独特性：草图应展现出一定的设计创新，具有独特性，与同类应用有所区别（10%）

能力提升

如何判断UI草图（user interface sketches）的质量

评估UI草图的质量是一个多维度的过程，需要综合考虑设计的实用性、用户体验、视觉表现及创新性等因素。

（1）清晰度与可读性。草图应该足够清晰，使观众能够容易理解设计意图，包括界面布局清晰、元素间相对位置准确、按钮和控件功能明确，即便是在草图阶段能辨认界面和组件构成。

（2）信息架构。优秀的UI草图应该能体现良好的信息架构，展现合理的层级关系和信息组织，内容和功能的逻辑布局清晰，确保用户能直观地找到需要的信息或功能。

（3）交互性与易用性。虽然草图是静态的，但设计者应通过标注或说明来传达交互逻辑，如点击后的状态变化、导航流程等。评估草图时要考虑这些交互设计是否直观、用户友好。

（4）识别性。界面元素（如图标、按钮）具有足够的识别性，使用户一眼就能明白其用途。图标和符号的使用应当遵循普遍接受的惯例，减少学习成本。

（5）创新与创意。草图应能展现新方案或改进方案，以解决特定的用户问题或提升用户体验。

（6）一致性。外观和行为方式等设计元素（如颜色、字体、间距）统一，且这种一致性有助于增强整体的设计连贯性、有助于用户对界面控制感的体验，并凸显品牌识别度。

在实际开发中，应基于用户研究、用户反馈或竞品分析进行草图设计，考虑产品的实用性和技术上的可实现性，并符合项目预算和时间限制。还应该注意草图的适应性和扩展性，如不同屏幕尺寸、不同设备平台和使用环境的适用性，以及未来功能扩展的可能性。即使是草图，设计时也应考虑传达产品的品牌个性，吸引目标用户群体。

任务四　UI产品设计比稿和优化

任务描述

UI产品设计比稿是指在UI设计项目初期，多个设计团队或设计师针对同一项目需求提交设计方案，以竞争获得项目的设计合同或确定最佳设计方案的过程。这一过程通常包含以下几个关键环节。

1. 需求分析与理解

设计团队需要充分理解项目背景、目标用户、业务需求、品牌调性等信息，确保设计方案符合项目目标。

2. 概念构思

设计师基于需求分析，开始构思设计方向，包括设计风格、色彩方案、布局框架等初步想法。

3. 草图绘制与线框图

利用手绘或设计软件快速制作草图和线框图，展现页面布局、功能区域划分等基本结构。

4. 设计原型

依据线框图，设计出交互原型，这一步可能包括低保真和高保真原型，以便更直观展示设计思路和交互流程。

5. 视觉设计

对原型进行视觉美化，包括色彩搭配、图标设计、字体选择等，形成完整的设计稿。

6. 方案展示与讲解

向项目方或决策团队展示设计方案，通过PPT、视频或直接演示设计稿，详细解说设计理念、设计决策和用户流程。

7. 反馈收集与修订

根据评审意见进行必要的修改和完善，这一阶段可能有多轮迭代，直到达到项目方满意或确定最终方案。

比稿环节具有以下意义。

（1）促进创意竞争。比稿促使设计师或团队之间展开创意竞争，从而激发更多创新和高质量的设计方案。

（2）提高设计质量。通过比较多个设计方案，项目方可以综合考量，选择最符合产品定位和用户需求的设计，提升整体设计质量。

（3）成本与风险控制。前期的比稿可以帮助项目方预估设计成本和潜在风险，避免后期大规模改动导致的时间和资源浪费。

（4）明确设计方向。比稿过程中的沟通和反馈有助于快速明确项目的设计方向和重点，为后续设计工作奠定基础。

（5）增进理解和合作。设计师与项目团队通过比稿过程中的交流，可以增进彼此理解，为后续的合作打下良好的基础。

技术分析

评估和记录一款UI设计需要用到多种技术，这些技术可以帮助设计师和评估团队系统地分析和记录设计的有效性、可用性和用户体验。Zeplin是一种常见的协同设计协作和沟通工具，它们在UI/UX设计和开发过程中扮演着重要的角色。

Zeplin是一个设计交付平台，基于Web的服务，因此不需要下载和安装，用户可以直接访问Zeplin的官方网站注册账户使用服务。设计师可以将他们的设计文件（如Sketch、Figma、Adobe XD等）上传到Zeplin，然后开发者可以查看设计的规格、尺寸、颜色、字体和其他详细信息。无须手动标注，开发者在Zeplin查看设计图时可通过鼠标单击设计图显示相应位置的尺寸、色值、文字大小等信息，如图3-17所示。

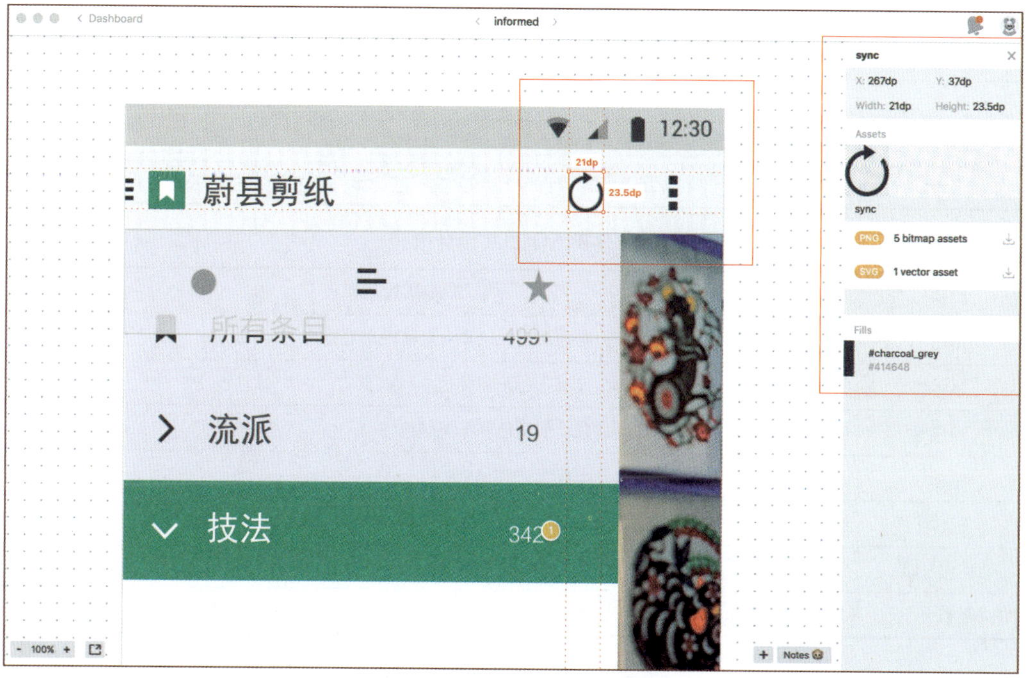

图 3-17　Zeplin 查看页面

Zeplin 还提供了桌面应用程序（适用于macOS和Windows）以及移动应用程序（适用于iOS和Android），这些应用程序可以直接从各自的应用商店下载。总体来说，Zeplin是一款为设计师和开发者提供设计图交接与沟通的高效平台，核心功能为标注。

对于设计师来说：不用做标注，非常省心，也不需要担心遗漏标注引起开发者的各种询问。

对于开发者来说：不用费心将标注的px换算成自己需要的尺寸，也不用担心设计师标注的遗漏影响开发进度。

Zeplin的主要功能包括：设计规格和样式指南自动生成；设计资源的快速查看和下载；交互式设计预览和热点图；团队协作和注释。

实施标准

评估设计产品的基本流程：确认UI属性→核实对应平台设计规范→设计可实现论证→设计风格与审美评估。表3-7、表3-8、表3-9分别为安卓（Android）、iOS和Web等平台的UI设计规范概览。

表 3-7　安卓（Android）UI 设计规范

类别	规范描述
布局	基于网格系统，使用 12 列的布局网格，推荐边距和填充
字体	推荐使用 Roboto 字体，定义了标准字体大小和样式

续表

类别	规范描述
颜色	使用 Material Design 颜色系统，包括主色、辅助色和强调色
图标	提供了一套 Material 图标，定义了图标大小和风格
组件	包括按钮、卡片、芯片、浮动操作按钮等，每种组件都有明确的设计和用法指南
动画和过渡	强调流畅和自然的动画效果，提供了多种动画和过渡效果指南
间距和大小	定义了组件间距、图标大小、触摸目标大小等标准

表 3-8　iOS UI 设计规范

类别	规范描述
布局	使用基于网格的布局，推荐边距和填充，以及安全区域布局指南
字体	推荐使用 San Francisco 字体，定义了标准字体大小和权重
颜色	提供了 iOS 色彩系统，包括主色、辅助色和系统颜色
图标	提供了一套 iOS 图标，定义了图标尺寸和风格
组件	包括按钮、标签、导航栏、表格视图等，每种组件都有详细的设计规范
动画和过渡	强调清晰和有意义的动画，提供了动画设计指南
间距和大小	定义了组件间距、图标大小、触摸目标大小等标准

表 3-9　Web UI 设计规范

类别	规范描述
布局	通常基于网格系统，使用 12 列或其他列数的布局网格，定义了标准边距和填充
字体	推荐使用 Web 安全字体，如 Helvetica, Arial, sans-serif 等，定义了标准字体大小和样式
颜色	通常由设计师根据品牌指南选择颜色方案，包括主色、辅助色和背景色
图标	可以使用多种图标库，如 Font Awesome、Material Icons 等，定义了图标大小和风格
组件	包括按钮、导航栏、表单元素、卡片等，每种组件都有设计最佳实践
动画和过渡	使用 CSS 动画和过渡，强调用户体验和页面互动
间距和大小	定义了组件间距、图标大小、链接和按钮大小等标准，通常遵循响应式设计原则

安卓和iOS平台的官方设计指南都包含了更详细的信息和具体示例，设计师应该参考最新的官方文档来确保设计符合最新的标准。Web设计没有统一的官方指南，但以下是一些广泛认可的最佳实践和设计系统，如Bootstrap框架、Material Design for the Web、Foundation框架、W3C Web标准等。Web UI设计还有许多其他的资源和指南，包括CSS框架、设计模式和最佳实践，以及针对不同浏览器和设备的兼容性指南。设计师通常需要结合多个来源来创建符合现代Web标准的UI设计。

实施步骤

参与设计比稿和组织设计比稿的工作流程有很大的不同。这两种工作流程的主要步骤分别参见表3-10、表3-11。

表 3-10　参与设计比稿的实施步骤

步骤	描述
理解需求	阅读比稿要求，理解项目的目标、受众、需求和预算
进行研究	进行市场研究、用户研究和竞争对手分析
创意构思	发展创意概念和设计方向
设计制作	创建初步设计草图和概念，然后发展成高保真度的设计
原型开发	如果需要，构建可交互的原型来展示设计
准备提案	准备比稿提案，包括设计展示、解释和成本估算
提交比稿	按照既定的时间表提交比稿
演示和答辩	如果要求，进行现场演示和答辩
反馈和调整	根据客户的反馈进行调整和优化
结果等待	等待比稿结果，希望获得项目合同

表 3-11　组织设计比稿的实施步骤

步骤	描述
确定需求	明确设计项目的目标和具体需求
制定比稿文档	编写比稿邀请文档，包括项目概述、要求、截止日期和评估标准
选择参与者	确定邀请的设计师或设计公司
发送邀请	发送比稿邀请函和比稿文档给选定的参与者
提供资源	提供品牌指南、资产和其他必要的信息给参与者
答疑和支持	在比稿过程中回答参与者的疑问，提供必要的支持
收集比稿	在截止日期收集所有比稿提交的资料
评估和比较	根据预定的标准评估和比较所有提交的设计
决策	基于评估结果，选择最合适的 设计方案
公布结果	通知所有参与者比稿结果，并与选中的设计师或设计公司进行后续的项目讨论和合同签订

这两个方式的工作流程都需要精心规划和良好的沟通。对于设计师来说，参与比稿是一个展示技能和创意的机会；而对于组织者来说，组织比稿是一个选拔合适设计方案的过程。

实战练习

【作业名称】多维度UI设计评估——以某品牌为例。

【作业目的】提升对UI设计评估的综合能力，包括视觉设计、交互设计、用户体验等方面，以及批判性思维和分析能力，同时加深对行业标准和设计原则的理解。

【作业要求】

考虑到本任务的整体设计目标，建议选择有国潮设计品牌入驻或开发的UI产品。

1. 选择对象

选择一款UI产品作为评估对象。

2. 前期准备

（1）了解背景：调研应用的用户群体、市场定位、核心功能及竞争对手。

（2）理论复习：复习UI设计原则、用户体验要素、交互设计模式等基础知识。

3. 设计评估框架

构建评估框架，至少应包括视觉设计、交互设计等五个维度，详细信息见表3-12。

表 3-12　UI 产品设计评估维度

维度	评估说明
视觉设计	色彩使用与品牌一致性； 图标与图形的统一性和识别性； 字体选择与排版的可读性； 界面风格与用户情感的共鸣
交互设计	导航结构与易用性； 功能布局的逻辑性； 交互反馈的及时性和有效性； 无障碍设计的考虑
用户体验	学习曲线与新手引导； 操作流程的流畅性； 信息架构的清晰度； 个性化与定制化体验
新技术应用	合理运用 AR/VR 等技术呈现动态效果； 适应性设计（如响应式等）； 设计创新点分析
UI 设计与品牌价值观的匹配度	在同类应用中的差异化特征； 用户情感联结与品牌忠诚度

4. 实施评估

（1）下载应用并深入使用，记录使用过程中的体验和观察。

（2）截取关键界面截图，结合评估框架进行详细分析。

（3）可以通过用户访谈、在线评论分析等方式，收集第三方反馈以补充评估。

5. 编写PPT报告

（1）报告结构：引言、应用概述、各维度评估、综合评价、改进建议、结论。

（2）报告要求：逻辑清晰，图文并茂，支持分析观点的实例截图和数据。

（3）创新性：鼓励提出独到见解，对现有设计的改进或创新设想。

6. 分享与讨论

准备5~10分钟的口头汇报，重点分享评估发现和改进方案。邀请同学和老师提问，进行讨论，相互学习。

【评价标准】

◎选择评估对象（5%）

◎前期准备（5%）

◎设计评估框架（60%）

◎实施评估（5%）

◎编写PPT报告（10%）

◎分享与讨论（15%）

能力提升

如何快速实现UI设计在不同设计平台间的尺寸适配

1．明确基础概念

1）屏幕尺寸与分辨率

屏幕尺寸指的是屏幕对角线的长度，通常以英寸为单位。分辨率分为逻辑分辨率和物理分辨率（像素分辨率）。逻辑分辨率使用抽象单位（如dp或pt）来定义界面元素的大小，确保在不同像素密度的屏幕上显示一致；物理分辨率则是屏幕实际的像素数量。

2）密度独立像素（dp/dip）与缩放因子

为了应对不同屏幕密度，UI设计中常使用密度独立像素作为单位，确保元素在不同设备上具有相同的物理尺寸感知。

缩放因子是逻辑分辨率和物理分辨率的比例关系，公式为1 pt = scale × px，其中pt是逻辑像素，px是物理像素，scale是缩放因子。

2．明确设计基础

（1）设计基准与适配策略：选择一个设计基准设备，通常是最具代表性的设备或公司战略所指向的平台。例如，iOS设计可能以最新款iPhone的尺寸为基准。

设计时采用流式布局、灵活的栅格系统、百分比宽度等方法，确保界面能在不同尺寸的屏幕上自适应布局。

针对特定屏幕尺寸和分辨率提供断点，定义在哪些点上布局需要调整，以适配更广泛的设备范围。

（2）遵循平台设计规范：了解并遵循iOS的Human Interface Guidelines（HIG）或Android的Material Design指南，这些指南提供了关于元素尺寸、间距、颜色、图标大小等的具体建议。

利用官方提供的设计模板和组件库，它们通常是针对不同屏幕尺寸优化过的。

（3）原型与测试：使用原型工具（如Figma、Sketch、Adobe XD）设计时，可以预览并测试设计在不同设备上的效果。实际测试非常重要，利用真实设备或模拟器验证设计在不同分辨率下的显示效果和交互体验。

（4）关注可访问性：确保设计在各种尺寸屏幕上都易于阅读和操作，考虑到视力障碍用户的字体大小、对比度需求。

任务五　了解UI产品的设计发展趋势

任务描述

“新国风”作为一种文化潮流，正逐渐渗透到UI设计中，它强调将中华优秀传统文化元素与现代设计手法相结合，打造既有文化底蕴又不失时代感的视觉体验。新国风UI设计不仅仅是对传统元素的简单堆砌，而是深入挖掘文化精髓，结合现代设计理念与技术手段，呈现既有民族特色又具有国际视野的设计风格。

新国风UI产品的设计发展趋势可以从以下几个方面进行解析。

（1）传统文化元素的现代演绎：在UI设计中巧妙融入传统图案（如云纹、祥云、山水、龙凤、窗棂等）、书法字形、国画色彩等元素，并以现代化、简约化的形式呈现，使之与现代审美相融合，既保留传统韵味，又不失时尚感。

（2）色彩运用的创新：新国风UI设计倾向于使用富有中国传统特色的色彩搭配，如朱红、青绿、黛蓝、金色等，但会通过调整饱和度和亮度，使其更加符合现代审美和屏幕显示特性，营造出既古典又清新的视觉效果。

（3）字体与排版的创新结合：结合传统书法字形与现代字体设计，创造出既有古风又易读的字体，排版上也常常借鉴古代书籍的布局方式，但采用现代设计原则，使得信息呈现更加清晰有序。

（4）动态效果与互动体验：利用动画和交互技术，将传统元素动态化，如模拟纸张翻动、水墨渲染、云雾流动等效果，增加界面的生动性和趣味性，提升用户参与感。

（5）情感化与故事性：新国风UI设计往往围绕中国历史故事、传说、节日、习俗等文化内涵进行设计，通过视觉讲述故事，增强情感共鸣，使用户在使用过程中感受到文化的温度。

（6）跨平台适应性：在多终端适配上下功夫，确保新国风UI在不同尺寸的屏幕、操作系统上都能保持一致性和良好体验，同时考虑触控、语音、手势等多元交互方式的兼容。

（7）可持续与环保理念：随着全球对环保意识的提升，新国风UI设计也可能融入自然元素，倡导环保理念，如使用绿色低碳的色彩、图案，传达生态和谐的信息。

技术分析

要做好“新国风”UI设计师，需要对中国的文化、历史和美学有具体的理解和把握。设计师需要在设计中逐步开发具备中国风元素的设计体系。

（1）学习和研究：学习中国传统文化，包括哲学、历史、艺术、文学和建筑。研究中国传统色彩理论，如五行色彩和象征意义。研究中国书法和字体设计，了解不同字体风格的特点和应用。

（2）理解中国美学：理解中国美学中的对称、平衡、和谐与自然等原则。学习中国传统图案和纹样，如云纹、龙凤纹、山水纹等，并了解它们的文化寓意。

（3）实践应用：在设计中应用中国传统元素，如色彩、字体、纹样等，部分元素及其象征见表3-13。

表 3-13　色彩、字体、纹样日常搜集整理

元素		描述	象征意义
色彩	中国红	红色，常用于节日、庆典	喜庆、繁荣、好运
	翠绿色	绿色，代表自然、生命	活力、和谐、自然
	金黄色	黄色，代表财富和权力	富贵、尊贵、辉煌
	玉白色	白色，代表纯洁和简约	纯净、高雅、简约
	紫色	紫色，代表神秘和高贵	神秘、尊贵、智慧
	蓝色	蓝色，代表平静和宁静	宁静、深邃、清新

续表

元素		描述	象征意义
字体	楷体	方正、端庄，适合正式场合	标题、标识、品牌字体
	行书	流畅、活泼，适合日常使用	文章、宣传语、广告
	草书	狂放、奔放，适合艺术表现	书法作品、艺术设计
	隶书	圆润、古朴，适合古典风格	古籍、古典设计
	篆书	古老、神秘，适合传统风格	文物、传统设计
纹样	云纹	云朵形状，常用于装饰	吉祥、和谐
	龙纹	龙的图案，象征权威和力量	尊贵、权威
	凤纹	凤凰的图案，象征美丽和吉祥	吉祥、美丽
	回字纹	连续的回字形图案，常用于装饰	连绵不断、永恒
	波浪纹	水波形状，常用于装饰	流动、变化

请注意，这里仅提供了部分中国风颜色、字体和纹样的信息，更多的颜色、字体和纹样，设计师可以根据具体的设计需求和风格来整理、选择和使用。需要结合现代设计原则和技术，创造出既具有传统韵味又符合现代审美需求的作品。

（4）创新与融合：在传统元素的基础上进行创新，结合现代设计趋势和用户需求。尝试将中国风元素与其他设计风格融合，创造出独特的混合风格。

（5）实践与探索：通过不断地实践和项目经验积累，提升对中国风设计的理解和应用能力；参与相关设计比赛和项目，与其他设计师交流和学习。

（6）文化传承与创新：在传承中华优秀传统文化的同时推进文化创新，在设计中传达积极的文化信息，促进文化理解和交流。

（7）工具和技术：熟练使用设计软件和工具，如Photoshop、Illustrator、Sketch等，以实现设计想法。学习前端开发知识，如HTML、CSS和JavaScript，以便更好地与开发团队合作。

通过以上程序，设计师可以逐渐提升自己的“中国风”设计能力，创作出具有中国特色的优秀作品。记住，中国风设计不仅仅是简单的复制和应用传统元素，而是在深入理解文化的基础上，创造性地将传统与现代相结合。开发和维护一套设计系统和风格指南，以确保设计的一致性和效率。

实施标准

中国风元素的判断标准涉及对中国传统文化、艺术、哲学和美学等多方面的理解。以下是一些关键的标准，可以帮助设计师判断一个设计是否具有中国风元素。

（1）文化内涵：设计应体现中华优秀传统文化蕴含的哲学思想、道德规范、艺术精髓和实用智慧；设计中应包含中国传统的象征意义，如龙、凤、太极等。

（2）传统色彩：设计应使用中国传统色彩，如红色代表喜庆、绿色代表生机、黄色代表富贵等；色彩搭配应符合中国色彩理论，如五行色彩。

（3）图案和纹样：设计应包含中国传统图案和纹样，如云纹、龙凤纹、山水纹等；图案和纹样应符合中国审美，如对称、平衡、和谐等。

（4）字体和书法：设计应使用中国传统的字体，如楷体、行书、草书、隶书、篆书等；字体设计应体现书法的美感和文化内涵。

（5）布局和构图：设计应采用中国传统的布局和构图方法，如对称、中心构图、四边构图等；布局应体现中国美学中的和谐与平衡。

（6）视觉呈现中出现的材料和工艺：设计应考虑中国传统材料和工艺，如丝绸、陶瓷、玉石、刺绣等；工艺应体现中国传统手工艺的精细和独特性。

（7）创新与融合：设计应在传统元素的基础上进行创新，结合现代设计理念和审美需求；设计应体现中国文化的开放性和包容性，与其他文化元素融合。

实施步骤

分析一个国风UI作品的质量，可以遵循以下具体操作步骤，这些步骤综合了UI设计的核心要素和国风文化的独特特点。

1. 分析初步印象与整体感受

（1）视觉吸引力：首先观察作品的色彩搭配、图案元素等是否吸引人，是否符合国风的审美标准，如运用了中国传统色彩（如中国红、琉璃黄、玉脂白、青花蓝、墨黑、长城灰等）和图案（如云纹、龙纹、凤纹、牡丹、山水等）。

（2）文化韵味：感受作品是否传达出国风的文化韵味，是否能够让人联想到中国的传统文化、历史典故或民俗风情。

2. 分析创意与独特性

（1）创意分析：评估作品在创意上的表现，看其是否在传统元素的基础上进行了创新，融入了现代设计理念，形成了独特的视觉风格。

（2）差异化：比较该作品与其他国风UI作品的差异，看其是否在市场中具有辨识度，能否在众多设计中脱颖而出。

3. 分析色彩与质感

（1）色彩搭配：分析作品的色彩运用是否合理，是否符合国风的色彩审美，以及色彩是否有助于传达作品的主题和情感。

（2）质感表现：观察作品的质感渲染是否到位，如是否通过光影效果、材质贴图等手段增强了画面的真实感和立体感，使国风元素更加生动逼真。

4. 分析布局与构图

（1）信息架构：分析作品的信息布局是否合理，是否遵循了用户的使用习惯和认知规律，使用户能够轻松找到所需信息。

（2）构图技巧：评估作品的构图是否巧妙，是否运用了对称、平衡、层次等构图原则，使画面既美观又富有节奏感。

5. 分析细节与质感

（1）细节处理：仔细检查作品中的细节部分，如文字排版、图标设计、按钮交互等，看其是否精致细腻，能否体现出国风设计的精致感。

（2）质感体验：通过模拟点击、滑动等操作，体验作品的交互质感，看其是否流畅自然，能否给用户带来良好的使用体验。

6. 分析用户体验与可用性

（1）用户体验：评估作品在用户体验方面的表现，如是否易于理解、易于操作、易于记忆等，以及是否能够满足用户的实际需求和期望。

（2）可用性测试：如果条件允许，可以进行小范围的可用性测试，收集用户的反馈意见，以便进一步优化作品。

7. 总结与反馈

（1）总结分析：综合以上各方面的分析，对作品的质量进行全面总结，指出其优点和不足。

（2）提出反馈：针对作品中的不足之处，提出具体的改进建议或优化方案，以便设计师进行后续的优化和完善。

实战练习

【作业名称】新国风移动端UI设计。

【作业目标】通过这个作业，将练习如何快速识别和提炼国风设计元素，并将其应用于现代设计中。

【作业要求】

（1）选择国风元素：选择一个你感兴趣的国风元素，如中国红、龙纹、云纹、书法等。了解该元素在中国传统文化中的起源、发展历程和文化含义。

（2）提炼设计元素：分析该元素的特点和视觉特征，提炼出关键的设计元素。思考如何将提炼出的设计元素应用于现代设计中，如颜色、图案、布局等。

（3）创作一个设计作品：使用提炼出的设计元素，创作新国风移动端UI设计。确保设计作品在保持现代感的同时，融入国风设计元素。

（4）分析和反思：分析设计作品中的国风设计元素，思考其对整体设计的贡献和意义。反思在提炼和应用国风设计元素的过程中遇到的问题和挑战。

【评价标准】

◎选择合适的国风元素并了解其文化含义（10%）

◎提炼国风元素中的设计元素，并合理应用到设计中（30%）

◎创作移动端UI设计产品（30%）

◎对作品进行分析和反思（30%）

能力提升

不便应用到UI设计中的国风元素

在UI设计中，某些国风元素可能因为其复杂性、文化敏感性或实用性而不太适合直接应用。以下是一些可能不太适合直接用于UI设计的国风元素：

（1）复杂纹样和图案：一些复杂的国风图案和纹样可能过于繁复，不易于在UI设计中清晰展示，尤其是在小尺寸屏幕上。

（2）深色背景：传统国风设计中常使用深色背景，如黑色、深棕色等，这在现代UI设计中可能会影响可读性和用户体验。

（3）过于传统的字体：一些过于传统或难以识别的书法字体可能不适合UI设计，因为它们可能不利于用户快速阅读和理解。

（4）复杂的颜色搭配：传统国风设计中可能包含多种鲜艳的颜色，这些颜色搭配在UI设计中可能过于复杂，影响用户界面的一致性和清晰度。

（5）复杂的图标和按钮设计：过于复杂或细节过多的图标和按钮设计可能会导致用户在使用时感到困惑，影响使用体验。

（6）传统装饰元素：一些传统装饰元素，如复杂的剪纸图案或刺绣图案，可能在UI设计中显得过于装饰性，而不够实用。

（7）文化敏感内容：一些国风元素可能包含特定的文化或宗教含义，直接应用到UI设计中可能引发误解或不适。

设计师在将国风元素应用于UI设计时，应考虑这些元素的可读性、用户体验和现代审美需求。可以通过简化、现代化或重新设计的方式来适应UI设计的需要，同时保留国风元素的核心特征和文化内涵。

国风元素的信息准确性保障

1. 文化的准确性呈现和表达

确保设计元素准确地反映了中国的文化和历史，避免文化误解或刻板印象。例如下列表格呈现的信息（见表3-14），概述了中国各个历史时期的文化特征和代表工艺。在设计实践中是不能有所错漏的。可以寻找专业人士予以指导合作，确保设计传达的准确性。

表 3-14　用于确保文化准确性的素材统计表

历史时期	文化特征	主要代表人物	代表文化	典型代表
夏朝（约公元前 2070 年—公元前 1600 年）	青铜文化、奴隶社会	夏禹	夏文化	青铜鼎
商朝（公元前 1600 年—公元前 1046 年）	青铜文化、奴隶社会	商汤	商文化	甲骨文
西周（公元前 1046 年—公元前 771 年）	奴隶社会	周文王、周武王	周文化	青铜器、青铜编钟
春秋战国（公元前 770 年—公元前 221 年）	封建社会、百家争鸣	孔子、孟子、荀子、墨子、庄子、韩非子	儒家、道家、墨家、法家等思想流派	曾侯乙编钟、青铜剑、帛画
秦朝（公元前 221 年—公元前 206 年）	中央集权、统一六国	秦始皇	秦文化	秦始皇陵
汉朝（公元前 206—公元 220 年）	中央集权、儒家思想	汉武帝、张骞	汉文化	汉简、汉画像石
三国两晋南北朝（公元 220—589 年）	分裂与统一、佛教文化	曹操、诸葛亮、司马炎	魏晋南北朝文化	佛像、石窟艺术

续表

历史时期	文化特征	主要代表人物	代表文化	典型代表
隋朝（公元 581—618 年）	中央集权、统一南北	隋文帝、隋炀帝	隋文化	大运河
唐朝（公元 618—907 年）	中央集权、盛唐文化	唐太宗、武则天	唐代文化	唐代瓷器、唐三彩
五代十国（公元 907—979 年）	分裂与统一	李存勖、李煜、石敬瑭	五代文化	越窑青瓷
宋朝（公元 960—1279 年）	中央集权、理学	赵匡胤、宋真宗、王安石	宋代文化	宋代瓷器、宋词
元朝（公元 1271—1368 年）	大一统	忽必烈	元代文化	元代瓷器、元曲
明朝（公元 1368—1644 年）	中央集权	朱元璋、朱棣	明代文化	明代瓷器、明代家具
清朝（公元 1644—1911 年）	封建制度	康熙、乾隆	清代文化	清代瓷器、清代宫廷文化

尊重中国的文化传统并确保设计不包含任何可能引起争议或不适的内容，设计师可以采取以下措施，如图3-18所示。

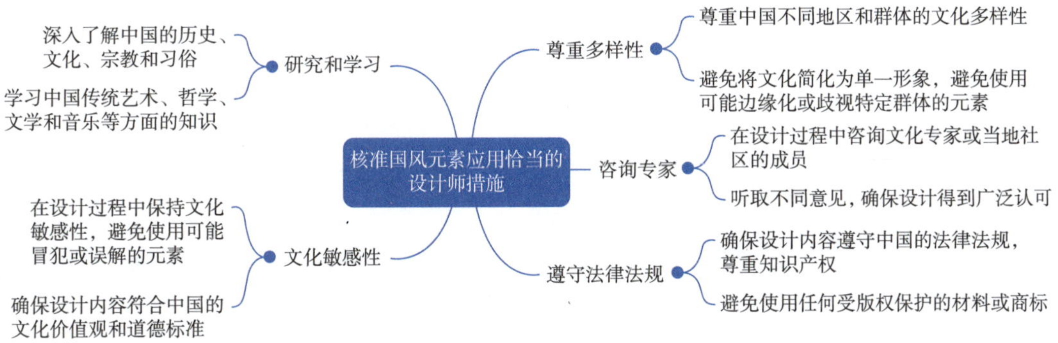

图 3-18　核准国风元素应用恰当的设计师措施

2．视觉吸引力

设计应具有视觉吸引力，色彩搭配和谐，图案和纹样具有审美价值。字体设计应符合国风特点，同时易于阅读和识别。

3．功能性

设计应具有良好的功能性，界面布局合理，用户可以轻松导航和使用。交互设计应直观，符合用户习惯，确保用户能够高效完成任务。其中，装饰性元素不能干预或影响到用户学习使用流程和操作。

通过以上步骤，可以确保国风UI作品的文化准确性、视觉吸引力、功能性达到优质标准。

项目评价

<table>
<tr><th>评价内容</th><th>子项目评价</th><th>自我评价</th><th>教师评价</th><th>校企合作顾问评价（选填）</th></tr>
<tr><td>国风视觉素材应用整合</td><td>1. 运用准确
2. 文化内涵表现
3. 优质审美</td><td>优□良□差□</td><td>优□良□差□</td><td>优□良□差□</td></tr>
<tr><td>UI 设计能力培养</td><td>1. 设计工具应用
2. 设计规范执行</td><td>优□良□差□</td><td>优□良□差□</td><td>优□良□差□</td></tr>
<tr><td>UI 设计实践成果</td><td>1. 设计调研与评估
2. 设计开发</td><td>优□良□差□</td><td>优□良□差□</td><td>优□良□差□</td></tr>
<tr><td rowspan="4">其他因素评估（教师填写）</td><td colspan="2">工具选用及操作熟练程度</td><td colspan="2">优□良□差□</td></tr>
<tr><td colspan="2">任务积极性与实施规范</td><td colspan="2">优□良□差□</td></tr>
<tr><td colspan="2">设计文件夹设计规范程度</td><td colspan="2">优□良□差□</td></tr>
<tr><td colspan="2">设计文件夹设计创新程度</td><td colspan="2">优□良□差□</td></tr>
<tr><td>* 整体评估依据</td><td colspan="4">设计可以提供相对准确的市场需求和设计方向，设计作品准确表达设计初衷，满足用户需求，能提升用户体验</td></tr>
<tr><td>学生自评</td><td colspan="4">评语：</td></tr>
<tr><td>教师评价</td><td colspan="4">评语：</td></tr>
<tr><td>校企合作顾问评价</td><td colspan="4">评语：</td></tr>
<tr><td>任务验收签字：</td><td>学生签字：</td><td>教师签字：</td><td colspan="2">顾问签字：</td></tr>
</table>

项目四 新国风数字文创动态桌面的设计与制作

项目导读

动态桌面是一种系统桌面设置，它允许用户将传统的静态壁纸替换为动态的视频片段或者循环播放的动画。这些动态内容可以是自然风光，如流水、花开、云彩飘动，也可以是抽象的图形变换等，为用户的计算机桌面增添一分生动和活力。

动态桌面的实用价值和意义体现在以下几个方面。

（1）个性化与美观：动态桌面能够极大地个性化用户的计算机环境，让原本静态的工作或娱乐空间变得更具吸引力和独特性。美丽的动态场景不仅令人赏心悦目，还能反映用户的个性和审美情趣。

（2）缓解视觉疲劳：长时间盯着计算机屏幕容易导致视觉疲劳。动态桌面的自然景观变化，如水流、树木摇曳等，能在一定程度上帮助用户放松眼睛，减轻视觉压力，尽管也有人认为频繁变化的画面可能对部分人的眼睛造成不适。

（3）激发创意与灵感：对于设计师、创作者等需要持续创意灵感的职业人士而言，动态桌面可能成为灵感的一个来源，帮助他们在日常工作中触发新的想法。

（4）心理效应：自然风景的动态壁纸可能具有一定的心理安慰作用，有助于提升心情，减少工作环境的单调感，从而提高工作效率和情绪状态。

（5）技术展示：从技术角度来看，动态桌面也是软件技术和图形处理能力的一种展现，反映了操作系统或第三方软件在提供用户体验上的进步。

然而，动态桌面也可能存在一些潜在缺点，如占用一定的系统资源，影响电池续航（尤其是在笔记本计算机上），以及对部分用户可能造成视觉干扰等。因此，在享受动态桌面带来的乐趣和益处的同时，设计师也需要根据普遍的用户需求和计算机配置情况做出合适的方案。

新国风数字文创动态桌面的设计不仅追求艺术和技术的完美融合，同时也注重文化价值的传递与创新，旨在为用户提供既美观又富有教育意义的个性化桌面体验。

项目目标

知识目标

◎掌握不同界面动态桌面设计标准

◎掌握不同界面动态桌面平台要求

◎掌握动态桌面设计流程与禁忌

能力目标

◎能根据设计流行趋势有目标地进行作品优化

◎具备优质文创动态桌面制作能力

◎具备相当的设计校对与优化能力

◎具备多平台、多系统设计方案调试能力

实践价值——新国风数字文创动态桌面设计的教育性和趣味性普及价值

新国风数字文创动态桌面在设计中融入教育性和趣味性元素，对于普及和传承中华优秀传统文化具有重要意义，具体体现在以下几个方面。

（1）寓教于乐的学习方式：通过动态桌面展现中国历史故事、传统节日、民间传说、经典文学等内容，将静态的文化知识转化为生动有趣的视觉体验。用户在欣赏精美的动态画面时，不经意间吸收文化养分，达到学而不倦的效果。

（2）激发探索兴趣：设计中包含的互动元素，如单击屏幕触发的交互效果、隐藏的彩蛋信息等，可以激发用户的好奇心，鼓励他们主动探索背后的文化故事，从而加深对中华优秀传统文化的理解和记忆。

（3）文化自信的培养：通过展示中国丰富的文化遗产和创新的数字艺术，增强用户对中华优秀传统文化的自豪感和归属感，帮助年轻一代树立文化自信，认识到中华优秀传统文化的独特魅力和价值。

新国风数字文创动态桌面通过其独特的教育性和趣味性设计，不仅丰富了人们的数字生活体验，也为中华优秀传统文化的普及和教育提供了新的路径，促进了中华优秀传统文化的活态传承与创新发展。

实践依据——新国风数字文创动态桌面设计的设计思路

新国风数字文创动态桌面设计是一种融合传统美学与现代数字技术的创意表现形式，旨在通过动态视觉体验传播和弘扬中华优秀传统文化。其设计思路可以从以下几个核心方面展开。

1. 文化元素提炼与重构

（1）深入研究传统文化：包括但不限于书法、绘画、服饰、建筑、民俗、神话故事等，提炼出最具代表性的文化符号和元素。

（2）现代视角重构：运用现代设计理念对传统元素进行重新解构与组合，使其既保留古典韵味又符合当代审美，形成“新国风”视觉语言。例如，将古代图案以扁平化、极简或三维动态形式呈现。

2. 数字技术应用与创新

（1）动态视觉效果：利用动画、3D建模、交互设计等技术，让静态的画面动起来，如模拟四季更替、云卷云舒、古风人物轻步穿行等，增强视觉冲击力和沉浸感。

（2）AR/VR技术融合：考虑结合增强现实（AR）或虚拟现实（VR）技术，让用户在互动中体验更加真实的文化场景，如扫描桌面进入一个虚拟的古风园林游览。

3. 教育性与趣味性结合

（1）知识点植入：在设计中巧妙植入历史文化知识点，如通过单击屏幕上的物品解锁相关的历史背景、诗词歌赋等，使用户在享受视觉盛宴的同时获取知识。

（2）游戏化设计：引入轻度游戏机制，如设置寻宝任务、拼图游戏等，以趣味性互动提升用户的参与度和学习兴趣。

4. 用户体验优化

（1）个性化定制：提供用户自定义功能，如选择不同的文化主题、调整动画速度、切换季节模式等，满足不同用户的需求和偏好。

（2）性能与兼容性：确保动态桌面在不同设备上流畅运行，优化资源消耗，不影响计算机日常使用体验。

任务一　动态桌面设计的类别和设计内容

任务描述

动态桌面主要可以根据其内容、应用场景和实现技术进行分类，具体可以分为以下几类。

1. 按内容分类

（1）游戏类：以热门游戏为主题，包括游戏场景、角色动画等。

（2）动漫类：基于动漫作品，展现动漫角色、场景或者特定动画片段。

（3）卡通类：适合各年龄段的卡通形象和故事场景。

（4）自然风景类：如流水、云彩变幻、四季更替等自然景观的动态展示。

（5）艺术创意类：抽象艺术、数字艺术创作，强调视觉美感和创意表达。

（6）实用信息类：显示时间、天气、新闻等实时信息的动态壁纸。

（7）时尚类：以模特、时尚摄影或美容美体为主题的动态壁纸。

2. 按应用场景分类

（1）手机动态桌面：专为智能手机设计，优化电池使用和触摸互动。

（2）计算机动态桌面：适用于个人计算机，可能需要更高性能支持复杂动画。

（3）平板及大屏设备：针对平板计算机或智能电视等大屏幕设备优化的动态壁纸。

3. 按技术实现分类

（1）视频循环播放：直接使用视频作为桌面背景，循环播放。

（2）实时渲染：通过编程技术实时生成动态效果，如粒子系统、3D模型动画。

（3）HTML5/WebGL：基于网页技术的动态桌面，可集成网页内容、互动元素。

（4）混合技术：结合预渲染视频与实时图形处理，实现特定互动效果。

本任务的核心是按应用场景分类，将实现新国风数字文创动态桌面的设计艺术和技术的完美融合，同时也注重文化价值的传递与创新，旨在为用户提供既美观又富有教育意义的个性化桌面体验。应用场景不同，相关的设计内容也有所不同，计算机动态桌面和手机动态桌面的设计内容见表4-1。

表 4-1　计算机动态桌面和手机动态桌面的设计内容

设计内容	计算机动态桌面	手机动态桌面
基本布局	桌面图标、桌面小工具、任务栏 / 停靠栏、背景壁纸	应用图标、主屏幕小部件、通知栏、锁屏壁纸、主屏幕壁纸
动态效果	动态壁纸、桌面小工具动画、窗口动画	动态壁纸、主屏幕小部件动画、应用过渡动画
个性化	主题包、自定义图标、壁纸、桌面小工具	主题包、自定义图标、壁纸、主屏幕小部件
交互性	鼠标和键盘交互、多任务处理、桌面右键菜单	触摸屏交互、滑动和手势、通知中心
功能性	文件管理、系统设置、应用启动器	应用启动和管理、系统设置、通知中心
适应性	多显示器支持、不同的分辨率和屏幕比例	不同的屏幕尺寸和分辨率、横屏和竖屏模式
安全性	防病毒软件、桌面安全设置	应用权限管理、手机安全设置
性能优化	根据硬件配置调整动画效果、资源监控和管理	电池优化、流畅度优化
可访问性	字体大小和颜色调整、辅助功能	字体大小和颜色调整、辅助功能

技术分析

开展动态桌面设计，无论是手机还是计算机，都需要掌握一系列的技术和工具。以下是一些关键的技术和技能。

1. 用户界面（UI）设计能力

熟悉设计原则和用户体验（UX）概念。可以根据需求，选择适合的布局设计、色彩理论和字体等，也可以熟练应用常见的图形设计软件，如Photoshop、Illustrator、Sketch、Figma等。

2. 动画设计能力

了解基本的动画原理，如运动规律、缓动和动态效果。能熟练应用常见的动画制作软件，如Affter Effects、Toon Boom、Animation Composer等，并且掌握一定的3D建模和动画（可选）技术，如Blender、Maya、3ds Max等。

3. 组织设计适应性和可访问性

设计能适应不同的屏幕尺寸和分辨率。考虑色盲用户和视力受损用户的可访问性需求。

4. 对常见动态桌面库规则的认知与适应能力

动态桌面是一种能够提供动画或实时内容更新的桌面环境。在不同的操作系统中，动态桌面的实现方式和可用性可能会有所不同。

1）操作系统自带动态桌面

Windows：Windows 10及以上的版本提供了动态壁纸功能，用户可以选择视频作为桌面背景。

macOS：macOS提供了“动态桌面”功能，它会根据一天中的时间自动改变桌面背景。

Linux：某些Linux发行版，如Ubuntu，可以通过第三方工具或桌面环境（如Compiz）实现动态桌面效果。

2）第三方动态桌面软件

Microsoft PowerToys：这是一款适用于Windows的实用工具集，其中包括了FancyZones等可以增强桌面功能的工具。

Rainmeter：一款非常流行的Windows桌面定制工具，可以添加各种自定义的皮肤和插件，包括动态壁纸和桌面小工具。

RocketDock：一款模仿macOS Dock的Windows桌面增强工具，提供动画效果和自定义选项。

Live Wallpaper：适用于Android设备的动态壁纸应用，提供各种动态效果和主题。

Aurora：一款为macOS提供动态壁纸的应用，包括3D效果和自定义选项。

3）专门为特定设备设计的动态桌面

iOS：iOS提供了一系列的动态壁纸，包括“透视”效果，可以在设备移动时显示不同的视角。

Android：Android设备通常预装了动态壁纸，并且可以通过Google Play商店下载更多的动态壁纸应用。

实施标准

设计新国风数字文创动态桌面时，需要遵循一系列的设计标准，以确保产品既符合国风文化特色，又满足用户需求和现代审美。以下是一些主要的设计标准。

1. 文化传承与创新

（1）深入研究：研究国风文化的艺术、历史、文学等方面，确保设计能够准确传达国风文化的精髓。

（2）创新融合：将传统元素与现代设计理念相结合，创造出既有传统韵味又符合现代审美的设计。

2. 美学设计

（1）色彩运用：使用国风典型的色彩，如红色、金色、墨黑色等，同时也可以适当引入现代色彩理论，创造出和谐且富有层次的色彩搭配。

（2）图案与纹理：运用传统图案，如云纹、莲花、龙凤等，以及传统的纹理效果，如水墨、陶瓷、丝绸等。

3. 用户体验（UX）设计

（1）直观性：确保界面布局清晰，用户能够轻松找到所需功能和内容。

（2）交互设计：设计自然的交互流程和动画效果，提升用户体验的流畅性和愉悦感。

4. 技术实现

（1）性能优化：确保动态桌面的性能，如流畅的动画、快速的响应时间等。

（2）兼容性：确保动态桌面能够在不同的设备和操作系统上良好运行。

5. 内容创作

（1）原创性：创作独特的国风内容，如故事、角色、场景等，增强产品的吸引力。

（2）文化内涵：通过动态桌面的内容展示国风文化的深度和丰富性。

6. 市场定位和推广

（1）目标用户：明确目标用户群体，如国风爱好者、年轻人等，并根据其特点进行设计。

（2）市场调研：了解市场需求和竞争对手，为设计提供参考。

7. 用户反馈和迭代

（1）收集反馈：通过用户反馈了解产品的优点和不足。

（2）持续迭代：根据用户反馈不断优化产品设计。

8. 版权和合规性

（1）版权声明：确保所有使用的内容都有合法的版权。

（2）合规性检查：确保产品符合相关法律法规的要求。

通过遵循这些设计标准，可以确保新国风数字文创动态桌面的设计既具有国风文化的独特魅力，又能够满足现代用户的需求，提供良好的用户体验。

实施步骤

作为设计师，想要组织开展高效的动态桌面设计工作应遵循下列步骤。

1. 明确设计目的

所设计的动态桌面是希望提供美化的视觉效果，还是希望增加桌面的功能性？考虑设计如何与用户的工作流程或日常生活相结合。

2. 学习平台特性

确定动态桌面的运行平台，如Windows、macOS、Android或iOS，并了解不同平台的设计指南和限制，确保设计内容与之兼容。

3. 评估技术可行性

评估实现设计内容所需的技术，需要使用视频、动画、交互式元素还是实时数据，这需要考虑动态桌面的性能要求，确保设计内容能够在目标平台上流畅运行。

4. 内容创作与整合素材

创作或收集与设计主题相关的内容，如图像、视频、音频等。确保所有内容都是原创的或有权使用，并遵守版权法规。

5. 完善用户体验（UX）设计

设计直观、易用的交互流程。考虑用户如何与动态桌面互动，以及如何访问不同的功能和内容。

6. 组织视觉设计：

应用新国风美学原则，设计色彩、字体、图标等视觉元素。创建高保真视觉设计图，展示动态桌面的布局和风格。

实战练习

【作业名称】评价PC系统的动态桌面应用。

【作业目的】理解动态桌面设计的基本原则，掌握动态桌面在PC系统中的实现技术，并能够从用户体验、性能影响、创意内容等方面对设计进行综合评价。

【作业要求】

1. 设计阶段

（1）调研与分析：搜集并分析市面上流行的动态桌面应用案例，总结它们的特点、优势与不足。确定调研的动态桌面主题，考虑目标用户群体及其偏好（如游戏爱好者、自然风光追随者、效率追求者等）。

（2）分析概念设计：描述调研的动态桌面概念，包括主题、预期视觉效果、交互方式等。

（3）技术方案分析：确认调研对象使用的动态桌面实现技术（视频循环、实时渲染、WebGL等），并说明选择理由。

（4）考虑兼容性问题：确保设计能在主流操作系统（如Windows、macOS）上流畅运行。

2. 评价与反思

（1）用户体验评价：邀请至少三位同学或家人体验你选择的动态桌面设计，收集他们的反馈，包括视觉效果、互动性、个性化设置等方面的评价。

（2）自我评价：从创意性、技术实现、用户体验、资源消耗等方面对自己的设计进行全面评价。反思设计与实现过程中遇到的问题及解决策略，提出未来改进方向。

3. 提交材料

设计调研报告，包括调研分析、概念设计图、技术方案说明、实现过程记录、性能测试报告、用户体验反馈汇总及自我评价。

【评价标准】

◎明确阐述创意与主题明确度（20%）

◎准确分析设计与实现技术（30%）

◎组织用户体验（40%）

◎报告质量与反思深度（10%）

能力提升

如何优化动态桌面文件的质量

优化动态桌面文件的质量，可以提高用户体验，减少资源消耗，并确保桌面环境的稳定性和效率。以下是一些优化动态桌面文件质量的方向。

1. 内容优化

（1）选择高质量素材：使用高分辨率的图片、视频和音频文件，确保内容的清晰度和细节。

（2）内容简化：减少不必要的元素和细节，以降低文件大小和提高加载速度。

2. 文件格式选择

（1）使用压缩格式：对于图片和视频，选择合适的压缩格式，如HEVC/H.265等，以减少文件大小。

（2）无损压缩：对于音频，使用无损压缩格式如FLAC，以保持高质量的音频质量。

3. 分辨率调整

（1）匹配设备分辨率：确保动态桌面内容与设备的分辨率相匹配，以避免缩放和失真。

（2）适当缩放：如果内容需要适应不同分辨率，应适当缩放，避免过度拉伸或压缩。

4. 动画和过渡优化

（1）简化动画：减少动画的复杂性，如帧数和过渡效果，以降低文件大小和提高性能。

（2）使用动态范围压缩：在视频编辑软件中使用动态范围压缩，以减少文件大小而不牺牲太多质量。

5. 性能优化

（1）减少内存占用：优化代码和资源使用，减少动态桌面对系统资源的占用。

（2）硬件加速：利用硬件加速功能，如GPU加速，以提高性能和减少功耗。

6. 用户体验优化

（1）加载时间优化：优化动态桌面的加载时间，减少用户等待。

（2）响应速度优化：确保动态桌面对用户操作的响应迅速。

7. 更新和维护

（1）定期更新：定期更新动态桌面内容，以保持其新鲜感和吸引力。

（2）用户反馈：收集用户反馈，了解动态桌面的使用体验，并根据反馈进行优化。

任务二　了解当前常见的动态桌面软件

任务描述

了解当前常见的动态桌面软件不仅能够提升个人计算机使用的趣味性和效率，还能促进技术发展、激发创意，并为用户提供一个展示个性和创造力的平台

有意识的提升用户体验：动态桌面软件通过提供动态壁纸、视频壁纸等功能，使得用户界面更加生动有趣，从而提升用户的视觉享受和操作体验。这有助于减轻视觉疲劳，增加用户在计算机前工作的愉悦感。

更全面了解个性化定制规则：现代用户追求个性化，动态桌面软件通常提供了丰富的个性化设置选项，让用户可以根据自己的喜好定制桌面，例如，选择喜欢的动画、视频片段或者实时天气作为壁纸，展现个人风格。

学习掌握技术进步与创新：随着技术的发展，动态桌面软件也在不断进化，如采用更高效的渲染引擎、支持更多媒体格式、集成互动功能等，这些创新不仅推动了软件技术的进步，也促进了用户对新技术的接受和应用。

确认设计兼容性与性能：熟悉市面上的动态桌面软件可以帮助用户根据自己的计算机配置选择最合适的软件，确保动态壁纸在不牺牲系统性能的前提下流畅运行。一些软件会针对特定的操作系统优化，提高兼容性和运行效率。

技术分析

表4-2和表4-3分别是计算机和移动端动态桌面软件及其简要特点。

表 4-2　计算机动态桌面软件及其简要特点

软件名称	特点概览	发布时间 / 更新日期
Wallpaper Engine	功能齐全，支持图片、视频、网页作为桌面；用户可创建和分享壁纸；优化性能	2016 年发行，持续更新
UPUPOO	收集大量视频壁纸资源，包括动漫、舞蹈、风景等；支持视频桌面，交互体验	更新至 2024 年
火萤视频桌面	支持多种 Windows 系统；丰富的视频壁纸资源；用户友好，易于设置	至少更新至 2024 年前
Rainmeter	强大的自定义能力，用户可创建皮肤、小工具；适合高级用户进行高度个性化设置	长期更新
元气桌面	提供动态壁纸及桌面美化功能；可能包含额外的桌面管理工具	截至 2021 年
飞火动态壁纸	功能强大，支持视频转换为桌面壁纸；有官方版本提供	更新信息较旧

表 4-3　移动端动态桌面软件及其简要特点

软件名称	特点概览	最近更新 / 版本信息
魔秀桌面	提供丰富主题美化资源，支持自定义动态壁纸制作；优化电池效率	v7.9.3 安卓版
安卓壁纸	大量动态壁纸选择，定期更新内容；支持个性化推荐，优化用户体验	v5.15.20 安卓版
向日葵动态壁纸	提供多种动态壁纸类别，如自然、科幻等；简单易用，占用资源少	v1.1.4 安卓版
老虎视频动态桌面	视频动态壁纸资源，包括流行文化元素；提供独特视觉体验	v1.0.3 安卓版

请注意，软件的最新版本、功能细节及系统兼容性可能会有所变化，在访问各软件的官方网站或应用商店注意获取最新信息。此外，随着时间推移，新的软件可能会出现，而旧的软件也可能不再维护或更新。

表4-4列举了移动端动态桌面和计算机端动态桌面在平台、屏幕尺寸、分辨率、交互方式、性能要求、资源占用、个性化选项、功能性、安全性、硬件要求以及软件兼容性等方面存在一些区别。这些区别使得两者在设计、开发和用户体验方面各有特点。

表 4-4　移动端和计算机端动态桌面的区别

特性 / 功能	移动端动态桌面	计算机端动态桌面
平台	手机操作系统，如 Android、iOS	桌面操作系统，如 Windows、macOS
屏幕尺寸	通常较小，便于单手操作	通常较大，提供更多显示空间
分辨率	多种分辨率，从 720 p 到 4 K 不等	分辨率通常更高，从 1 080 p 到 4 K 或以上
交互方式	触摸屏操作，易于滑动和点击	鼠标和键盘操作，精确控制
性能要求	优化以适应移动设备的电池寿命	依赖于计算机的显卡和处理能力
资源占用	较低，适应移动设备的性能限制	较高，适应计算机的性能优势
个性化选项	提供多种主题、壁纸和小组件	提供丰富的主题、壁纸、屏保和桌面小工具
功能性	集成通知中心，快速访问应用	集成任务栏和开始菜单，支持多任务处理
安全性	需要防范恶意软件和隐私泄露	需要防范病毒、恶意软件和网络攻击
硬件要求	依赖于手机的处理器和内存	依赖于计算机的显卡和处理能力
软件兼容性	专为移动应用设计，有限的应用生态	支持广泛的软件应用，兼容性更强

实施标准

一个优质的动态桌面应满足以下标准。

1. 美观性

设计应具有吸引人的视觉效果，色彩搭配、字体选择、图标设计等均需考虑。界面布局和动画效果应和谐统一才可以提升用户体验。

2. 功能性

动态桌面应该提供实用的功能，如时钟、天气、新闻等，方便用户日常使用。功能布局还应该清晰合理，用户才能够轻松找到并使用所需功能。

3. 用户体验（UX）

设计应关注用户体验，确保界面直观、易用。动画效果应流畅自然，不会干扰用户操作。

4. 技术实现

动态桌面应能够稳定运行，不会因技术问题影响用户体验。同时考虑不同设备和技术环境下的兼容性。

5. 个性化

提供个性化设置，如主题风格、壁纸、图标等，满足用户个性化需求。允许用户自定义动态桌面，展示个人情趣。

6. 可维护性

设计应易于维护和更新，以适应未来的变化和需求。同时代码和资源应优化，从而减少资源消耗。

7. 安全性

确保动态桌面设计不会对用户设备造成安全风险，如避免XSS攻击等。

8. 法律合规性

设计应遵守相关法律法规，不使用受版权保护的元素。

9. 文化内涵

设计应体现文化特色，传递正确的价值观。

10. 性能优化

优化动态桌面的性能，如加载速度、资源消耗等，提升用户体验。

通过满足这些标准，动态桌面可以提供良好的用户体验，满足用户需求，并提高产品的市场竞争力。

实施步骤

选择适用于自己的动态桌面开发工具应考虑技术水平、项目类型、功能需求等多个因素。

1. 技术水平

评估自己的技术水平，选择适合初学者或进阶用户的工具，三种常见动态桌面软件工具见表4-5。

表 4-5　三种常见动态桌面软件工具

动态桌面设计工具	特点概述	主要功能	支持平台
Wallpaper Engine	强大的动态壁纸创作与管理工具，支持用户创建自定义动画、2D/3D场景以及基于GPU的实时壁纸。具有庞大的用户社区和丰富的创意工坊资源	实时图形渲染、交互式壁纸、创意工坊集成、支持多种格式	Windows
UPUPOO	提供简单有趣的动态计算机桌面壁纸体验，拥有大量预设的视频壁纸资源，涵盖动漫、舞蹈、歌曲、风景等类别，用户可以直接下载并应用	视频壁纸资源库、易于安装与使用、定期更新内容	Windows
Rainmeter	高度可定制的桌面美化工具，通过皮肤系统可以修改桌面外观、显示系统信息、时间、天气等。虽然主要不是为动态壁纸设计，但其强大定制能力允许用户创建复杂的动态界面	自定义皮肤、系统监控、桌面小工具、高度可编程性	Windows

以上三种工具各有特色，Wallpaper Engine侧重于高级动态效果及用户原创内容，UPUPOO则专注于提供丰富现成的视频壁纸资源，而Rainmeter则更适合那些追求极致个性化定制和系统信息监控的用户。选择易于上手的工具，如果对编程不熟悉，可以选择图形界面更友好的工具。

2. 项目类型

根据项目类型（如网页、移动应用、桌面软件等）选择合适的工具。考虑项目复杂度，选择能够满足项目需求的工具。

3. 功能需求

确定所需的功能，如动画制作、3D建模、音效处理等。选择具备所需功能的工具，或考虑使用多个工具组合以满足需求。

4. 成本预算

评估工具的成本，包括购买费用、订阅费用等。选择性价比高的工具，或者考虑开源免费的工具。

5. 团队协作

考虑团队中其他成员使用的工具，选择大家都能使用的工具。选择支持团队协作的工具，便于项目管理和协作。

6. 学习资源

考虑工具的学习资源是否丰富，如官方文档、教程、社区等。选择有大量学习资源的工具，有助于快速上手和解决问题。

7. 个人偏好

考虑自己对不同工具的喜好和适应性，选择自己觉得使用起来更顺手、更高效的工具。

8. 技术支持

考虑工具的更新频率和维护情况。选择有良好技术支持和更新频率的工具，以保证技术的先进性。

综合考虑以上因素，可以选择适合自己的动态桌面开发工具。记住，没有绝对的“最好”，只有最适合自己的工具。在实际使用过程中，也可以根据项目需求和个人发展，不断尝试和学习新的工具。

实战练习

【作业名称】探索Wallpaper Engine：动态桌面设计参数与界面分析。

【作业目的】深入了解Wallpaper Engine软件在动态桌面设计中的应用，掌握其设计界面布局、关键功能以及各类设计参数的调整方法，从而能够独立设计出具有创意和吸引力的动态壁纸。

【作业要求】

1. 安装与熟悉环境

下载并安装最新版本的Wallpaper Engine软件。熟悉Wallpaper Engine的主界面，如图4-1所示，包括菜单栏、工具栏、预览区、属性面板等基本布局。

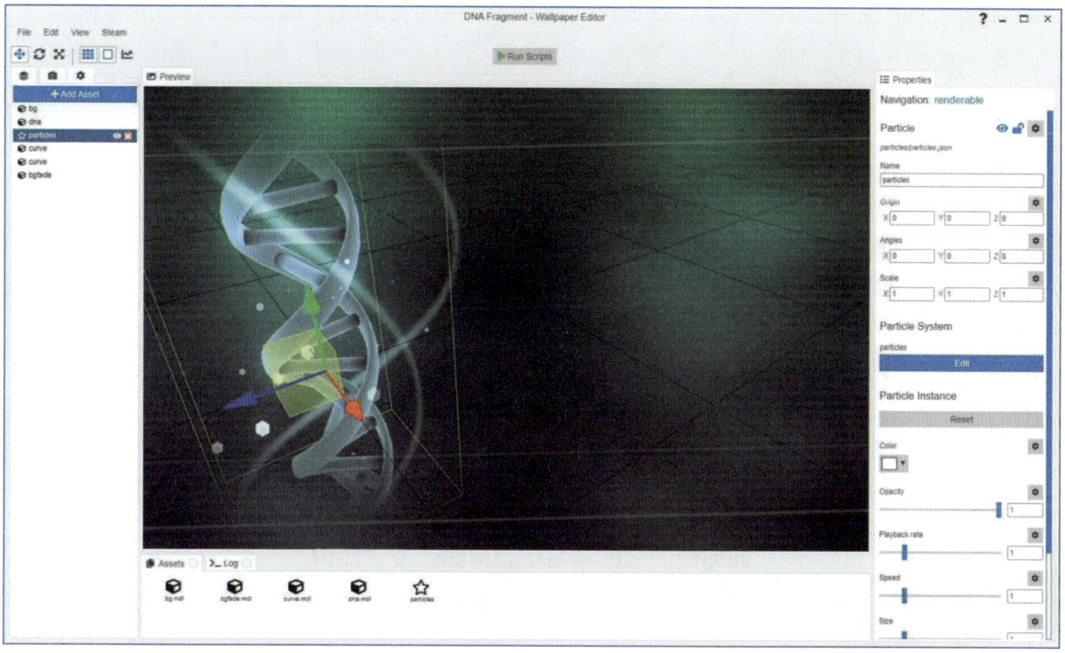

图 4-1 Wallpaper Engine 编辑器界面

2. 基础操作练习

创建一个新的动态壁纸项目，选择一个简单的模板开始，如纯色动画或基本图形变换。尝试导入图片或视频素材，了解素材处理的基本流程，包括裁剪、缩放和层叠操作。

3. 设计参数探索

分析并记录不同类型的动态壁纸（如2D动画、3D场景、视频循环）所涉及的主要设计参数，包括但不限于帧率、动画速度、透明度、图层混合模式等。实验并记录调整这些参数对动态壁纸最终效果的影响，理解每个参数的作用原理。

4. 交互性设计

探索Wallpaper Engine中实现用户交互（如鼠标点击、移动响应）的设计选项，尝试创建一个包含简单交互元素的动态壁纸。讨论如何通过设计参数调整增强用户的沉浸式体验。

5. 性能优化

学习并实践如何优化动态壁纸的性能，确保在不同硬件配置上流畅运行，包括但不限于降低资源消耗、优化动画复杂度等。

6. 案例分析

从Wallpaper Engine的创意工坊中选取3个高评价动态壁纸案例，分析它们的设计特点、使用的特殊效果及参数设置，撰写分析报告。

7. 完成设计

基于以上学习，设计并完成一个原创动态桌面作品，要求包含至少两种不同的动态效果，并考虑用户体验和性能优化。

提交作品时须附带设计说明，解释设计理念、采用的关键设计参数及其背后的考虑。

8. 提交内容

提交一份详细的实验报告，包含每一步的操作记录、设计参数分析、遇到的问题及解决方案。附带个人设计项目的源文件并进行成品的预览截图或视频展示。

【评价标准】

◎对Wallpaper Engine界面及功能的熟悉程度（20%）

◎设计参数理解与应用的深度（30%）

◎个人设计项目的创意、技术实现与用户体验（30%）

◎案例分析的深度与见解（10%）

◎报告的条理清晰度与专业性（10%）

能力提升

如何快速掌握学习动态桌面的设计知识

用户可以通过多种在线资源和平台来进行动态桌面设计的学习，以下是一些建议的学习途径。

1. 在线课程平台

Coursera、edX、Udemy：这些平台可能会有专门针对UI/UX设计、动画设计或特定动态桌面软件使用的课程。搜索关键词如“动态壁纸设计”“动画设计基础”等。

2. 专业软件教程

Wallpaper Engine官网：如果使用Wallpaper Engine，其官网上通常会有详细的教程和文档，指导你如何使用其编辑器创建动态壁纸。

3. 官方论坛和社区

许多动态桌面软件都有自己的论坛或社区，如Reddit的r/WallpaperEngine板块，用户会分享教程、经验和作品，是学习和交流的好地方。

4. 博客和设计网站

设计相关的博客和网站，如Smashing Magazine、Medium的设计专栏，有时会发布关于UI动画、动态视觉效果的文章，这些都能启发设计思维。

任务三　动态桌面设计与制作

任务描述

动态桌面设计与制作是一个结合创意和技术的过程，旨在为用户的计算机桌面带来生动且互动的视觉体验。以目前设计场景最完整、设计界面最多的Wallpaper Engine环境下的动态桌面为参考，梳理动态桌面设计任务的关键节点。

1. 需求分析与概念设定

确定动态壁纸的主题，如自然风景、科幻场景、抽象艺术等。定义目标用户群，考虑他们的兴趣偏好及可能的硬件限制。设想动态壁纸的互动特性，如是否响应鼠标移动、键盘输入或系统状态变化。

2. 素材收集与准备

搜集高清图片、视频片段或3D模型作为设计基础。使用图像编辑软件（如Photoshop）进行前期图片处理，或3D建模软件（如Blender）创建模型。还要准备音频素材，如给动态壁纸配上背景音乐或音效。

3. 软件工具选择与安装

选择合适的动态壁纸制作软件，如Wallpaper Engine。安装并熟悉所选软件的界面和功能。

4. 设计与制作

在软件中导入准备好的素材，进行布局和排列。然后调整设计参数，如动画循环时间、过渡效果、色彩校正等。若想实现动态效果，可以利用软件内置的动画工具或脚本语言编写复杂动画逻辑。最后测试互动功能，确保动态壁纸能按预期响应用户操作或系统事件。

5. 性能优化

调整素材质量与分辨率，确保动态壁纸在不同配置的计算机上都能流畅运行。然后优化代码或脚本，减少CPU和GPU资源消耗。最后进行跨平台测试，确保兼容性。

6. 用户体验测试

邀请目标用户群体进行测试，收集反馈。然后根据反馈调整设计，提高观赏性和实用性。

7. 发布与分享

导出动态壁纸为支持的格式，如Wallpaper Engine的.wpe文件。将作品上传至创意工坊或个人网站，供他人下载和评价。还可以参与社区讨论，学习其他设计师的经验和技术。

8. 文档编写与技术支持

编写使用说明文档，指导用户如何安装和设置动态壁纸。准备常见问题解答（FAQ），为用户提供技术支持。

9. 迭代与更新

根据用户反馈和使用数据，持续改进和优化设计。定期发布更新，增加新功能或修复已知问题。

完成这些设计任务，不仅能创造出吸引人的动态桌面体验，还能提升个人在数字艺术的综合能力。

技术分析

学习Wallpaper Engine（壁纸引擎）并创建动态壁纸，需要掌握以下技能。

1. 基本的计算机操作技能

熟悉Windows操作系统的基本操作，如文件管理、软件安装和卸载等。

2. 图形设计技能

了解图形设计的基本原则，如色彩理论、构图和排版。掌握至少一种图形设计软件，如

Photoshop、Illustrator或免费的GIMP。

3. 视频编辑技能

了解视频编辑的基本概念，如剪辑、合成、过渡和效果。掌握至少一种视频编辑软件，如AE、DaVinci Resolve或免费的OBS Studio的基本操作。根据设计师的兴趣和目标，可能不需要掌握所有的技能。如果只是想创建简单的动态壁纸，可能只需要基本的图形设计和视频编辑技能；如果想创建更复杂和高级的动态壁纸，则可能需要学习更多的技能。

4. 编程技能（可选）

如果想要创建更复杂的动态效果或集成自定义功能，可能需要了解一些编程语言，如C#（用于Unity引擎）或Python（用于编写脚本）。

5. Unity引擎基础（可选）

如果动态壁纸需要更高级的功能，如3D模型或物理效果，需要学习Unity游戏引擎的基础知识。

6. 音乐制作技能（可选）

如果想要为动态壁纸添加背景音乐或音效，可能需要了解一些音乐制作软件，如FL Studio或Ableton Live。

7. 动画制作技能（可选）

如果想要创建动画效果，可能需要学习动画制作的基本技巧。

8. 网络技术基础（可选）

了解基本的网络知识，如HTML、CSS和JavaScript，可以帮助创建交互式动态壁纸。

实施标准

使用Wallpaper Engine设计动态桌面时，应遵循以下设计标准以确保作品的高质量和用户体验。

1. 用户体验（UX）

（1）直观性：确保用户界面（UI）直观易用，用户能够轻松理解如何使用和定制动态桌面。

（2）响应性：确保动态桌面能够快速响应用户操作，如触摸、单击、滑动等。

2. 视觉设计

（1）一致性：保持视觉元素的一致性，如色彩、字体和图标风格。

（2）清晰性：确保文本和图形清晰可读，尤其是在小屏幕上。

3. 性能优化

（1）资源管理：优化资源使用，确保动态桌面不会过度消耗系统资源，如CPU、内存和电池。

（2）加载时间：减少加载时间，提高用户体验。

4. 技术实现

（1）兼容性：确保动态桌面在不同的Windows版本上都能正常运行。

（2）稳定性：确保动态桌面在长时间运行时稳定，没有崩溃或卡顿现象。

5. 内容质量

（1）原创性：使用原创内容或合法授权的内容。

（2）细节处理：确保内容细节丰富，动画流畅，过渡自然。

6. 版权和合规性

（1）版权意识：确保所有使用的素材都有合法的版权，不侵犯他人知识产权。

（2）遵守规则：遵守Steam Workshop的规定和指南，包括社区准则和内容政策。

7. 用户反馈

（1）收集反馈：积极收集用户反馈，了解他们对设计的看法和建议。

（2）持续改进：根据用户反馈进行必要的调整和优化。

8. 更新和维护

（1）定期更新：定期更新动态桌面，修复问题和添加新功能。

（2）支持与帮助：提供必要的支持和帮助，如使用指南和常见问题解答。

通过遵循这些设计标准，确保动态桌面作品在Wallpaper Engine平台上既美观又实用，能够吸引和满足用户的需求。

实施步骤

了解如何使用Wallpaper Engine编辑器的用户界面之后，可以进一步自定义和调整壁纸。使用Wallpaper Engine编辑器制作一个新国风动态桌面的具体步骤如下。

1. 安装Wallpaper Engine

访问Steam平台，搜索并下载Wallpaper Engine，如图4-2所示。

图 4-2　Wallpaper Engine 下载界面

按照提示软件的提示进行安装。

2. 创建新项目

打开Wallpaper Engine，单击“壁纸编辑器”按钮，如图4-3所示。选择“创建壁纸”作为项目类型。首次设计可单击“设计人员文档”按钮打开学习设计指南，如图4-4所示。

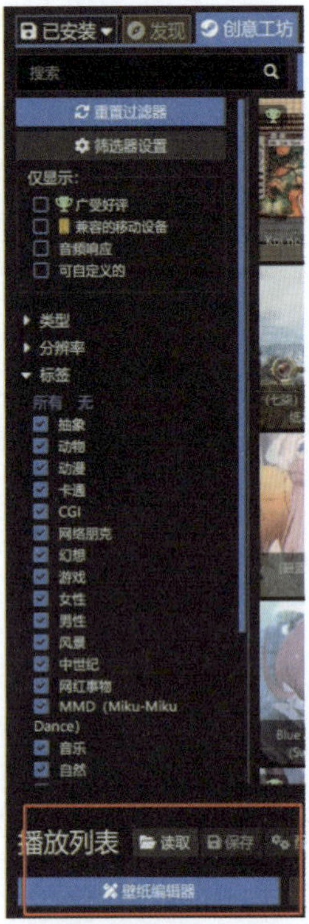

图 4-3 Wallpaper Engine 显示界面

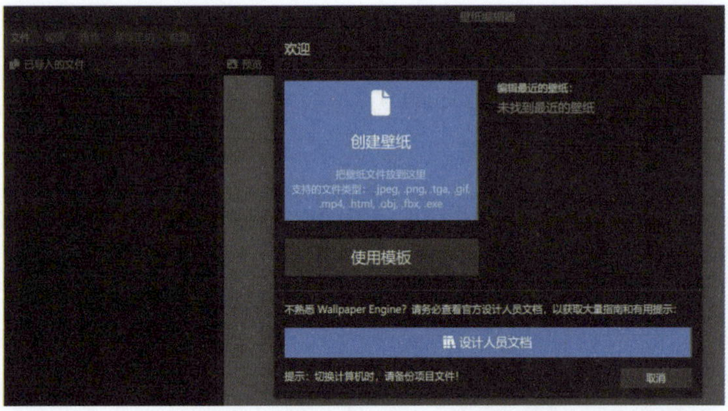

图 4-4 Wallpaper Engine 壁纸编辑器导入界面

填写项目名称“示范”，选择主题颜色、调整图像分辨率，单击“确认”按钮，如图4-5所示。

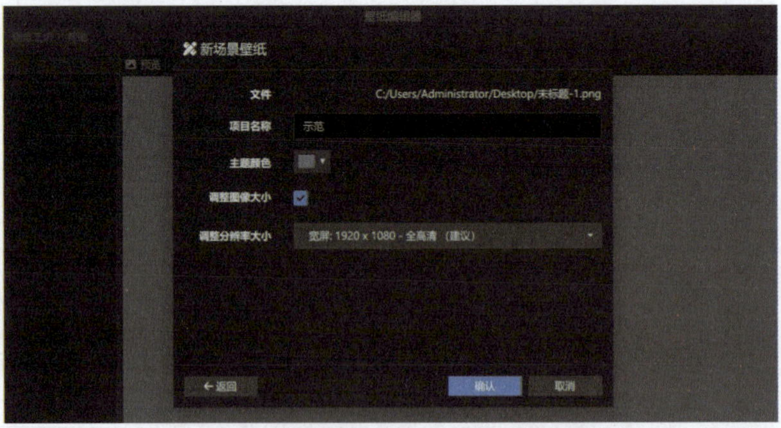

图 4-5 Wallpaper Engine 壁纸编辑参数设置界面

3. 导入素材

导入与新国风主题相关的素材，如图像、视频、音频等，如图4-6所示。

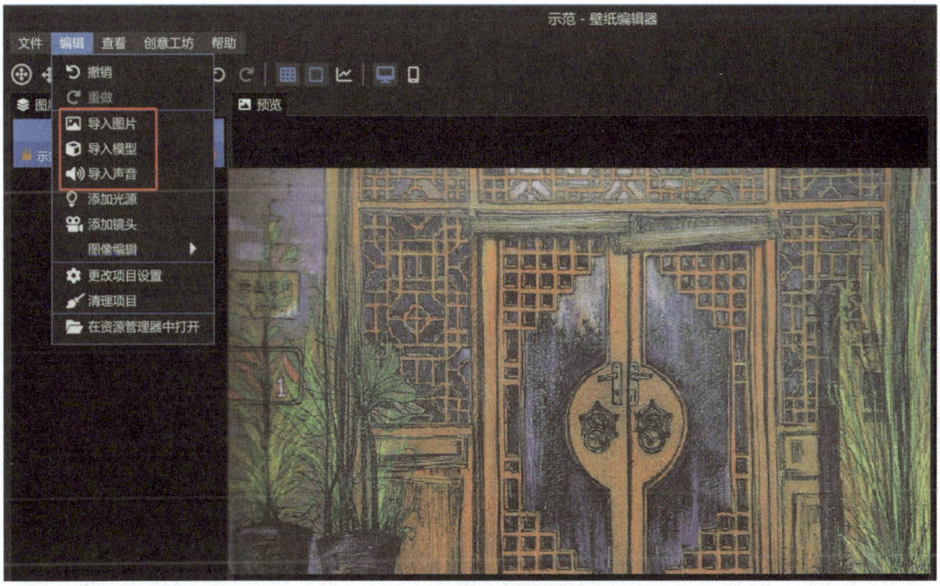

图 4-6 导入素材

确保素材的质量和分辨率符合要求。

4. 添加组件

添加设计动态桌面的动态组件，包括画面特效、文本、声音等，如图4-7所示。保持动效音画与主题的一致性。

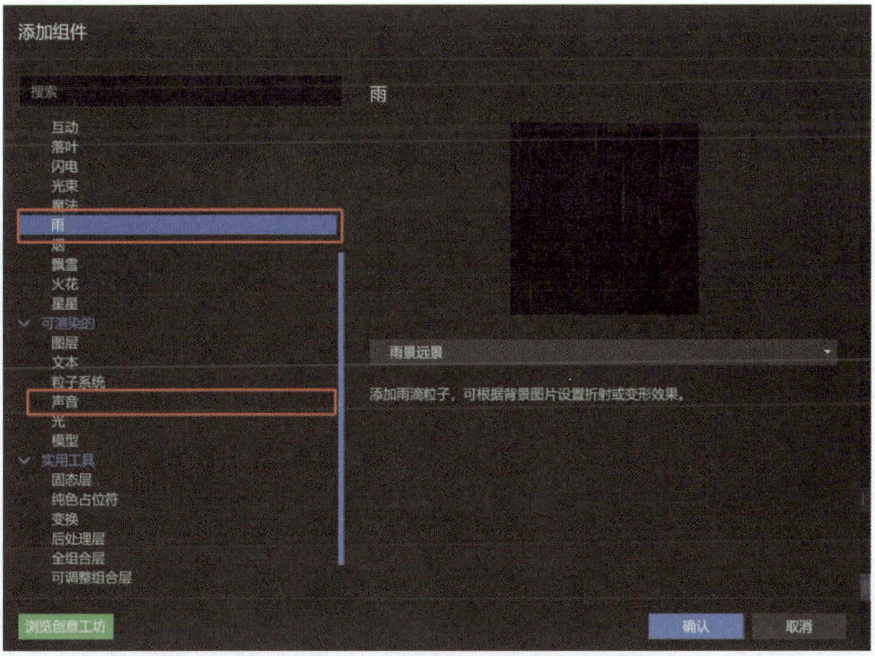

图 4-7 在添加组件中设计动态桌面的各项元素

添加组件后，在“属性”窗格中单击“编辑”按钮，在打开的“粒子编辑器”对话框中对细节进行调试，如图4-8所示。

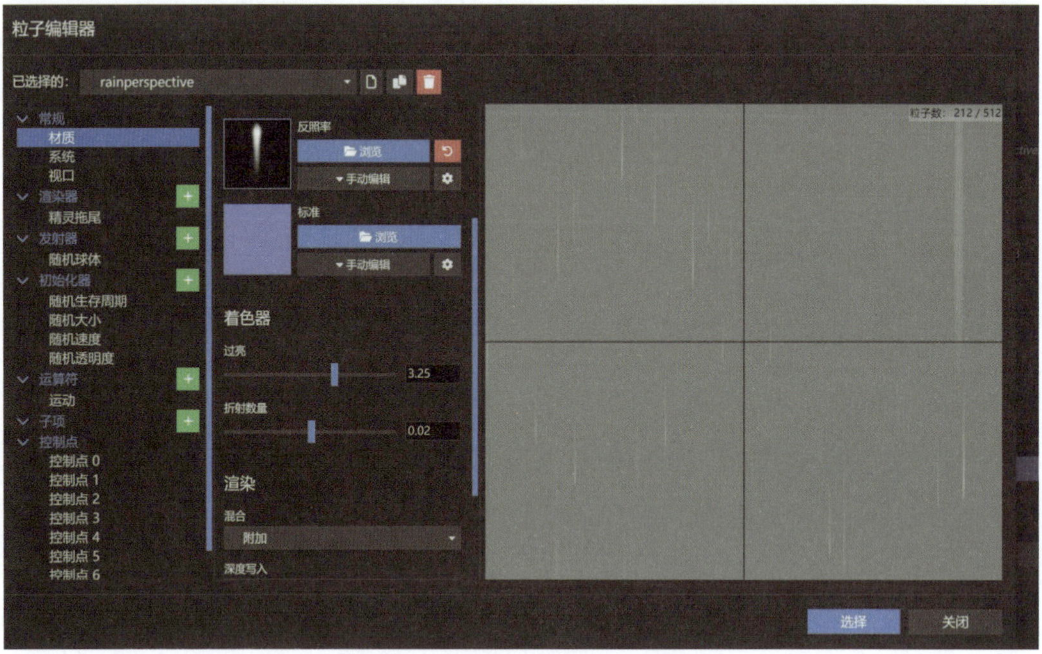

图 4-8　添加组件后对细节进行调试

5. 创建动画和过渡效果

使用Wallpaper Engine编辑器的动画和过渡效果工具，设计流畅、自然的动画和过渡效果，以增强用户体验。

6. 集成动态元素

结合素材和动画，创建动态元素，如动画壁纸、小部件等，设置动态元素参数如图4-9所示，设计鼠标划过后的拖尾动画效果（花瓣）。

图 4-9　设置动态元素参数

确保动态元素与国风主题相符合。测试动效是否流畅。

7. 分享

在编辑器中完成所有设计后，单击“发布”按钮，如图4-10所示。

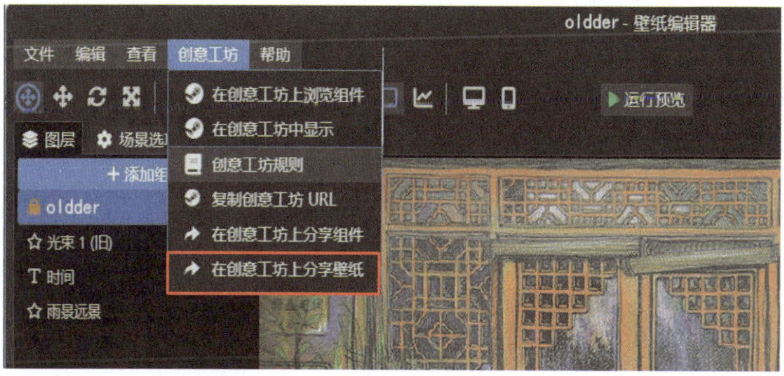

图 4-10　分享

填写发布信息，包括项目标题、样式、描述、主题颜色等，如图4-11所示。选择合适的分类，并上传素材。

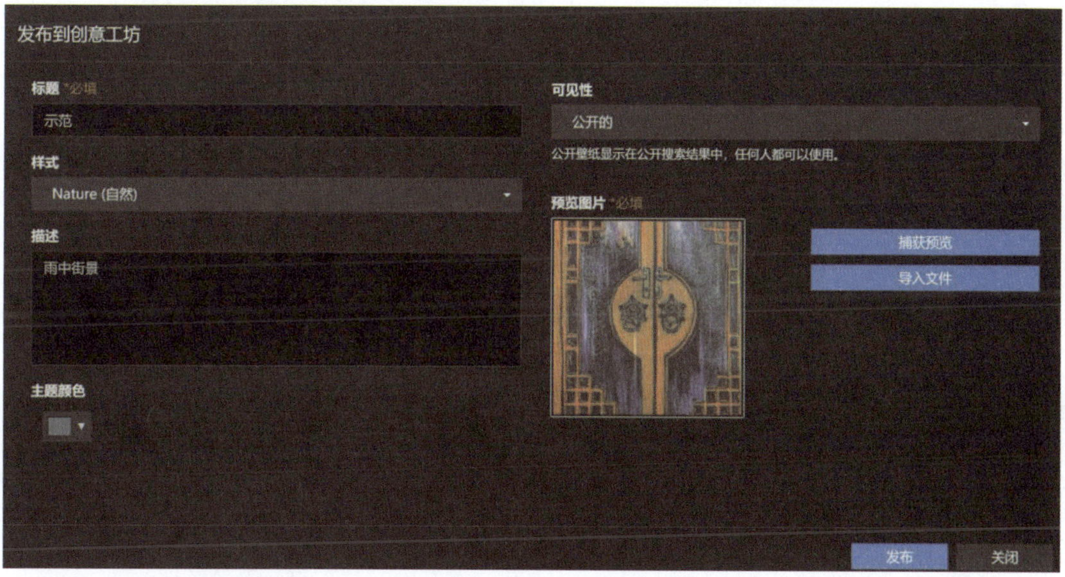

图 4-11　填写发布参数

提交审核，等待通过后，制作的动态桌面就可以在Wallpaper Engine社区中分享了。

通过以上步骤，可以在Wallpaper Engine编辑器中制作出一个具有新国风特色的动态桌面。这个过程需要创意、耐心和不断的测试与优化，以确保最终产品的质量和用户体验。

实战练习

【作业名称】新国风动态桌面设计与实现。

【作业目的】系统地设计和实现一个新国风动态桌面，确保产品既美观又实用，能够吸引和满足用户的需求。并通过不断地测试和迭代，确保最终产品的质量和用户体验。

【作业要求】

设计一个新国风动态桌面，主题内容要体现中国传统文化特色，如山水、古建筑、书法等元素。动态桌面要具有创意性和美观性，能够吸引用户。设计内容需同步适配计算机和手机使用，保证在不同设备上都能呈现良好的视觉效果。动态桌面需包含交互元素，如单击、滑动等，提升用户体验。设计过程中需遵循Wallpaper Engine的设计标准和用户体验原则。

作业可以按以下步骤进行。

（1）需求分析：调研目标用户群体，了解他们对新国风动态桌面的需求和偏好。

（2）概念设计：创作概念艺术，探索不同的视觉风格和主题，确定动态桌面的基本布局和功能。

（3）用户体验（UX）设计：设计直观、易用的交互流程，确保用户能够轻松与动态桌面互动。

（4）用户界面（UI）设计：应用视觉设计原则，设计色彩、字体、图标等视觉元素，创建高保真视觉设计图。

（5）技术实现：选择合适的开发平台和工具，开发动态桌面的前端和后端功能。

（6）内容创作：创作或收集动态桌面的内容，如图像、视频、音乐等，确保内容与国风主题相符合。

（7）原型测试与迭代：建立原型后进行内部测试，收集用户反馈并进行设计迭代和优化。

（8）用户测试与反馈：进行用户测试时观察用户使用动态桌面的行为、收集用户反馈、了解产品的优点和不足。

（9）上线与推广：准备产品的发布，包括应用商店的上线、宣传材料的制作等。

【评价标准】

◎主题内容：体现中国传统文化特色、创意性和美观性（20%）

◎适配性：计算机和手机同步适配、不同设备上呈现良好视觉效果（20%）

◎交互设计：包含交互元素、提升用户体验（20%）

◎设计遵循相关标准：遵循Wallpaper Engine的设计标准、遵循用户体验原则（20%）

◎技术实现：开发平台和功能选择、动态桌面的前端和后端功能实现（20%）

能力提升

如何让移动设备与 Windows 桌面快速配对

1．安装免费的 Wallpaper Engine Android 应用程序

在官网上下载安装免费的 Wallpaper Engine Android 应用程序，如图4-12所示。

2．在 Windows 上准备 Wallpaper Engine

在 Windows 应用程序中，单击用户界面右上角的移动设备按钮。移动设备概览随即打开。在设备概览底部，单击连接新设备按钮。Wallpaper Engine 将显示4位数 PIN，可以在下一步中使用该 PIN 与一台移动设备配对，如图4-13所示。

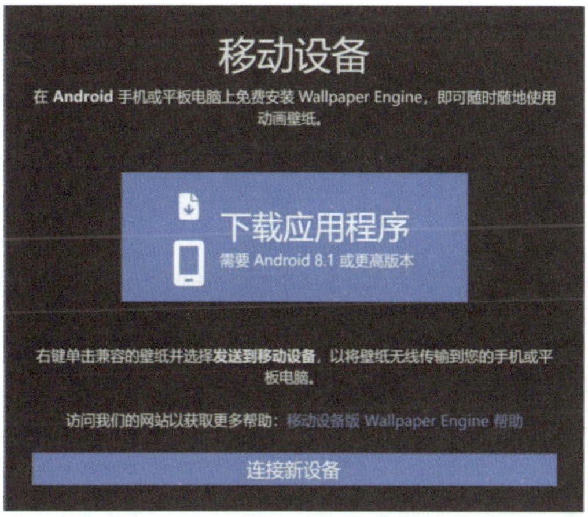

图 4-12　Android 端应用下载链接

图 4-13　Android 端应用下载链接

3．连接移动设备

在 Wallpaper Engine 移动应用程序上，单击右下角的“添加”按钮，然后单击与计算机配对。Wallpaper Engine 应用程序将在本地网络中搜索 Windows 版 Wallpaper Engine 的运行实例。Windows 计算机将在几秒钟后出现，可以通过单击来连接到它。如果是第一次连接，则会要求输入4位数 PIN（参考上面的 Windows 部分），如图4-14所示。

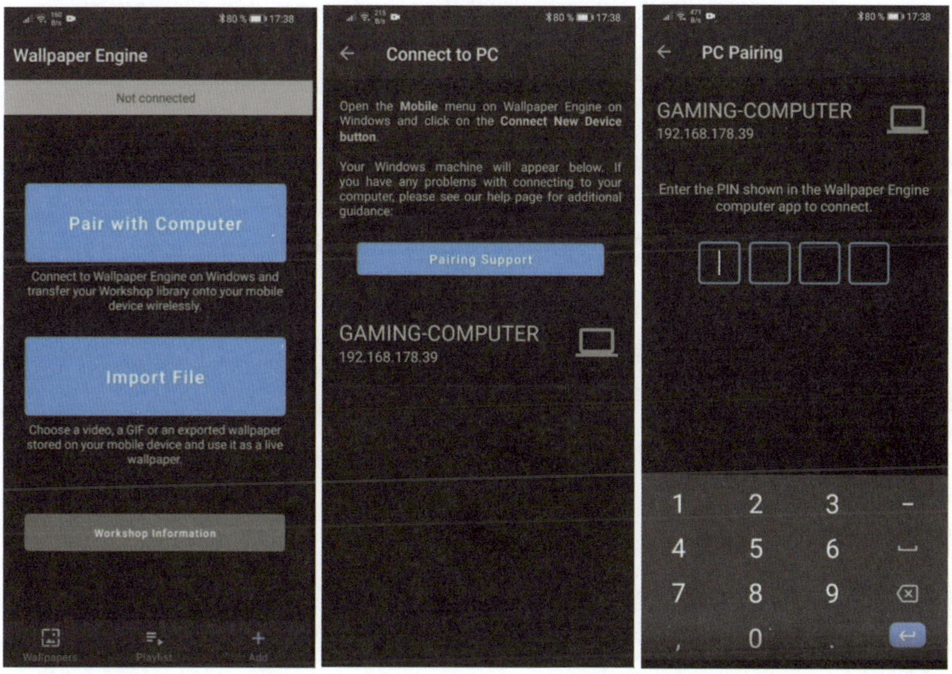

图 4-14　Windows 与移动设备连接界面

输入 PIN 后，手机应用程序中的状态栏就会变成绿色，并显示所连接的计算机。在 Windows 应用程序中，移动设备按钮现在也会变成绿色，表示移动设备连接处于活动状态。默认情况下，如果同时在移动设备和计算机上启动 Wallpaper Engine，Wallpaper Engine 将始终自动连接到计算机。

任务四　新国风动态桌面设计优化

任务描述

优化新国风动态桌面产品设计具有多方面的实际意义，不仅能够提升用户体验，还能促进文化传播和经济发展，具体体现在以下几个方面。

1. 增强用户体验

通过精细的动态效果和贴近用户审美的新国风元素设计，可以为用户提供更加沉浸式和个性化的桌面体验。优化后的动态桌面能够更好地与用户的日常操作融合，既美观又实用，提高用户满意度和忠诚度。

2. 传承与弘扬中华文化

新国风动态桌面融合了丰富的传统文化元素，如山水画、书法、传统服饰、古代建筑等，这样的设计有助于在数字时代传承和弘扬中华优秀传统文化，让年轻一代在日常生活中接触和了解本国文化，增强文化认同感和自豪感。

3. 推动文化创意产业发展

优化设计的新国风动态桌面作为文化创意产品的代表，能够激发市场需求，吸引更多设计师和开发者投入到新国风数字内容的创作中，进一步推动文化产业的创新发展，形成产业链效应。

4. 促进软硬件技术发展

为了实现更加流畅、高质感的动态效果，需要不断优化软硬件技术。这不仅促进了图形处理、动画渲染等技术的进步，也可能推动计算机性能、显示技术等相关领域的发展。

5. 拓展国际市场

新国风设计具有独特魅力，优化后的新国风动态桌面产品能够吸引更多国际用户的注意，成为文化交流的桥梁，有助于中国文化走出去，拓展国际文化市场，提升国家软实力。

6. 教育与学习

在教育领域，新国风动态桌面可以作为一种教学辅助工具，通过直观、生动的方式向学生展示传统文化知识，增强学习兴趣和效果。

优化新国风动态桌面产品设计不仅是一种美学追求，更是文化传承、技术创新和市场拓展的重要途径，对促进社会文化与经济的全面发展具有重要意义。

技术分析

设计动态桌面要求设计师具备多种能力和技能。

1. 动态设计与动画技能

熟练掌握动画原理和动态设计技巧，包括但不限于关键帧动画、路径动画、过渡效果等。这需要对时间轴的精准控制和对动画节奏的理解。

2. 创意与视觉审美

具有较强的创意思维能力，能设计出新颖独特的视觉效果，同时具备良好的色彩感和构图能力，确保动态桌面既美观又符合用户的审美期待。

3. 软件应用能力

熟悉并掌握动态设计相关的软件工具，如AE、Cinema 4D、Blender等用于创建动画和3D效果的软件，以及Photoshop、Illustrator等用于图形处理和平面设计的软件。

4. 传统艺术知识

了解传统艺术理论和设计原则，如平衡、对比、重复、对齐等，这些知识有助于设计师在动态设计中做出更有深度和文化内涵的作品。

5. 技术适应与学习能力

随着技术的不断进步，动态设计领域也在快速变化。设计师需要持续学习最新的软件技术、编程语言（如HTML5、CSS3、JavaScript用于网页动态效果），以及AR/VR等新兴技术。

6. 用户体验意识

理解用户需求和使用场景，设计出既吸引人又不干扰日常工作的动态桌面。考虑桌面动态效果对系统性能的影响，确保动画流畅且不消耗过多资源。

7. 项目管理与协作能力

动态桌面项目可能涉及团队合作，因此良好的沟通协调能力、项目规划和时间管理能力也是必不可少的。

8. 文化敏感度与创新能力

针对特定主题（如新国风动态桌面），设计师需要深入理解相关文化背景，能够巧妙融入文化元素，同时展现出创新思维，创造出既有传统韵味又不失现代感的作品。

综上所述，设计动态桌面不仅是一项技术工作，也是一项艺术创作，设计师需要综合运用多种技能和知识，不断探索和实践，以创造出高质量、富有吸引力的作品。

实施标准

新国风动态桌面设计虽然没有一套固定不变的全球标准，但遵循一定的设计原则和规范能更好地体现其特色与韵味，以下是一些参考建议。

1. 文化元素的准确运用

深入研究并正确使用中国传统艺术元素，如水墨画、工笔画、篆刻、剪纸、青花瓷图案等，确保每个元素的历史背景和象征意义得到恰当体现，避免文化误用。

2. 色彩搭配

新国风设计通常采用富有中国特色的色彩搭配，如朱红、翠绿、墨黑、明黄等，以及自然界的色彩，注重色彩的和谐与对比，传达出淡雅、沉稳或热烈的氛围。

3. 动静结合

动态效果应自然流畅，模拟自然界的变化（如水流、云动、花开）或传统艺术表现手法

（如卷轴展开、扇面开合），同时保持整体画面的平衡和谐，避免过多动画影响用户体验。

4. 构图布局

遵循中国画的构图原则，如留白、远近透视（高远、深远、平远）、对称与不对称的巧妙结合，创造意境深远的画面空间。

5. 字体选择

若设计中包含文字，应优先考虑使用具有中国特色的书法字体或传统印刷体，如楷书、行书、隶书等，确保字体风格与整体设计风格一致。

6. 细节考究

注意细节处理，如纹理、光影、装饰图案等，细致地刻画每一个元素，使之既符合现代审美又不失古朴韵味。

7. 创新与融合

在尊重传统的基础上，鼓励创新思维，将传统元素与现代设计理念、技术手段相结合，创造出既有传统韵味又不失时代感的作品。

遵循这些规范和原则，设计师可以创造出既符合新国风美学又具有个人风格的动态桌面作品，有效传递中国文化的魅力。

具体产品设计时，需要注意计算机动态桌面与手机动态桌面的设计差异，见表4-6。

表 4-6　计算机动态桌面与手机动态桌面设计差异

特性	计算机动态桌面	手机动态桌面
性能与资源消耗	强大处理器与独立显卡支持复杂动态效果；注意系统资源占用，防止影响其他应用性能	电池与处理器性能受限，强调节能与轻量化设计；减少电池消耗，保持手机响应速度
屏幕尺寸与分辨率	大尺寸屏幕，广泛分辨率支持（标清至 4K+）；设计需适应多尺寸与高分辨率，确保清晰视觉效果	小尺寸高像素密度屏幕；注重竖横屏适配与细节清晰度
交互方式	依托鼠标和键盘，动态效果可与鼠标按键结合；增加互动性，如鼠标悬停反馈	触控操作为主；设计考虑手势互动，如滑动解锁、触摸反应；优化触控体验
用户习惯与场景	长时间工作学习环境，设计避免分散注意力；和谐或激励内容更适合	碎片化私密使用，强调个性化与视觉冲击；动态特效、个人兴趣主题更受欢迎
设计元素与风格	倾向复杂、细节丰富，利用大屏幕展现细腻动画	简洁直观设计，适应小屏幕限制；设计元素集中、易识别
技术实现	利用操作系统 API 或第三方框架（DirectX、OpenGL）实现动态效果	基于系统壁纸设置或第三方应用（如 Android Live Wallpaper、iOS Live Photo）实现

此外，在新国风元素在动态桌面设计中，需要高度注意下列事项。

（1）文化误解：避免对国风文化进行误解或错误的解读，确保所有设计元素和内容都准确反映国风文化的精髓。

（2）文化歧视：不要在设计中包含任何形式的歧视性内容，尊重不同文化和人群的多样性。

（3）文化剽窃：严禁直接复制或盗用他人的设计作品，包括图形、图案、文字等，确保所有内容都是原创或经过合法授权的。

（4）文化敏感性：注意避免使用可能引起文化敏感性的元素，确保设计内容适合广泛受众。

（5）文化亵渎：不要在设计中使用任何可能被视为亵渎或不敬的内容，尤其是在涉及宗教或历史人物时。

（6）文化不尊重：不要将国风文化元素用于不恰当或不当的场景，确保设计内容尊重文化背景和传统。

（7）文化错误：避免设计中出现与国风文化相关的错误，如历史事实的错误、传统习俗的误解等。

（8）文化剥削：不要将国风文化元素仅仅作为一种装饰或商业手段，而是要真正理解和尊重其文化价值。

（9）文化歧视性语言：确保设计中不使用任何可能被视为歧视性或冒犯性的语言。

（10）文化不适宜内容：不要在设计中包含任何不适宜的、暴力、色情或极端政治内容。

通过遵守这些规定，可以确保新国风元素在动态桌面设计中得到恰当的使用，同时避免可能的文化冲突或误解。设计者应始终尊重和理解国风文化的复杂性和多样性，并将其作为设计的重要组成部分。

实施步骤

新国风动态桌面设计的优化不仅涉及视觉美感和文化表达，还包括技术实现、用户体验等多个方面。为了提升作品的整体质量，可以从以下几个角度进行优化。

1. 性能优化

（1）减少动画复杂度：确保动态效果流畅且不占用过多系统资源。可以通过简化动画序列、降低帧率或采用更高效的编码格式来实现。

（2）文件大小压缩：使用图片和视频压缩技术减少文件大小，不影响视觉效果的同时加快加载速度。

（3）分层渲染：对于复杂的动态场景，采用分层渲染技术，仅更新变化的部分，减少不必要的重绘。

2. 交互体验

（1）触发机制：合理设置动态效果的触发条件，如鼠标悬停、单击或系统闲置时间，避免干扰用户正常操作。

（2）自定义选项：提供用户可调节的动态效果强度、频率或开关功能，增加个性化体验。

3. 适应性设计

（1）响应式布局：确保动态桌面能够自适应不同尺寸和分辨率的屏幕，无论是宽屏显示器还是移动设备。

（2）跨平台兼容：测试并优化在不同操作系统（如Windows、macOS、Linux）上的表现，确保一致的视觉体验。

4. 文化深度挖掘

（1）故事性叙事：通过动态效果讲述一个小故事或展示一个传统文化场景，增强桌面的趣味性和文化内涵。

（2）系列主题，如根据季节变化设计不同的动态主题，如春花、夏雨、秋月、冬雪，使桌面更加贴近自然和生活。

5. 技术创新融合

（1）利用AI技术：例如，使用AI生成特定风格的动态背景，结合用户偏好进行个性化定制。

（2）实时渲染技术：利用GPU加速等技术实现实时动态效果，提高互动性和沉浸感。

6. 反馈与迭代

（1）用户反馈收集：通过问卷调查、社区反馈等方式收集用户意见，了解哪些设计元素最受欢迎，哪些需要改进。

（2）持续迭代：根据用户反馈和市场需求不断调整和优化设计，引入新的创意和技术，保持作品的新鲜感和吸引力。

通过上述多维度的优化策略，新国风动态桌面设计不仅能更好地展现作品文化内涵的魅力，也能提供更加流畅、个性化的用户体验。

实战练习

【作业名称】设计一系列动态桌面——四季绘卷：演绎《白蛇传》。

【作业目的】掌握动态桌面的设计思维，提升系列主题的演绎和叙事能力，能熟练应用After Effects等软件创建动画和3D效果，以及运用Photoshop、Illustrator等软件进行图形处理和平面设计，在设计中进一步加深对中华优秀传统文化的理解和尊重。

【作业要求】

背景介绍：《白蛇传》是中国古代四大民间传说之一，讲述了白娘子与许仙跨越种族的爱情故事，充满了浪漫、牺牲与救赎。

需要通过四个动态桌面场景，分别对应春、夏、秋、冬四季，展现《白蛇传》故事的经典片段，每个场景不仅要体现季节特色，还需融入故事情节，使用户仿佛置身于这段流传千年的美丽传说之中。

1. 春季（相遇）——柳岸闻莺

（1）场景描述：春天的西湖边，柳絮飘飘，桃花盛开，白娘子化作人形首次遇见许仙于断桥旁。动态效果可包括轻柔的春风拂过湖面泛起层层涟漪，花瓣随风飘落，白娘子与许仙擦肩而过的瞬间，眼神交汇。

（2）设计要点：利用嫩绿的柳枝、粉红的桃花以及温暖的阳光营造生机勃勃的春日氛围，强调初次相遇的羞涩与美好。

2. 夏季（相爱）——雷峰塔影

（1）场景描述：夏日炎炎，雷峰塔高耸入云，白娘子与许仙在西湖泛舟，共赏荷塘月色。动态效果可展示荷花逐渐绽放，小船轻轻摇曳，远处雷峰塔的倒影在水中摇晃，象征着爱情的甜蜜与不安定。

（2）设计要点：通过浓绿的荷叶、艳丽的荷花及金色的夕阳来描绘夏日的热情，同时暗示故事中即将到来的挑战。

3. 秋季（考验）——断桥残雪

（1）场景描述：秋风萧瑟，断桥上落叶纷飞，法海出现，白娘子为救许仙被囚禁于雷峰塔下。动态效果可以是落叶缓缓飘落，天空渐暗，塔影显得更加沉重，同时加入微弱的光亮象征希望。

（2）设计要点：使用金黄与深褐色调表现秋天的萧索，通过落叶、阴沉的天空与塔的阴影传达故事的转折和挑战。

4. 冬季（等待与希望）——雪中重逢

（1）场景描述：冬日雪景覆盖下的西湖静谧而纯洁，许仙带着孩子在雪地中遥望雷峰塔，期待着与白娘子的重逢。动态效果可以是雪花缓缓飘落，孩子在雪中嬉戏，偶尔抬头望向远方，表达对未来的期盼。

（2）设计要点：以白色为主色调，配以淡蓝或淡紫，营造出寒冷而纯净的冬日氛围，通过孩子的欢笑和温暖的家庭场景，传递出不灭的爱与希望的信息。

5. 技术与创意提示

利用动画技术（如GIF或视频循环）来实现动态效果，确保每个场景流畅自然，细节生动。在设计中融合中国传统文化元素，如传统服饰、建筑、自然景观等，增强故事的文化底蕴。注意色彩搭配与光影效果，通过视觉语言强化情感表达，使每个场景既独立成章又相互关联，共同讲述完整的《白蛇传》故事。

【评估标准】

◎故事性和季节特征的融合度（25%）

◎动态效果的创意与执行质量（35%）

◎视觉美感与文化内涵的体现（20%）

◎用户体验与情感共鸣的激发（20%）

任务五　动态桌面设计投稿与推广

任务描述

推广新国风动态桌面产品的目的可以从多个维度来考虑，主要包括但不限于以下几个核心目标。

1. 文化传播与传承

新国风动态桌面作为文化与技术融合的产物，其推广旨在传播和弘扬中华传统文化之美，让更多的用户在日常使用计算机或移动设备时，能够感受到中国传统文化的魅力，促进文化的传承与发展。

2. 品牌建设与知名度提升

通过有效的推广策略，提升产品及其背后品牌的知名度和美誉度，树立独特的品牌形象，使新国风动态桌面成为市场上有辨识度和影响力的产品，吸引更多潜在用户的关注和喜爱。

3. 市场拓展与用户增长

明确目标用户群体，如新国风文化爱好者、追求个性化装饰的年轻用户等，通过精准营销策略，拓展市场份额，增加用户基数，提高下载量和活跃用户数量。

4. 促进销售与盈利

推广活动旨在提升产品的市场表现，包括增加付费用户的转化率，推动高级功能或定制服务的销售，实现商业上的成功，为开发者或团队带来稳定的收入来源。

5. 创新驱动与产业升级

通过不断推广和迭代更新，激励行业内更多创新，推动新国风文化与现代科技的深度融合，促进创意文化产业的升级和发展。

6. 用户参与与社区构建

建立一个活跃的用户社区，鼓励用户分享使用体验、创意内容，甚至参与到产品的设计和改进中来，形成良好的用户参与和反馈机制，增强用户黏性。

7. 教育与启发

对于年轻用户而言，新国风动态桌面不仅是一种美化工具，也是一种教育媒介，通过视觉艺术的方式激发他们对传统文化的兴趣和探索欲，促进文化教育的普及。

综上所述，推广新国风动态桌面产品不仅是市场行为，也是一项具有文化价值和社会意义的任务，旨在通过现代科技手段促进传统文化的现代表达与传播。

技术分析

主流动态桌面工具，它们可以帮助用户创建或下载动态桌面壁纸。

（1）火萤桌面（HuoYing desktop）：不仅提供了丰富的动态壁纸资源，还具备内置浏览器和屏保功能，让用户能够享受多样化的桌面体验。

（2）UPUPOO：除了动态壁纸，还提供了桌面插件，如音乐频谱插件和蜂巢收纳盒，增加了桌面的实用性和趣味性。

（3）元气桌面壁纸：提供了多种功能，包括动态壁纸设置，适合追求个性化桌面的用户。

（4）飞火动态壁纸：另一款受欢迎的动态壁纸软件，以其多样化的壁纸选择和良好的用户体验著称。

（5）动态壁纸、动态壁纸大全、高清动态壁纸大全、动态壁纸帝：这些应用在豌豆荚等平台上被广泛推荐，提供了大量高清动态壁纸资源。

（6）多多桌面小助手：除了动态壁纸，可能还包含其他实用小工具，帮助管理桌面。

（7）魔秀桌面、安卓壁纸：虽然主要面向安卓用户，但也提供了动态壁纸制作和自定义功能，适合手机用户。

实施标准

想要更好地展示自己制作的动态桌面，可以从以下几个方面入手，以确保作品得到最佳的呈现效果和广泛的传播。

1. 高质量制作

（1）优化画质与分辨率：确保动态桌面在各种屏幕上都能清晰显示，提供多种分辨率选项满足不同用户需求。

（2）流畅性：优化视频帧率，确保动态效果流畅自然，无卡顿。

（3）创意与美感：结合独特的创意概念和视觉设计，让作品既有辨识度又赏心悦目。

2. 精彩的预览与展示

（1）动态预览：提供短视频片段或GIF作为预览，让用户快速了解动态效果，激发兴趣。

（2）精美截图：附上高质量的静态截图，展示动态壁纸的亮点瞬间。

（3）交互演示（如适用）：对于支持交互的动态壁纸，制作简短的演示视频展示其特色功能。

3. 有效的平台策略

（1）选择合适平台：根据目标受众选择最合适的展示平台，如艺术设计社区、壁纸分享网站、个人博客或社交媒体。

（2）多平台分发：在多个平台同步发布，增加曝光机会，但要保持信息一致性。

（3）利用SEO和标签：合理运用关键词和标签，使作品更容易被搜索引擎和平台推荐系统抓取。

4. 社区互动与反馈

（1）积极参与社区：在相关论坛、社交媒体群组中积极互动，回应评论，建立良好口碑。

（2）收集反馈：鼓励用户提供反馈，根据反馈进行调整优化。

（3）合作与联名：与其他创作者或品牌合作，拓宽影响力。

5. 品牌与故事讲述

（1）个人品牌：建立统一的个人或工作室品牌形象，如统一的Logo、风格和介绍语。

（2）背后故事：分享创作灵感、制作过程或背后的小故事，增强作品的情感连接。

6. 营销与推广

（1）社交媒体营销：利用微博、抖音等平台，发布作品动态，参与挑战或话题，增加曝光。

（2）合作伙伴营销：与其他内容创作者或平台合作，互相推广。

（3）付费推广（可选）：在预算允许的情况下，可以考虑在社交媒体或相关平台上投放广告，精准定位目标用户。

综合运用上述策略，不仅可以提升作品的展示效果，也能有效扩大作品的影响力，吸引更多用户关注和下载。

实施步骤

情境一：上传自己制作的动态桌面到计算机或手机上使用。

上传的具体步骤会根据您所使用的操作系统（Windows、macOS、Android或iOS等）和动态壁纸的格式（如视频文件、GIF、特定格式的动态图片等）有所不同。下面简要介绍几种常见情况的步骤：

1. 计算机操作系统（以Windows为例）

（1）创建动态壁纸：首先确保动态壁纸符合Windows支持的格式，如.mp4、.wmv等视频格式。

（2）选择第三方软件：因为Windows不直接支持动态壁纸设置，需要使用第三方软件，根据需求可选择Wallpaper Engine、Rainmeter等应用软件。

（3）下载并安装软件。

（4）打开软件，按照指引导入制作的动态壁纸文件。

（5）将其个性化设置为桌面背景。

2. Mac（macOS）**操作系统**

macOS Mojave及以上版本原生支持HEIC格式的动态壁纸（Live Photos转换而成），但若是要使用自定义动态壁纸，可以考虑以下步骤。

（1）使用QuickTime Player或其他视频编辑软件将视频转换为兼容的格式（如果需要）。

（2）安装支持动态壁纸的第三方应用，如Deskscapes（需购买）。

（3）通过该应用导入设置的动态壁纸。

3. 手机操作系统（以Android为例）

（1）创建或转换动态壁纸：确保动态壁纸为Android支持的格式，如.mp4或专为Android设计的.live格式。

①无须第三方应用：部分Android设备直接支持将视频设置为壁纸，进入“设置”→“壁纸”→“动态壁纸”，选择要转换的视频文件。

②使用第三方应用：如果系统不直接支持文件转换，可以下载如Video Live Wallpaper、Muzei Live Wallpaper等应用。

（2）安装应用后，按照应用内的指示导入您的动态壁纸视频，并设置为桌面。

4. iOS设备操作系统

iOS设备（iPhone/iPad）不直接支持用户自定义动态壁纸（Live Photo除外）。但可以将Live Photo设置为锁屏动态壁纸：

（1）将动态内容转换为Live Photo格式，这可能需要使用特定的第三方应用或服务。

（2）通过AirDrop或其他方式将Live Photo传输到iOS设备。

（3）在设备上打开照片，找到Live Photo，长按预览查看动态效果，然后设置为锁屏壁纸。

情境二：上传自己制作的动态桌面到桌面网站进行展示。

将自己的动态桌面作品上传到桌面网站进行展示，可以通过以下几个步骤进行。

1. 选择合适的平台

需要选择一个适合展示和分享动态桌面的平台。一些受欢迎的平台包括但不限于以下几种。

（1）DeviantArt：一个艺术与设计社区，适合分享各类创意作品，包括动态壁纸。

（2）Dribbble：设计师分享作品的社交平台，适合高质量的设计展示。

（3）Behance：Adobe旗下的在线作品集平台，适合展示完整的项目和设计过程。

（4）Reddit 的相关子版块，如 r/wallpapers 或 r/animatedwallpaper，适合直接与爱好者交流。

（5）Patreon 或 Ko-fi：如果希望获得支持或收费分享，这些平台允许创作者建立支持者社区。

2. 准备作品

作品准备应注意：质量高，无水印（除非是个人品牌标识）；适用于不同的屏幕分辨率，提供多种尺寸选项；遵守平台的版权和内容政策，尤其是使用素材的版权问题；准备好作品的描述、标签和预览图，以便吸引浏览者。

3. 创建账户并上传

（1）注册或登录：前往选择的平台，如果没有账号，先进行注册。

（2）创建项目/上传作品：找到上传或新建项目的按钮，按照提示上传动态桌面文件或视频链接（有些平台可能要求外部链接，如YouTube视频）。

（3）填写详细信息：给作品添加标题、描述、标签、分类等信息，让作品更容易被搜索到。

（4）设置权限：根据意愿设置作品是否允许下载、分享或商用。

4. 推广与互动

（1）分享到社交媒体：在Twitter、Facebook、Instagram等社交平台分享作品链接，增加曝光率。

（2）参与社区：在相关论坛或社区参与讨论，回应评论，建立与粉丝的互动。

（3）持续更新：定期上传新作品，保持活跃，可以吸引更多的关注和粉丝。

每个平台的具体操作流程可能略有不同，建议仔细阅读各平台的帮助文档或指南，以确保顺利上传和展示自己的动态桌面作品。

学习笔记

项目评价

评价内容	子项目评价	自我评价	教师评价	校企合作顾问评价(选填)
设计工具使用	1. 思路清晰 2. 功能恰当 3. 参数合理	优□良□差□	优□良□差□	优□良□差□
设计方案能力	1. 文化应用贴切 2. 技术转化完整	优□良□差□	优□良□差□	优□良□差□
设计实践能力	1. 多工具的综合使用 2. 多平台推广能力	优□良□差□	优□良□差□	优□良□差□
其他因素评估（教师填写）	工具选用及操作熟练程度		优□良□差□	
	设计积极性与实施规范		优□良□差□	
	动态桌面设计规范程度		优□良□差□	
	动态桌面设计创新程度		优□良□差□	
* 整体评估依据	设计可以供应对应的产品需求，支撑新国风创意转化。			
学生自评	评语：			
教师评价	评语：			
校企合作顾问评价	评语：			
任务验收签字：	学生签字：	教师签字：	顾问签字：	

项目五 新国风数字文创聊天表情包的设计与制作

项目导读

新国风数字文创聊天表情包作为数字文化产品，其项目开发不仅旨在丰富线上社交的表达手段，更是对中华文化的现代表达与全球传播的一次积极探索。

在现代快节奏的生活中，新国风表情包能以轻松幽默的表达方式缓解压力和焦虑，增强心理韧性，提升个人情绪管理能力。

表情包作为网络文化的一个重要组成部分，其历史虽然不如传统艺术形式悠久，但也在短时间内经历了迅速的发展和演变。表情包的历史是一部网络文化与技术进步交织的简史，它不仅记录了互联网时代的趣味与创新，也映射出人们在网络空间中的情感交流和社会互动的新模式。

1. 起源阶段

表情包的起源可以追溯到电子通信的早期，例如，电子邮件和在线论坛中使用的ASCII艺术笑脸:-)和其他简单的表情符号，这是为了在网络沟通中传达情绪和非言语信息。典型的如颜文字：^_^、T_T从20世纪90年代开始流行，以键盘字符组合成表情，丰富了文本交流的情感表达，为后来的表情包文化奠定了基础。

2. 发展阶段

随着即时通信软件的兴起，如MSN Messenger和Yahoo Messenger，预设的图形表情符号（emoticons）被广泛采用，如微笑、悲伤等，这些成为现代表情包的雏形。进入21世纪，特别是随着社交网络和智能手机的普及，表情符号进一步演化。Facebook推出了反应按钮（reactions），而苹果在iOS中引入了emoji，这些都极大丰富了网络交流中的情感表达方式。

3. 表情包文化的爆发

大约在2010年后，以图片形式存在的表情包开始在网络上爆炸式传播，尤其是通过社交媒体平台如微博、推特和Reddit。用户开始利用电影截图、动漫角色、名人照片等制作成带有特定文字或情境的表情包，用以表达复杂情绪、幽默或讽刺。表情包不仅仅是图像，它们往往与互联网上的“梗”（meme）紧密相关，成为快速传播的网络文化现象。一些表情包甚至成为跨文化交流的通用语言。随着GIF和短视频的流行，动态表情包成为新趋势。用户和创作者利用各种工具自创表情包，使得表情包更加多样化和个性化。表5-1简要介绍了当前主流的两款表情包。

表 5-1 微信与 QQ 的表情包

平台名称	描述
微信表情包商店	微信内置的表情包平台，提供丰富的表情包资源，用户可以方便地搜索、下载和分享表情包
QQ 表情包	QQ 内置的表情包平台，提供多种表情包资源，用户可以方便地搜索、下载和分享表情包

表情包的流行也吸引了商家的注意，许多品牌开始利用表情包进行营销，推出品牌专属表情，以此拉近与消费者的距离。表情包不仅是娱乐工具，它们还反映了社会情绪、文化趋势和政治态度。一些表情包甚至成为社会运动的一部分，用于传播信息和表达立场。

随着AI技术的进步，如深度学习和图像生成技术，未来可能出现更智能化、个性化的表情包生成方式，甚至可能根据用户的情绪和对话内容自动推荐或定制表情包。

项目目标

知识目标

◎掌握国风表情包设计的常规方法

◎掌握不同题材表情包的设计技巧

◎掌握表情包设计流程与禁忌

◎根据设计流行趋势有目的进行作品优化

能力目标

◎具备优质表情包制作能力

◎具备相当审美与情绪感知能力

◎具备多平台、多系统设计方案调试能力

实践价值——新国风数字文创聊天表情包设计的教育性和社交性普及价值

新国风表情包设计，不仅丰富了创意产业的内容和形式，还通过其独特的文化价值和商业潜力，为创意产业的持续发展注入了新的活力。

对于创意产业推动的实用价值主要体现在以下几个方面。

（1）激发创意创新：新国风表情包融合了传统文化与现代设计，要求设计师深入挖掘传统文化元素，并以新颖、有趣的方式呈现，这不仅考验设计师的艺术创造力，也鼓励了跨界合作，促进了设计思维的多元化发展。

（2）拓展市场与受众：结合传统文化的新国风表情包，吸引了既喜爱传统文化又追求时尚表达的广大用户群体，特别是年轻人。这种设计策略有助于拓宽创意产品的市场边界，吸引更多潜在消费者，增加创意产业的市场需求。

（3）商业化路径探索：表情包作为数字产品，可以通过授权、衍生品开发、广告植入等多种方式进行商业化运作，为创意产业开拓新的盈利模式。新国风表情包因其独特文化魅力，更容易成为品牌合作的焦点，促进文化产业与商业品牌的深度融合。

（4）文化传播与教育：新国风表情包在日常交流中的应用，实际上是一种文化传承与教育的过程，它以轻松愉快的方式普及传统文化知识，增强了公众的文化意识，为创意产业提供了丰富的文化内涵和故事素材。

（5）技术与艺术融合：新国风表情包的设计与制作往往涉及数字艺术、动画、编程等技术，促进了艺术与科技的融合，推动了创意产业的技术升级，提高了行业的整体竞争力。

（6）促进地方文化和旅游发展：新国风表情包也可以成为地区文化的象征，带动地方旅游和相关文化产业的发展，形成独特的文化品牌效应。

实践依据——新国风数字文创表情包的设计思路

首先，要深入挖掘传统文化，深入研究中国传统文化，包括但不限于经典文学、历史人物、传统节日、民间故事、书画艺术、服饰纹样、建筑风格等，从中提炼出具有代表性和美感的元素。例如，《兰亭序》的书法韵味、《一团和气图》的和谐理念或是观世音菩萨画像的慈悲形象，都可以作为设计灵感来源。

其次，结合现代设计语言和数字技术手段，如扁平化设计、动效设计、AR增强现实等，让传统元素以新颖、活泼的形式呈现。利用数字技术可以让表情包动起来，增加互动性和趣味性，使之更加贴近年轻用户的喜好。

最后，实施创意转化与再诠释，在尊重原作的基础上，对传统文化元素进行创意转化和再诠释，使其更易于被现代人理解和接受。例如，将古代人物转化为Q版形象，或将经典故事以梗图形式重新讲述，既保留文化内核，又增添时代感。设计时注重情感的传递，让表情包不仅仅是图像，而是能够引发用户情感共鸣、表达特定情绪的工具。同时，强化文化认同感，通过表情包展现中华文化的独特魅力和价值观，促进文化交流。

任务一　聊天表情包设计创意分析与转化

任务描述

聊天表情包的分类可以从多个维度划分，以便更系统地理解和设计这些视觉交流工具。

1. 情绪维度

（1）积极情绪：如快乐、爱意、兴奋、惊喜等。

（2）消极情绪：如悲伤、愤怒、失望、恐惧等。

（3）中性情绪：如疑问、思考、惊讶等。

2. 功能性维度

（1）反应表情：直接反映对话者的情绪反应，如笑、哭、点赞、拍手等。

（2）情境表情：描绘特定情境下的反应，如加班时很累、考试前的紧张等。

（3）交流辅助：帮助推进对话流程，如问号脸表示疑问，点头或摇头表示同意或不同意。

（4）话题转换：用特定表情包暗示话题变换，如发送咖啡表情提议休息一下。

3. 风格维度

（1）卡通/动画：基于卡通形象或动画角色的表情包。

（2）真人/明星：使用真实人物或明星的形象制作的表情包。

（3）抽象符号：简单的图形或符号，如心形、星星、表情符号等。

（4）图文结合：既有图像又有文字说明的表情包，文字往往是点睛之笔。

4. 文化/主题维度

（1）地域文化：特定地区或国家的文化特色表情包，如中国特有的网络梗表情。

（2）流行文化：基于热门电影、电视剧、音乐、游戏等流行元素。

（3）节日/季节：与特定节日、季节相关的表情包，如春节、端午节、夏日海滩等。

5. 互动性维度

（1）单向表达：仅用于个人情绪或态度的直接表达。

（2）双向互动：设计用于邀请回应或引发特定互动，如提问表情、猜谜表情等。

6. 技术维度

（1）静态表情包：传统的静态图片表情。

（2）动态GIF：动态循环图像，能更好地传达连续动作或情绪变化。

（3）视频表情：短视频形式的表情包，更生动和复杂的表现力。

（4）AR表情：增强现实技术的表情，用户可互动或融入个人元素。

通过这些分类，可以更有效地管理和设计表情包，使其满足在不同交流场景中发挥最佳效果。

核心任务：按应用场景分类，将实现新国风数字文创表情包的设计。注重文化价值的传递与创新的同时优化技术呈现，旨在为用户提供既美观又富有教育意义的个性化体验。

技术分析

静态表情包和动态表情包在特征及制作技术上均有所不同，用户可以根据具体需求选择合适的表情包类型进行创作和使用，见表5-2。

表 5-2 静态表情包与动态表情包的技术需求

技术需求	静态表情包	动态表情包
设计软件	Photoshop、Illustrator、Procreate、Sketch 等	After Effects、Premiere、Photoshop、Illustrator 等
图像处理	了解基本的图像编辑、调整、图层和蒙版使用	除了静态表情包所需的技能外，还需要了解动画和时间轴
动画制作	不需要	需要掌握关键帧动画、补间动画、动态效果等技能
文件格式	JPG、PNG、SVG 等静态图像格式	GIF、MP4、WebM 等动态图像或视频格式
制作时间	通常较短，主要在于设计过程	通常较长，包括设计、动画制作和渲染过程
制作难度	相对简单，主要侧重于静态设计	相对复杂，需要考虑动画流畅性和视觉效果
软件学习曲线	较低，大多数图像编辑软件易于上手	较高，尤其是 After Effects 等动画软件需要较长时间学习
设备要求	普通计算机或平板计算机即可	需要较高性能的计算机，尤其是处理高清视频时
创意要求	需要创意设计，但重点在于单个画面	需要创意设计，并且要考虑动画的连贯性和吸引力

实施标准

表情包设计实施标准需要综合考虑其创意性、实用价值、制作水平及社会文化因素等，最终目的是更好地促进交流，提升沟通的趣味性和效率。

1. 创意与原创性

优秀的表情包往往具有新颖独特的创意，能够抓住流行文化或特定情景的精髓，给用户带来新鲜感。原创性也是关键，避免侵犯版权，独创的设计更能获得用户的认可和传播。

2. 传达效率与明确性

表情包应该能够迅速且准确地传达特定的情感或信息，让用户一看即懂。图像和文字

（如果有的话）的结合要恰到好处，不过度复杂也不至于太晦涩。

3. 适应场景

一个优秀表情包应该能够在多种对话情景下适用，增加其使用频率。同时，特定情景下的定制表情包也能因其针对性强而获得好评。

4. 制作质量

高质量的制作让表情包看起来更加专业和吸引人，包括图像的清晰度、色彩搭配、构图合理性等。对于动态表情包而言，流畅的动画效果也是评判标准之一。

5. 文化相关性

捕捉并反映当下热门话题、网络梗或社会现象的表情包往往更受欢迎。理解目标用户群体的文化背景，使表情包具有共鸣性和幽默感。

6. 情感共鸣

引起用户情感共鸣的表情包更容易被广泛传播，无论是正面的欢乐还是负面的吐槽，都需要击中人心。

7. 通用性与兼容性

良好的通用性意味着表情包能在不同的社交平台上无障碍使用，兼容各种设备和屏幕尺寸。

8. 反馈与热度

用户反馈和使用热度也是衡量表情包优劣的重要指标，高使用率和积极反馈表明其受欢迎程度。

实施步骤

制作一款国风表情包的具体步骤可以分为以下几个阶段。

1. 确定主题和风格

选择不同类别的国风元素，如中国传统节日、历史人物、神话故事等，以确定表情包的风格及适用场景（见表5-3和表5-4）。

表 5-3　常见国风元素类别与示例

类别	元素示例
传统节日	春节、中秋节、端午节、清明节、元宵节、重阳节、七夕节
文化符号	龙凤、中国结、红灯笼、对联、福字、青花瓷、围棋、茶文化
历史人物	秦始皇、孔子、李白、杜甫、苏轼、王羲之、关公
神话传说	嫦娥奔月、夸父逐日、大禹治水
艺术形式	书法、国画、京剧、昆曲、越剧、黄梅戏、皮影、剪纸、刺绣
建筑风格	宫殿、园林、亭台楼阁、寺庙、长城、牌坊、四合院
服饰	汉服、唐装、旗袍、中山装、民族服饰、云肩、凤冠霞帔

续表

类别	元素示例
文学作品	《诗经》《三国演义》《红楼梦》《水浒传》《西游记》
传统音乐	古琴、二胡、琵琶、笛子、编钟、京剧唱腔
传统美食	北京烤鸭、月饼、粽子、汤圆、火锅
传统习俗	拜年、放鞭炮、贴春联、赛龙舟、赏月、猜灯谜、舞狮舞龙
武术	太极拳、少林功夫、八卦掌、形意拳、咏春拳
自然景观	泰山、黄山、华山、峨眉山、西湖、桂林山水
语言文字	汉字、成语、谚语、诗词、对联

表 5-4 常见表情包风格与说明

风格类别	特点	适用场景
卡通 / 动漫风格	设计简单，色彩鲜明，表情夸张	轻松、幽默的交流场合
照片风格	使用真实人物或宠物的照片，加上文字或简单图形	直接、真实的情感反应
涂鸦风格	手绘感强，有时略显粗糙	个性化表达
抽象 / 极简风格	使用简单的图形、线条或色块表达情感	追求极简美学的用户
复古风格	模仿旧时代的设计风格，如复古海报、旧照片效果	怀旧或独特的情感表达
像素艺术风格	20 世纪 80 年代和 90 年代的复古电子游戏风格，使用像素化的图形	游戏爱好者或表达复古情怀
动态 / 表情动画风格	通过 GIF 或小视频形式展现，表情更加生动活泼	吸引注意或强化情感表达
装饰艺术风格	采用装饰性强的设计元素，如花卉、几何图案等	追求美感和艺术性的用户
拟人化风格	将动物、植物或其他非人类对象拟人化，赋予其人类情感和表情	创造可爱、有趣的形象
超现实风格	采用奇异、梦幻的元素，创造出超越现实的视觉效果	表达独特、创意丰富的情感
暗黑风格	使用暗色调和惊悚元素，如东方鬼怪	表达神秘、叛逆或忧郁的情感
手绘风格	人工绘制的图像，具有独特的艺术个性和手工质感	艺术创作或追求独特风格的用户
矢量风格	使用矢量图形设计，线条流畅，色彩鲜明，易于放大缩小	需要高清、清晰图像的用户

2. 创意构思

根据所选主题进行创意构思，设计表情包的角色、动作和表情。考虑如何将国风元素融入表情中，例如，使用传统服饰、道具、背景等。

3. 绘制草图

在纸上或数字设备上绘制初步草图，如图5-1所示，确定表情包的基本构图和元素布局。这个阶段可以多尝试几种不同的构图和表情，以找到最佳方案。

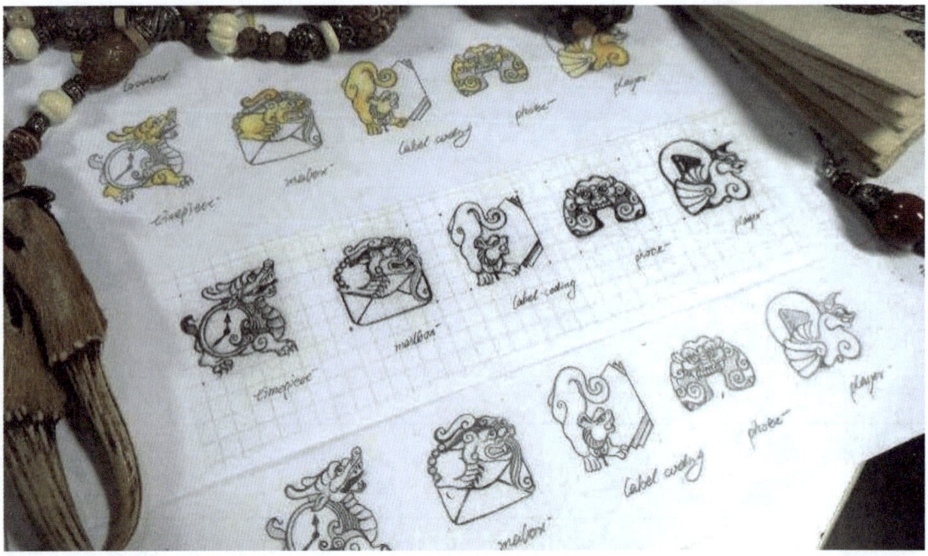

图 5-1　山海经神兽表情包草图

4. 细化设计

根据草图细化表情包的设计，添加细节，如服饰纹理、表情细节等。

如果是数字绘制，可以使用绘图软件（如Photoshop、Illustrator、Procreate等）进行细化，如图5-2所示。

图 5-2　用 PS 绘制山海经神兽表情包细节

5. 添加文字

根据表情包的情感、用途和需要添加文字。可以选择传统的书法字体或现代字体，确保文字与整体风格协调。

6. 优化和调整

检查整体效果，对颜色、线条、文字等进行调整，以达到最佳效果。可以请其他交互检查提供反馈，根据反馈进行修改。

7. 制作动图（可选）

如果需要动态表情包，可以使用动画制作软件（如Adobe After Effects、Premiere、Animate等）制作动态效果。

8. 导出和分享

将完成的表情包导出为常用的图片格式（如JPG、PNG）或动图格式（如GIF），如图5-3所示。

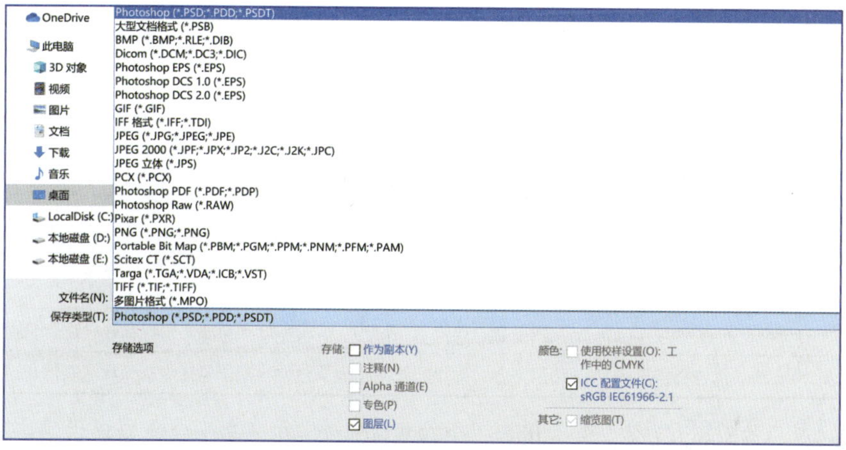

图 5-3　从 PS 导出为常用的图片格式

将表情包分享到社交媒体、聊天应用等平台，供大家使用。

制作中保持创意的同时，也要尊重和传承中华文化的精髓，确保表情包的内容健康、积极，符合社会主义核心价值观。

实战练习

【作业名称】二十四节气动态表情包制作。

【作业目标】学习使用在线工具（如Soogif在线平台）进行动态图像的制作。加深对二十四节气文化内涵的理解，培养创意设计、创新能力和动手能力，进一步提升对美的感知和表达能力。

【作业要求】

每个节气对应一个表情包，总共24个。表情包应结合每个节气的自然特点、农事活动和传统习俗，通过动态效果展现节气的独特风貌。每个表情包应包含节气的名称和代表性元素，如立春的春芽、立夏的荷叶、立秋的落叶、立冬的雪景等。

表情包的动态效果应简洁明了，能够生动地表达节气的特点和情感。可以适当添加文字说明，但文字应简洁，不影响表情包的整体视觉效果，并且所有表情包应保持统一的风格和色调，从而体现我国传统文化和审美。在制作完成后，每个表情包应能够顺利导出并分享到常用的社交平台。

作业提交内容为24个节气动态表情包的完整集合，和一份简短的报告，包含说明设计思路、制作过程和遇到的问题及解决方法。

【评价标准】

◎表情包的创意和设计（30%）

◎动态效果的实现和流畅性（30%）

◎传统文化元素的融入和表现（20%）

◎作品的统一性和整体美感（10%）

◎报告的完整性和反思深度（10%）

能力提升

如何使用表情包工具制作表情

表5-5列出了Photoshop、Soogif和Expressions.io三种常用表情包制作工具及其特点。

表 5-5　常见表情包制作工具

工具名称	类型	特点
Photoshop	图像编辑软件	功能强大，支持复杂的图像处理和编辑，图层和蒙版使用灵活，适合专业设计师
Soogif	动图制作平台	网络平台，提供动图制作、编辑和分享功能，用户友好，适合快速制作 GIF
Expressions.io	在线表情包制作工具	网络平台，提供在线制作表情包的功能，包括静态和动态表情包，操作简单

以图5-4所示的Soogif为例，Soogif是一个在线GIF制作和分享平台，它提供了丰富的功能，使用户能够轻松地创建、编辑和分享动态图像。用户界面友好，操作简单，不需要专业的图像编辑技能，快速制作和分享动态表情包。此外，Soogif还提供了API服务，供开发者和企业使用。

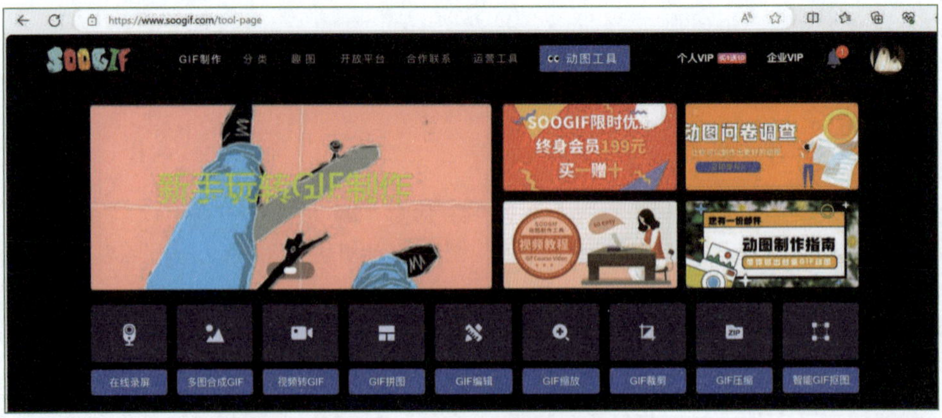

图 5-4　Soogif 功能页面

Soogif的主要功能特性如下。

（1）GIF制作：用户可以上传视频或连续的图片，将其转换成GIF格式。Soogif提供了视频到GIF的转换工具，用户只需上传视频，选择合适的片段，即可生成GIF，如图5-5所示。

图 5-5　Soogif 制作 GIF

（2）GIF编辑：Soogif提供了一系列的编辑工具，包括裁剪、调整速度、添加文字和滤镜等，使用户能够根据自己的需求自定义GIF。

（3）GIF压缩：有时候GIF文件太大，不适合在社交媒体或聊天应用中分享。Soogif提供压缩工具，可以帮助用户减小GIF文件的大小，而不会对画质造成太大影响。

（4）GIF分解：用户可以将GIF分解成多张单独的图片，方便下载和分享。

（5）GIF拼接：Soogif允许用户将多个GIF或图片拼接成一个新的GIF，创造出有趣的组合效果。

（6）GIF库：Soogif拥有一个庞大的GIF库，用户可以在这里找到各种流行和有趣的GIF，直接使用或进行二次创作。

（7）社交分享：Soogif支持将制作好的GIF直接分享到微博、微信、QQ等社交平台。

任务二　聊天表情包制作评估

任务描述

在设计制作表情包时，通常从以下关键点评估确保表情包的有效性和吸引力。

1. 目标受众

了解所制作表情包的目标用户群体，不同的年龄、文化背景和兴趣可能对表情包的接受度有所不同。

2. 文化敏感性

表情包形象和内容能表达自信、乐观和积极向上的内涵，不冒犯任何文化或群体，避免使用可能引起误解或不适的符号和意象。

3. 情感表达

表情包的核心是传达情感。确保每个表情都能准确地传达特定的情感或反应。

4. 风格一致性

整个表情包系列应该保持一致的视觉风格，包括颜色、线条粗细、字体等，以使用户能够快速识别和习惯。

5. 尺寸和分辨率

根据不同的使用平台（如手机、计算机等），调整表情包的尺寸和分辨率，确保在各种设备上都能清晰显示。表情包的文件大小应尽量小，以便快速加载和分享，尤其是在移动网络环境下。

6. 版权问题

确保所有使用的素材，包括图像、字体和音乐，都是合法授权的，或者是自己创作的。创造独特的表情包，避免抄袭或模仿他人的设计，这样可以使表情包更加突出和受欢迎。

7. 可访问性

考虑不同能力用户的需求，例如，提供文字描述的替代文本，确保表情包对所有用户都是可访问的。

8. 可升级性

收集用户反馈，并根据使用效果、反馈意见等因素，对表情包进行必要的调整和升级。

9. 平台兼容性

确保表情包在不同的聊天应用和社交平台上都能正常工作，不会出现兼容性问题。

技术分析

评估一款国风表情包可能需要运用到以下几种工具和方法。

1. 数据分析工具

（1）社交媒体和聊天平台内置的数据分析功能，如微信公众号后台、微博数据中心等，可以用来监测表情包的发送量、下载量、使用频率等数据。

（2）第三方数据分析平台，如百度统计、Google Analytics等，可以帮助分析表情包在网页或外部推广中的传播效果。

2. 用户调研工具

（1）在线问卷调查工具，如问卷星、SurveyMonkey等，用于收集用户对表情包的喜好、使用体验及改进建议。

（2）用户访谈或焦点小组讨论，通过Zoom、腾讯会议等视频会议软件组织，深入了解用户的具体反馈。

3. 设计评估软件

（1）设计审稿工具，如Figma、Sketch等，团队成员可以共同审查设计的细节，确保国风元素的准确性与美观性。

（2）色彩与对比度检查工具，如Adobe Color、WebAIM的Color Contrast Checker等，确保色彩搭配符合视觉传达标准，易于识别。

4. 文化审核工具/资源

（1）文献资料查询，如中国知网、国家哲学社会科学文献中心等，查阅相关历史文化资料，确保设计的文化准确性。

（2）专家咨询，如联系历史学家、文化学者或国风艺术创作者，获取专业意见。

5. 情绪分析工具

情感分析API（application programming interface），如阿里云情感分析、IBM Watson Tone Analyzer等分析社交媒体上关于表情包的评论，了解公众情绪和态度。

6. 版权管理工具

（1）图像版权检测工具，如TinEye、百度图腾等，确保使用的素材没有侵犯版权问题。

（2）版权登记平台，如中国版权保护中心的在线登记系统，为原创表情包进行版权登记。

实施标准

表5-6列举了制作表情包时应遵循的内容要求和技术要求。

表 5-6　制作表情包时应遵循的指导原则

类型	分类	说明
内容要求	创意与主题	需要有新颖独特的创意，符合流行文化趋势或特定情景，能够引起共鸣
	情感传达	清晰传达特定情感或反应，与用户日常沟通中的需求相匹配
	文化适宜性	考虑文化敏感性和普适性，避免使用可能引起误解或冒犯的内容
	版权合规	确保所有元素原创或合法授权使用，尊重知识产权
	内容完整性	如果是系列表情包，需保持风格和质量的一致性，形成完整主题
技术要求	尺寸与分辨率	微信表情主图为 240 × 240 像素，其他平台可能有所不同，如 QQ 表情为 200 × 150 像素；分辨率建议至少为 72 dpi，高分辨率更佳
	文件格式	静态表情推荐使用 PNG，以保持透明背景和较好的图像质量；动态表情使用 GIF，确保动画流畅且文件大小控制在一定范围内
	文件大小	控制文件大小，例如微信表情包的主图不超过规定大小，通常不超过 500 KB，以保证快速加载
	动画帧数	动态表情的帧数不宜过多，微信要求动态表情全动或全静，张数 16 或 24 张，QQ 表情帧数 ≤ 40 帧
	图像质量	保证清晰度，避免模糊或像素化，尤其是边角和文字部分
	元素一致性	所有上传内容，如详情页横幅、主图、缩略图等，需保持设计风格和质量一致
	兼容性测试	在不同设备和平台上测试表情的显示效果，确保兼容性和良好的用户体验

实施步骤

评估表情包制作效果的工作流程可以分为以下几个步骤，旨在确保表情包不仅创意十足，而且技术达标，能够有效地与目标用户群体沟通。

1. 明确评价标准

（1）创意与独特性：评估表情包是否具有新颖的创意，能否吸引目标用户群体的注意。

（2）情感表达：检查表情包是否准确传达了预期的情感或反应，是否易于理解。

（3）视觉质量：包括色彩搭配、清晰度、设计一致性等，确保视觉效果优质。

（4）技术规范：确认表情包尺寸、分辨率、文件大小等是否符合各平台的技术要求。

（5）文化适宜性与版权：确保内容无文化冲突，且所有素材均合法使用。

2. 初步内部评审

（1）设计团队自评：创作人员首先自我检查，从创意到技术细节进行全面审视。

（2）团队互评：团队成员之间互相评价，提供反馈，促进改进。

3. 目标用户测试

（1）小范围测试：选择目标用户群体进行测试，收集他们对表情包的接受度和反馈。

（2）调查问卷：可以通过在线问卷形式，了解用户对表情包的喜好度、易用性评分等。

4. 性能与兼容性测试

（1）平台测试：在不同的社交平台和设备上测试表情包的显示效果和性能。

（2）优化调整：根据测试结果，对表情包进行必要的技术调整，如压缩文件大小、调整帧率等。

5. 反馈整合与修改

（1）收集所有反馈：汇总内部评审和用户测试的反馈意见。

（2）优先级排序：根据反馈的重要性程度，制定修改计划。

（3）实施修改：根据反馈对表情包进行相应调整。

6. 最终审核与发布

（1）再次审核：确保所有修改已正确实施，再次检查表情包的质量与合规性。

（2）发布准备：根据各平台的要求准备上传材料，如预览图、描述等。

（3）上线监控：表情包发布后，持续监控其使用情况和用户反馈，为后续迭代提供数据支持。

（4）通过这一系列的流程，可以系统地评估和提升表情包的制作效果，确保它们在正式推出后能获得良好的市场反响。

实战练习

【作业名称】微信国风表情包市场分析与评价。

【作业目的】

通过本作业，学生将学习如何进行市场调研、产品分析以及用户反馈收集，以提升其数字产品分析能力和文化敏感度。具体目标包括：理解国风文化在现代数字产品中的应用；掌握线上调研的方法与技巧；学习如何综合评价数字产品，尤其是表情包的设计、功能与市场表现。

【作业要求】

1. 市场调研

（1）目标设定：确定研究范围为微信平台上的国风表情包。

（2）数据收集：利用公开资源（如微信官方发布的报告、第三方市场研究报告、社交媒体趋势分析等）查找微信表情包的使用排名，特别关注国风类别。

（3）筛选目标：从排名中选择一款使用率排名前十的国风表情包作为分析对象。

2. 产品分析

（1）设计与创意：描述表情包的整体设计风格，包括色彩运用、图案元素、国风特征等。分析其创意点，如是否融入了传统故事、节日习俗、历史人物等元素。

（2）技术实现：评估表情包的动画效果（如适用），包括流畅度、创新性。检查兼容性，确认在不同型号手机和微信版本中的显示效果。

（3）用户体验：基于公开评论和评分，总结用户对该表情包的喜好点与槽点。若可能，进行小范围用户访谈或问卷调查，收集一手反馈。

3. 市场表现分析

（1）流行程度：收集并分析该表情包的下载量、发送量等数据，探讨其受欢迎的原因。

（2）竞争对比：与其他同类国风表情包比较，指出其独特之处和潜在改进空间。

（3）商业模型：探索其盈利模式，如是否涉及付费下载、内购或广告植入等。

4. 综合评价与建议

（1）总结评价：基于上述分析，给出对该表情包的综合评价，包括优势、劣势及改进方向。

（2）策略建议：提出针对开发者或设计师的改进建议，如何更好地融合国风文化与现代审美，提升用户体验。

【评价标准】

◎形成详细的分析报告，包括调研方法、数据分析、结论与建议（45%）

◎以图表、截图等辅助材料来支撑分析（25%）

◎体现内容或形式创新，如制作简短的视频介绍或使用设计软件模拟改进方案（30%）

能力提升

要确保每个表情都能准确地传达特定的情感或反应，有以下几个要求。

1. 深入理解情感本质

深入了解人类情感的多样性和复杂性，以及不同情感在面部表情、身体语言上的体现，包括研究心理学、情绪理论，以及跨文化情感表达差异。

2. 细致观察与模仿

观察真实人物在特定情境下的表情反应，或参考专业演员如何通过微妙的表情变化传达情感。可以收集表情参考图片或视频，仔细分析面部肌肉运动和细节。

3. 设计原则

（1）简洁明了：确保表情设计直观，避免过度复杂，这样用户一眼就能识别情感。

（2）文化适配：考虑到表情在不同文化中的解读可能不同，尽量设计具有普遍理解性的表情，或针对特定文化设计表情包。

（3）色彩运用：合理使用色彩来强化情绪，如暖色系通常传达积极情绪，冷色系则可能关联消极情绪。

4．学习流行趋势

关注并分析社交媒体上的表情包趋势，了解哪些表情设计最受欢迎，以及它们是如何精确表达情感的。

任务三　聊天表情包动画设计技巧

任务描述

表情包中动画设计的技巧至关重要，它不仅能够增强表达情感的效果，提升用户的沟通体验，还能让表情包本身更加生动有趣，从而在众多静态表情中脱颖而出。动画设计在表情包中的重要性体现在以下几点。

1. 情感传达更丰富

动画能够捕捉并展现连续的动作和微妙的情感变化，相较于静态图像，它能更准确、更生动地传达使用者的情绪状态。例如，通过眨眼、微笑渐变等动态效果，可以让快乐、调皮或是害羞等情绪表现得更为自然和饱满。

2. 提升互动性和趣味性

动态的表情包往往能够吸引更多的注意力，增加消息的趣味性和观赏性。这种视觉上的惊喜感可以促进用户之间的互动，使聊天变得更加活泼和亲密。

3. 区别化与记忆点

在海量的表情包中，具备独特动画设计的表情包更容易被用户记住和分享。独特的动画效果可以成为表情包的标志，帮助创作者或品牌建立辨识度。

4. 技术创新与艺术表现

动画设计不仅仅是技术实现，更是艺术创作的一部分。通过创意动画，设计师可以探索新的视觉语言，将艺术美学融入日常沟通中，提升整个交流的品质。

5. 适应性和通用性

虽然动画增加了复杂度，但合理的动画设计也能保证表情包在不同的设备和平台上顺畅播放，增强其普及度和适用性。良好的兼容性设计使得动画表情包能够触及更广泛的用户群体。

6. 商业价值提升

对于商业品牌而言，带有动画的定制表情包可以作为品牌营销的一种新颖形式，通过富有创意和趣味性的动画设计，加深消费者对品牌的印象和好感度，进而促进品牌传播和用户黏性。

动画设计技巧在表情包制作中不仅是技术的展现，更是创意与情感传达的艺术，它极大地影响着表情包的吸引力、传播力及商业潜力。

技术分析

在表情包动画设计中，经常使用的是Adobe Animate和Adobe After Effects（以下简称AE）

两个软件。Adobe Animate（原Flash Professional），适用于创作矢量图形动画、交互式内容、HTML5 Canvas、WebGL 以及动画短片，广泛用于网页动画、广告、教育内容和游戏开发。AE虽然主要是一款后期制作软件，但因其强大的合成能力和动画工具，也常被用来制作动态图形、视觉效果和动画。除了上述两种软件，表5-7根据使用场景和主要功能介绍四种表情包动画设计的工具。

表 5-7　表情包动画工具

软件名称	特点	支持平台	主要功能	操作难度
Pencil2D	免费、开源，界面简洁，专注于 2D 手绘动画，适合初学者入门	Windows, macOS, Linux	绘图工具、基本动画编辑、Onion Skinning（洋葱皮）、图层管理	低
OpenToonz	功能全面的专业级 2D 动画软件，源自日本专业动画工作室，包含高级动画工具	Windows, macOS, Linux	高级绘图工具、动画特效、色调设计、骨骼动画、扫描清理功能、多层编辑	中到高
Krita	开源绘画软件，擅长数字绘画，同时具备动画制作功能，适合艺术家创作	Windows, macOS, Linux	丰富的笔刷引擎、色彩管理、图层与遮罩、动画时间轴、矢量图层	中
Soogif	在线 GIF 编辑与创作工具，侧重于 GIF 动图的快速编辑与优化，适用于网络表情包制作	Web-based（在线使用）	GIF 剪辑、压缩、转换、添加文字、滤镜效果、动图模板	低

对于不同阶段用户的操作难度说明：

低：适合初学者，界面友好，学习曲线平缓。

中：需要一定时间学习掌握，适合有一定基础的用户。

高：功能复杂，面向专业人士，需要较长时间和实践来精通。

用户可以参考表5-7，按照自己的需求和技能水平选择合适的软件。如果是初学者并且想快速制作简单的表情包动画，Pencil2D或Soogif可能是较好的选择。如果追求专业级的动画制作并愿意投入时间学习，OpenToonz或Krita能提供更多高级功能满足制作需求。

实施标准

表情包动画的设计应遵循一系列标准以确保它们既符合平台规范，又能有效地传达情绪和提升用户体验。以下是一些主要的设计标准。

1. 生动有趣

动画应该富有表现力和趣味性，能够吸引用户并增强沟通的趣味和互动性。

2. 遵循动画设计原则

应用如“挤压与拉伸”“预备动作”等经典动画原则，让动画看起来更自然、流畅且充满生命力。

3. 合理运用运动规律

动画应体现真实世界的物理运动规律，如动作的加速与减速（缓入缓出），避免机械式的匀速运动。

4. 尺寸和格式

遵守平台规定的尺寸限制，例如，微信表情包主图尺寸为240×240像素，GIF格式，每张不超过500 KB，且一套表情数量通常是16或24个。

5. 文件大小优化

在保持清晰度的同时，尽量压缩文件大小，确保快速加载，不影响聊天体验。

6. 遵循平台规范

了解并严格遵守各平台的表情包发布规范和审核标准，避免违规内容。

实施步骤

以下以AE为例，简要介绍制作GIF动图的流程。

1. 新建合成

打开AE软件，按【Ctrl+N】组合键，弹出“合成设置”对话框，设置大小为440×300即可，背景颜色可以设置为品蓝色，其他参数参照图5-6进行设置，然后单击“确定”按钮即可。

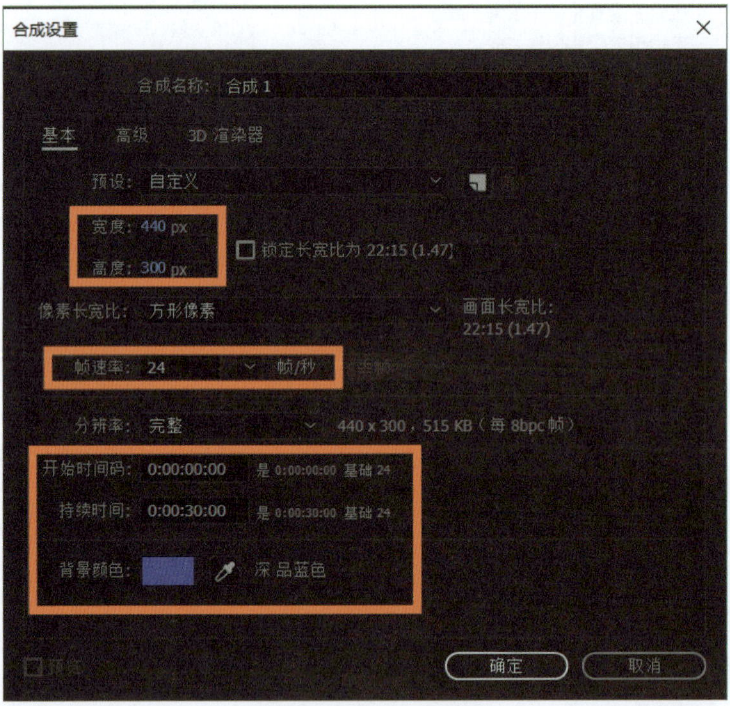

图 5-6　合成设计版面

2. 绘制形状

选择多边形工具（见图5-7），在画布上画一个形状出来。

3. 设置关键帧

在合成面板，选择形状图层1→内容→多边星形1→多边星形路径1选项，接下来进入关键帧设置，如图5-8所示。

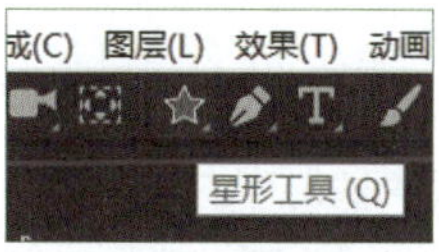

图 5-7　绘制形状

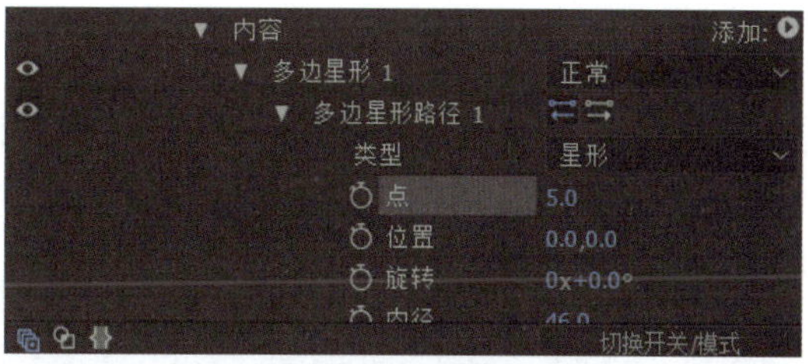

图 5-8　关键帧设置

4. 关键帧参数设置

选择参数点，改为3.0，此时图形变成三角形，单击在起始位置建立关键帧，同时选择旋转，建立关键帧。然后选择变换→缩放选项，参数设置为0（关键帧设立：点击"点"旁边的闹钟图标）如图5-9所示。

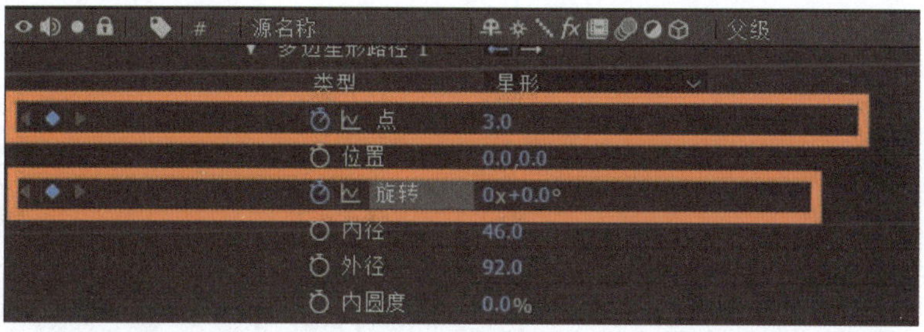

图 5-9　参数设置 1

时间指示器移动到1秒处，选择变换→缩放选项，参数设置为100.0，选择旋转选项，参数设置为1x，如图5-10所示。

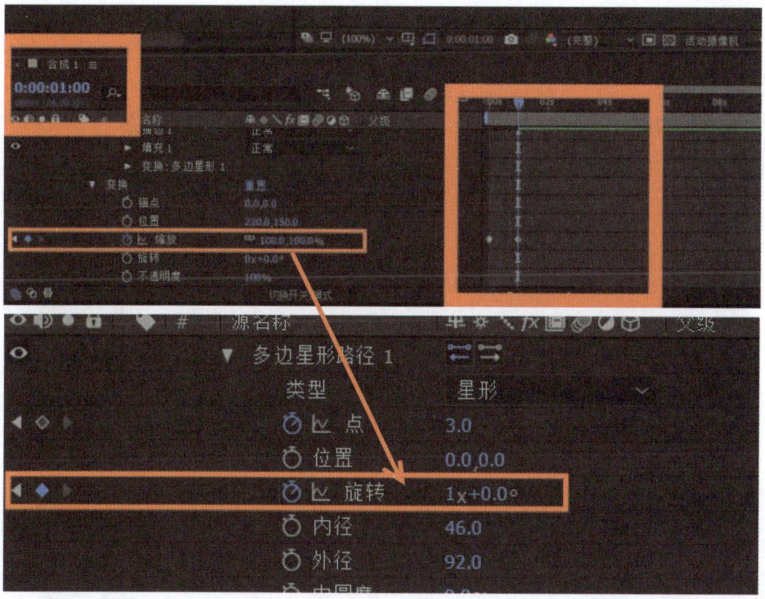

图 5-10　参数设置 2

时间指示器移动到1:12f（36帧）处，旋转参数设置为1x+120.0°。点参数设置为4.0，类型设置为多边形，如图5-11所示。

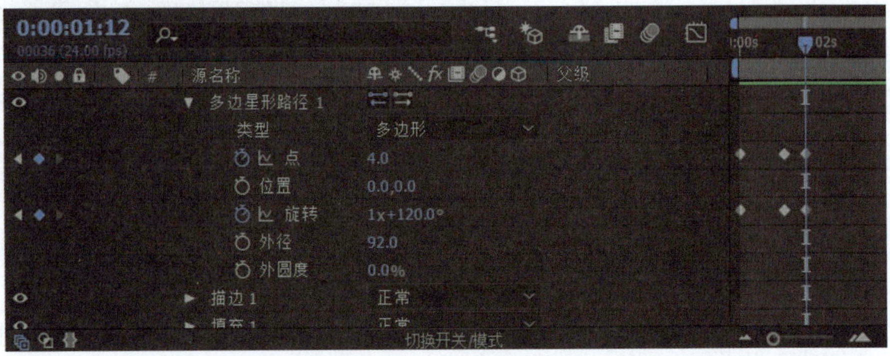

图 5-11　参数设置 3

时间指示器移动到结束帧处（2s左右），旋转设置为1x+315.0°，如图5-12所示。

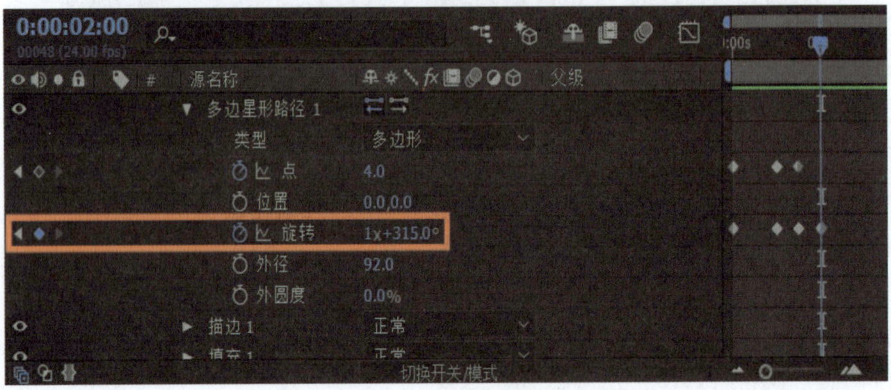

图 5-12　参数设置 4

5. 导出文件

选择编辑→导出→添加到Adobe Media Encoder队列命令，在AME界面右侧单击刚导入的文件，选择格式为动画GIF，单击“确定”按钮，如图5-13所示。

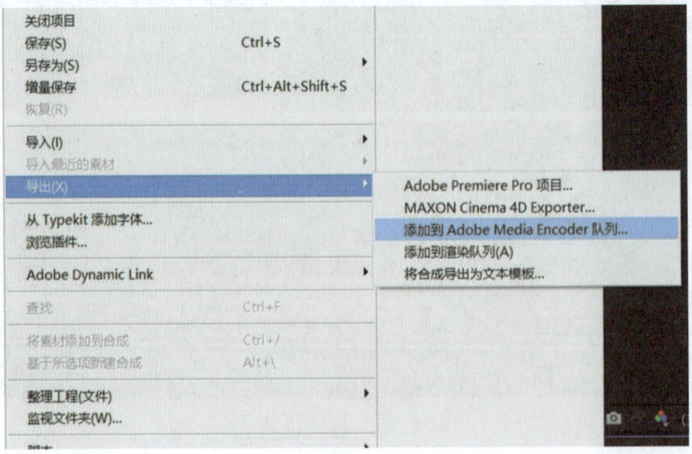

图 5-13　导出文件

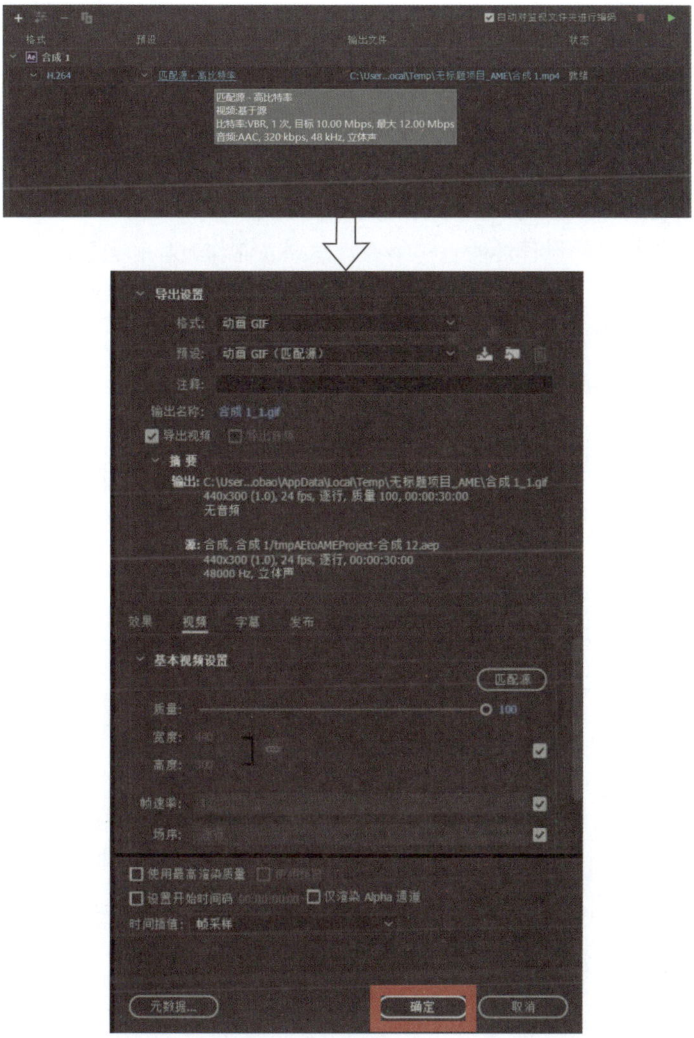

图 5-13　导出文件（续）

实战练习

【作业名称】五禽戏动态表情包设计。

【作业目标】加深对中国传统健身法五禽戏的理解；学习使用适合自己的工具进行动态图像的制作，提高创意设计和动手能力。

【作业要求】

五禽戏是中国传统的健身法，包括模仿虎、鹿、熊、猿、鸟等动物的动作，以达到强身健体的目的。使用适合自己的工具设计一组五禽戏的动态表情包。本作业要求设计一组包含这五种动物的动态表情包，每个表情包代表一种动物的动作，总共五张。

1. 表情包特点

第一每个表情包应包含相应的动物形象和动作，体现出五禽戏的特点；第二动态效果应简洁明了，能够生动地表达动物的动作和情感；第三表情包的尺寸应适合在聊天应用中使用，例如，微信、QQ等；第四表情包的设计风格应统一，体现国风特色。

2. 提交内容

完成设计后，需提交设计草图、动态表情包的截图或视频演示，并附上设计说明。

（1）设计草图：五禽戏动态表情包的设计草图，展示每个表情包的动物形象和动作。

（2）动态表情包的截图或视频：展示设计的五禽戏动态表情包在聊天应用中的实际效果。

（3）设计说明：简短的设计说明，包括设计思路、制作过程和遇到的挑战及解决方案。

【评价标准】

◎表情包的创意和设计（30%）

◎动态效果的实现和流畅性（30%）

◎传统文化元素的融入和表现（20%）

◎作品的统一性和整体美感（10%）

◎设计说明的完整性和反思深度（10%）

能力提升

如何使表情包的动画更生动、更有辨识度

要使表情包的动画更生动、更有辨识度，可以参考以下几方面的设计技巧。

（1）清晰的起始和结束状态：确保每个动画的起始和结束状态清晰可辨，用户能够迅速理解动画所要表达的情绪或状态。

（2）平滑的过渡：使用平滑的动画过渡，避免突然的跳跃或停顿，使动画看起来更加自然和连贯。

（3）适度的动画复杂性：动画过于复杂可能会分散用户的注意力，使其难以理解表情包所要表达的核心内容。保持动画简单而有效。

（4）一致的动画风格：确保所有表情包的动画风格一致，以建立品牌识别度。

（5）利用表情细节：通过角色的表情和身体语言来增强动画的表现力，如微笑、皱眉、挥手等。

（6）合适的动画速度：动画的速度应与情感的强度相匹配，例如，快速而激烈的动作可以表达兴奋或紧张，时而缓慢时而平稳的动作可以表达平静或悲伤。

（7）色彩的运用：使用鲜艳或柔和的色彩来增强情感的表达，但要注意不能过度使用，以免影响动画的清晰度。

（8）创意的使用：加入创意元素，如独特的角色设计、意想不到的转折或幽默的情节，可以增加动画的趣味性和辨识度。

任务四　了解国风表情包未来设计趋势

任务描述

随着国风文化的流行，相关设计和产品具有较高的商业价值，国风表情包可以作为文化

创意产品的一部分，为设计师和创作者带来商业收益。其未来设计发展体现在下面几个方面。

（1）多样性与包容性：表情包设计越来越注重反映社会多元性，包括性别、种族、职业、身体特征等方面，以满足不同用户群体的表达需求，增强用户的代入感和归属感。

（2）个性化与自定义：随着用户对个性化表达需求的增长，表情包设计趋向于提供更多的自定义选项，让用户能够根据自己的喜好创建或修改表情，实现独一无二的沟通体验。

（3）社交化互动：表情包已成为社交媒体中不可或缺的元素，平台鼓励用户创作并分享自创表情，形成一种新型的社交货币。社交化趋势还包括表情包的跨平台分享和社区内的病毒式传播。

（4）生动化与技术革新：利用动画、AR（增强现实）、动态捕捉等技术，表情包变得越来越生动逼真，能够捕捉并表达更细腻的情感变化，提升互动的趣味性和沉浸感。

（5）跨界融合：表情包设计不再局限于单一领域，而是与影视、动漫、游戏、时尚等行业融合，创造出具有特定IP或品牌特色的表情包，拓宽了内容的广度和深度。

（6）文化元素融合：国风、复古风、国际文化元素等在表情包设计中得到广泛应用，反映出全球文化的交融与碰撞，同时也让表情包成为文化交流的新载体。

（7）简约而不简单：在设计上追求简洁明快的同时，也强调细节的精妙处理，用最少的元素表达最丰富的情感，符合现代人快速消费内容的习惯。

（8）商业化潜力挖掘：表情包的商业价值逐渐被重视，品牌通过定制表情包进行营销推广，表情包也成为IP变现、衍生品开发的途径之一。

掌握表情包未来设计趋势，对于设计师来说，意味着要在创意、技术应用、文化敏感度和市场洞察力上不断进步，才能设计出既符合用户需求又能引领潮流的国风表情包作品。

技术分析

要获取最新国风表情包设计的信息，可以运用以下几种技术和方法。

1. 关键词搜索与订阅

使用搜索引擎（如百度、谷歌、必应）设置关键词提醒，如“国风”“国潮”等，这样一旦有相关信息更新，会收到通知，其功能对比见表5-8。

表 5-8　搜索引擎功能对比

搜索引擎	谷歌 (Google)	必应 (Bing)	百度 (Baidu)
审查与过滤	国际版较少过滤，遵守各国法律；中国访问受限	国际版与谷歌类似，中国版根据当地法规进行内容过滤	遵守中国互联网管理规定，实施内容审查
广告政策	明确区分广告与自然搜索结果，采用 AdWords 系统	广告标识清晰，也有自己的广告平台	广告较多，竞价排名影响明显，有百度推广
特色功能	Google Scholar, Google Maps, Google Images, 知识图谱等	Bing Rewards，图像搜索体验佳，整合微软服务如 Office 365	百度贴吧、百度百科、百度知道等社区产品，侧重中文内容服务
用户界面	清爽，搜索框为中心，强调极简主义	界面美观，集成新闻、图片等模块，风格接近谷歌	功能丰富，首页有更多服务入口，如新闻、视频、地图等
移动体验	移动端优化出色，有专门的 Google App	移动端应用体验良好，集成微软生态系统	移动端应用广泛，与中国手机厂商深度合作

订阅相关公众号、微博账号、抖音、小红书等社交平台上的设计师、设计工作室或文化潮流账号，这些平台经常会有最新的设计作品和趋势分享。

2. 社交媒体监听工具

利用社交媒体监听工具（如Hootsuite、TweetDeck或国内的微指数、新媒体指数等）关注与“国风”相关的讨论和热点，这类工具可以帮助用户高效整理和分析社交媒体上的数据，其功能对比见表5-9。

表 5-9　社交媒体监听工具功能对比

工具名称	Hootsuite	TweetDeck	微指数	新媒体指数
主要功能	社交媒体管理平台，支持多账户跨平台调度发布、监控与分析	Twitter 专用客户端，提供信息流定制、多列视图监控、实时互动管理	新浪微博数据分析工具，关注关键词、账号的热议度和影响力指数	综合新媒体数据分析，可能涵盖多个平台，评估内容传播效果
支持平台	多平台（包括但不限于 Twitter、Facebook、Instagram 等）	专为 Twitter 设计	新浪微博	跨平台，具体涵盖范围依据提供方而定
实时监控	支持	支持，实时信息流更新	支持，提供关键词热议趋势	支持，跟踪新媒体内容传播趋势
数据分析	提供详细分析报告，可定制化	基础分析，侧重于互动管理而非深入分析	提供指数报告，可导出至 Excel	提供指数对比、趋势分析等功能
团队协作	支持，适合团队共同管理账号	较少团队管理功能，偏向个人或小团队使用	个人使用为主，团队功能有限	根据平台不同，可能支持团队协作分析
自动化功能	支持定时发布、自动化回复等	无显著自动化功能，侧重于实时监控	自动化查询，新版本检测通知	自动化数据收集，可能有报告生成
价格模式	免费版＋付费版（增加功能和账号数量）	免费使用	免费查询，部分高级功能可能需付费	具体价格模式依平台而定，可能有免费和付费选项
目标用户	社交媒体营销团队、企业、个人品牌	Twitter 重度用户、小型机构	新浪微博数据分析需求者，如营销人员、研究人员	新媒体内容创作者、市场营销人员、分析师

3. 内容聚合应用

使用RSS阅读器订阅设计类博客、杂志和新闻网站，例如，Zaker、Feedly等，这样可以一站式浏览到多个来源的最新信息。

4. 参与设计社区

加入设计社区如站酷、UI中国、Dribbble等，这些平台不仅是展示作品的地方，也是设计师交流趋势、技巧的场所，经常有行业内部的最新动态，见表5-10。

表 5-10　站酷、UI 中国、Dribbble 综合对比

平台名称	站酷（Zcool）	UI 中国（UI China）	Dribbble
主要定位	中国创意设计平台，涵盖广泛的设计领域	专注于 UI/UX 设计的社区，偏重界面与用户体验	国际化的设计师展示平台，以视觉和动效设计为主
目标用户	设计师、插画师、摄影师、创意人	UI/UX 设计师、产品经理、前端开发者	视觉设计师、图标设计师、动画师、创意专业人士

续表

平台名称	站酷（Zcool）	UI 中国（UI China）	Dribbble
内容类型	广泛，包括平面设计、UI/UX、插画、摄影等	以 UI 设计作品、教程、招聘为主	强调高质量的视觉作品，如界面设计、图标、插画、动画
互动方式	作品上传、评论、点赞、收藏、比赛参与	作品分享、评论交流、工作机会发布	Shot 发布、篮板（类似转发）、喜欢、关注、团队项目合作
国际化程度	主要面向中国市场，但也有国际用户	主要面向中国市场	国际化平台，用户遍布全球，英文为主要语言
特色功能	设计竞赛、在线教育课程、设计资源下载	设计招聘板块、设计教程、行业信息	动效展示、工作板（Job Board）、播放列表（展示系列作品）
盈利模式	广告、会员服务、设计项目对接、教育课程销售	广告、企业服务、人才服务	Pro 会员订阅、广告、企业服务、工作室合作
用户规模	大量中国设计师用户群	国内 UI 设计领域有较大影响力	国际设计界高度认可，专业设计师众多

5. 参加线上/线下活动

关注并报名参加设计研讨会、工作坊、讲座，尤其是那些专注于数字艺术、视觉传达和国潮文化的活动，这些场合常有前沿信息分享。

6. 利用数据分析工具

分析表情包下载量、使用频率等数据，工具如微信表情开放平台的数据分析功能，可以帮助了解哪些类型的表情包受欢迎，从而推断设计趋势。

7. AI辅助信息搜集

利用AI智能助手或爬虫技术自动抓取网络上的相关信息，虽然这可能需要一定的技术基础，但对于批量获取和初步筛选信息非常有效。

通过综合运用以上技术与方法，设计师可以及时捕捉到国风表情包设计领域的最新动态和趋势，为创作提供更多灵感和方向。

实施标准

判断国风潮流信息是否具备指向性，可以依据以下几个标准。

1. 时效性

信息是否为近期发布或更新，因为国风潮流作为一个动态变化的文化现象，其内容、趋势和受欢迎程度可能随时间快速演变。

2. 来源可靠性

信息来源是否权威或可信，例如，来自知名媒体、官方渠道、行业报告或专家意见，这些通常能提供更准确的信息。

3. 内容准确性

信息内容是否有误，如描述的国风元素、历史背景、文化含义是否正确无误，避免误导。表5-11是相关文化含义类别及其具体内容。

表 5-11　文化含义涵盖的内容

文化含义类别	定义	例子
象征意义	指文化符号、物品或行为在特定文化中代表的深层次含义	红色在中国文化中象征喜庆与好运，如婚礼中的红衣裳
价值观	文化中普遍认同的行为准则和信念体系	孝顺在中国传统文化中被视为极其重要的美德
传统习俗	长期流传下来的社会习惯和仪式	春节放鞭炮和拜年，表达驱邪迎祥和家庭团聚的愿望
艺术表现	文化通过艺术形式体现的审美观和情感表达	中国山水画展现“天人合一”的哲学思想
语言与交流	特定文化中语言的使用习惯和非言语交流方式	儒家的冠礼，体现尊重和礼貌
历史记忆	文化对过去事件的集体记忆和传承	端午节活动，纪念爱国诗人的历史时刻
饮食文化	食物选择、烹饪方式及用餐礼仪所蕴含的文化意义	中秋节吃月饼，象征团圆和美好
服饰文化	衣着风格和装饰所体现的社会身份、审美和信仰	苗族的银饰服装，展示了丰富的民族文化和手工技艺

4. 深度与广度

信息是否全面覆盖国风潮流的多个方面，如音乐、服饰、艺术、设计等，以及是否深入探讨了潮流背后的深层文化意义和影响。

5. 受众相关性

信息是否针对特定的受众群体，比如年轻人、设计师、文化学者等，以及是否符合这些群体的兴趣和需求。

实施步骤

设计师若想掌握表情包设计的发展趋势，可以采取以下措施。

1. 持续关注行业动态

订阅行业相关的新闻网站、博客、社交媒体群组以及设计师论坛，如Dribbble、Behance、Reddit的设计板块等，这些都是获取最新动态和趋势的好地方。关注表情包设计的热门话题、新兴设计师和创新作品。

2. 分析流行案例

研究社交媒体上的热门表情包，分析它们为何能引起共鸣，注意它们的设计风格、表现手法和文化引用。理解这些成功案例背后的创作逻辑和传播机制。

3. 参与社群互动

加入表情包设计或相关领域的在线社群，参与讨论，与其他设计师交流心得。这不仅能帮助你了解同行的想法，还能激发新的灵感。

4. 跟进技术发展

表情包设计越来越依赖于新技术，如动图、AR滤镜等。定期学习最新的设计工具和技术，如AE、Procreate更新的功能，或是新兴的AI设计辅助工具。

5. 关注文化趋势

表情包是文化现象的快速反应，紧跟时事、流行文化、网络梗等，将这些元素融入设计中。保持对全球和本地文化趋势的敏感度，特别是年轻人群体的文化偏好。

6. 跨界合作

与其他领域的创作者如插画师、动画师、文案作家合作，跨界融合可以产生新颖的设计理念，也是探索新趋势的有效途径。

通过上述方法，设计师可以保持对表情包设计趋势的敏锐感知，从而创作出既符合市场需求又具有前瞻性的作品。

实战练习

【作业名称】生肖潮趣：传统与现代的跨界表情包设计。

【作业目的】深入了解并研究中国十二生肖的文化寓意及其在民间故事中的角色，掌握至少一种中国传统艺术流派或绘画风格（如工笔画、水墨画、剪纸、皮影戏等）的特点与技法。创新性地将传统艺术元素融入现代表情包设计中，创作出既传统又时尚的表情包作品。

【作业要求】

在快速发展的数字时代，表情包已成为人们日常沟通不可或缺的一部分，它们不仅传递情绪，也是文化交流的微小载体。跨界表情包设计旨在探索传统文化与现代潮流的融合，通过将中国传统十二生肖与至少一种传统艺术流派或绘画风格相结合，创作出既富有文化底蕴又贴近年轻人品位的潮流表情包。

1. 研究准备

搜集并学习关于十二生肖的历史起源、传说故事、象征意义。选择一种或多种中国传统艺术流派（如工笔画的细腻、水墨画的意境、剪纸的简洁线条、皮影戏的夸张形态等），深入了解其艺术特色和表现手法。

2. 创意构思

根据每种生肖的特点和选定的艺术风格，构思表情包的情境和表情，确保既保留生肖的识别度，又能巧妙融入艺术元素。设计时考虑表情包的流行趋势，如结合网络热词、流行话术，使设计更加贴近年轻人的兴趣点。

3. 草图设计

为每种生肖绘制多幅草图，尝试不同的表情和动作，如生肖鼠的机灵、牛的勤劳、虎的勇猛等，确保表情生动且具有代表性。草图中要体现出所选艺术流派的特征，例如，用水墨画风展现生肖兔的温婉，或用剪纸风格突出生肖龙的威严。

4. 数字化制作

使用设计软件（如Illustrator、Photoshop等）将草图转化为电子版，保持手绘质感的同时，调整色彩、线条，使其更加适应屏幕显示。添加文字元素，确保文字简洁、幽默，与表情包的视觉效果相辅相成。

5. 反馈与修正

组织小组讨论或在线分享，收集同学和老师的反馈意见。根据反馈进行必要的修改和完善，确保表情包既符合艺术审美，又具有高度的传播性。

6. 成果展示

制作一套完整的十二生肖潮流表情包集合，并撰写设计说明文档，阐述设计理念、艺术风格选择理由及创作过程。在社交媒体或班级群组中发布表情包，观察用户的使用反馈，进一步推广中国传统文化与现代设计的结合之美。

【评价标准】

◎创意与原创性（20%）

◎传统艺术风格的运用与创新（30%）

◎表情包的趣味性与适用性（30%）

◎设计说明文档的完整性和深度（20%）

任务五　在表情包主流平台发布

任务描述

选择合适的投稿渠道对于国风表情包的传播至关重要，可以帮助创作者更好地推广自己的作品，并让更多的人享受到表情包带来的乐趣和便利。通过多个投稿渠道，详见表5-12，使表情包应用在不同的社交平台和聊天软件，实现跨平台传播，增加其使用的便利性。

表 5-12　主流表情包投稿渠道对比

平台	特点	目标受众	内容类型	商业模式	上传与审核
微信表情商店	封闭生态系统内，需审核后上架	微信用户，侧重私聊与群聊	静态与动态表情	付费表情包分成，部分免费	严格，需通过官方审核流程
QQ 表情包	同样封闭生态，适用于 QQ 聊天	QQ 用户，年轻群体为主	静态与动态表情	大多免费，也有付费选项	审核机制，确保内容合规
微博	开放式社交平台，快速传播	广泛，侧重公众话题讨论	图片、GIF 为主	依托广告、流量变现，非直接销售表情包	较宽松，但仍遵循社区准则
B 站（哔哩哔哩）	视频分享平台，二次元文化集中	年轻人，ACG 爱好者	视频、动图、图片	通过视频内容推广表情包，间接收益	依据投稿规则，涉及版权严格
GIPHY	全球最大 GIF 搜索引擎	全球互联网用户，跨平台应用	GIF 动图	广告、品牌合作，提供 API 集成服务	审核确保内容质量与安全

通过表情包投稿、传播表情包实现以下重要意义。

（1）扩大受众范围：通过不同的投稿渠道，表情包可以触达更多的用户，包括不同年龄、性别和兴趣的人群，从而扩大其受众范围。

（2）增强可见度：在热门的投稿渠道上发布表情包，可以提高其曝光度，让更多的人看到并使用。

（3）促进互动和分享：用户在看到喜欢的表情包时，可能会通过点赞、评论或分享来表达喜爱，这样的互动可以进一步增加表情包的传播。

（4）建立品牌和影响力：表情包创作者可以通过持续在特定渠道投稿，建立自己的品牌形象，并逐渐积累粉丝和影响力。

（5）商业机会：在大型平台上投稿的表情包，如果受到广泛欢迎，可能会吸引广告商或品牌合作，为创作者带来商业机会。

（6）数据反馈：不同的投稿渠道会提供用户反馈和数据统计，帮助创作者了解表情包的受欢迎程度，以及用户的使用习惯和偏好，从而指导后续的创作和改进。

（7）社交互动：表情包的投稿和分享过程本身就是一种社交互动，可以增进用户之间的联系和情感交流。

技术分析

1. 优化与格式转换

（1）图像压缩技术：使用TinyPNG、ImageOptim等工具减小文件，优化加载速度，同时保持图像质量。

（2）格式转换工具：根据平台要求，可能需要将图片转换为特定格式，如PNG、JPEG或GIF。

2. 社交媒体与营销

（1）社交媒体策略：利用微博、B站、抖音等平台推广表情包，增加曝光率。

（2）SEO与关键词优化：优化表情包描述和标签，使其在搜索引擎中更易被发现。

（3）数据分析：利用Google Analytics、微信公众号后台数据等工具分析表情包的使用情况，指导后续创作和营销策略。

实施标准

表情包投稿时，需要注意以下几点关键事项以提高成功率和合规性。

1. 遵守平台规范

每个平台（如微信表情商店、QQ表情包等）都有自己的投稿规范，包括表情的格式（如静态或动态、GIF或PNG）、尺寸、数量（常见的如16或24张一套），以及各种图像元素的规格（如详情页横幅、主图、缩略图等），确保作品完全符合这些技术要求。

2. 版权与原创性

确保表情包的所有内容均为原创或已获得合法授权使用，避免侵犯他人版权。在投稿时，可能需要填写版权信息，并提供相应的权利归属证明。

3. 内容适宜性

表情包内容应积极向上，避免低俗、暴力、歧视性或敏感话题，确保内容适宜所有年龄段的用户。

4. 信息填写完整

认真填写投稿所需的所有信息，包括作品名称、作者姓名、简介、版权信息等，确保信息准确无误，且与作品实际相符。

5. 透明背景与图标设计

如果是需要透明背景的元素（如聊天面板图标），确保背景完全透明，且边缘处理干净，建议线条稍微加粗以适配不同设备显示。

6. 封面与图标设计

表情封面图和聊天面板图标需吸引眼球，能快速传达表情主题，设计上应简洁明了，易于识别。

7. 注意时间与上架

一旦投稿通过审核，主动关注上架事宜，有的平台需要作者手动点击上架，而不是自动发布。

实施步骤

在微信表情开放平台上传表情包的基本步骤如下（这些步骤基于之前的信息，但请注意平台的具体要求可能会随时间更新，请以微信官方的最新指南为准）。

1. 访问平台

在浏览器中搜索“微信表情开放平台”如图5-14所示，单击进入官方网站。

图 5-14　微信表情开放平台

2. 登录账号

单击页面右上角的“登录”按钮。使用微信扫码登录或者输入已注册的账号和密码进行登录。如果没有账号，需要先注册一个账户。

3. 选择上传类型

登录后，根据需求选择上传类型，如“提交表情专辑”或“提交表情单品”。

4. 填写基本信息

对于“提交表情单品”，首先填写表情的名称，然后单击“下一步”按钮。对于专辑，则需填写专辑的相关信息。

5. 上传表情内容

按照平台要求上传表情图片，如图5-15所示。注意尺寸通常要求为240×240像素，并且可能有文件大小限制。如果是动态表情，上传相应的GIF或视频文件。

素材名称	数量	格式	尺寸（像素）	文件大小
表情图	8/16/24	动态表情：GIF 静态表情：PNG、JPG或GIF	240*240	不大于500KB
详情页横幅	1	PNG或JPG	750*400	不大于500KB
表情封面图	1	PNG	240*240	不大于500KB
聊天面板图标	1	PNG	50*50	不大于100KB

表情单品只需提交1张表情图，填写含义词并选择适当的标签后，即可提交。但目前暂不支持包含推广形象、推广信息，或人物肖像（如人像照片、肖像画等）。

图 5-15　素材上传要求

6. 上传图标和封面

上传代表表情包的图标和封面图，这些是用户在选择表情时会看到的图像，如图5-16所示。

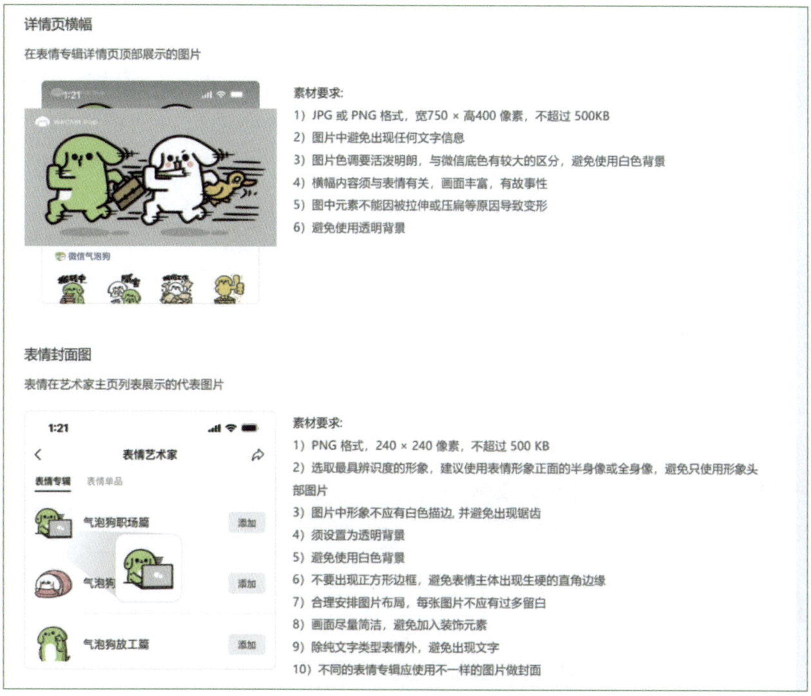

图 5-16　详情页横幅和表情封面要求

7. 填写附加信息

包括表情介绍、标签、适用场景等，有助于提高表情包的可发现性。

8. 审核与提交

审核所填信息和上传的内容，确认无误后单击“提交”按钮。提交后，等待平台审核，审核通过后表情包才能上架。

9. 关注审核状态

提交后，可以在个人中心或相关通知区域查看审核进度和结果。如有需要修改的地方，根据平台反馈进行调整后重新提交。

需要注意表情包内容应符合微信平台的规定，不包含违法、侵权或不适宜的内容，以免审核不通过。在整个过程中，仔细阅读平台提供的指南和要求是非常重要的。

实战练习

【作业名称】表情包投稿平台对比分析。

【作业目的】了解不同表情包投稿平台的特点和用户体验；提高学生对表情包设计流程和平台运营的理解；培养学生的分析和比较能力；加深对数字媒体行业趋势的认识。

【作业要求】

选择任意两个表情包投稿平台，进行投稿体验，并对比两者的区别。总结两个平台的优势与不足，以了解不同平台的特点和用户体验。两个表情包投稿平台可以是国内外的平台，如GIPHY、Soogif、微信表情开放平台等。

1. 具体要求

在每个平台上创作并提交至少一个表情包。对比两个平台的投稿流程、用户界面、功能特点等。总结两个平台的优势与不足，可以从以下几个方面进行：用户体验、功能丰富性、社区互动、平台支持等。提交对比分析报告，包括平台选择、投稿体验、优势与不足总结等内容。

2. 提交内容

两个表情包投稿平台的投稿流程截图或描述，两个平台的用户界面截图或描述，两个平台的优劣势对比分析报告。

【评价标准】

◎平台选择和投稿体验（30%）

◎平台功能和用户体验对比分析（40%）

◎报告的完整性和反思深度（30%）

能力提升

国风表情包如何快速获取下载量

表情包发布后想要快速获取下载量可以采取以下策略。

（1）优化设计：确保国风表情包的设计既美观又实用，能够准确传达情感，同时融入丰富的中国传统文化元素，如书法、绘画、服饰等，提高其吸引力。

（2）选择合适的平台：选择用户基数大、使用频率高的社交平台和聊天应用进行投稿，如微信、QQ、微博等，确保表情包能够触及大量用户。

（3）推广策略：利用社交媒体、朋友间的分享、微信群和QQ群等渠道进行推广，鼓励用户分享表情包，形成口碑传播。

（4）参与话题和挑战：在社交媒体上参与相关话题和挑战，如“国风挑战”“表情包挑战”等，吸引用户关注和下载。

（5）合作与联动：与其他内容创作者、品牌或网红合作，进行联名或联动推广，扩大表情包的受众群体。

（6）利用关键词优化：在投稿时使用相关的关键词，如“国风”“传统文化”“表情包”等，提高表情包在平台搜索结果中的排名。

（7）互动与反馈：积极与用户互动，回应评论和私信，根据用户反馈进行优化调整，提高用户满意度。

（8）定期更新：定期发布新的表情包，保持内容的新鲜感和吸引力，鼓励用户持续下载和使用。

（9）利用节假日：在重要节假日发布相关主题的表情包，如春节、中秋节等，利用节日氛围增加下载量。

（10）创意营销：通过创意营销活动，如设计比赛、用户参与创作等，吸引用户关注和参与，从而提高下载量。

通过上述策略，国风表情包可以更有效地吸引用户下载和使用，从而快速获取下载量。

学习笔记

项目评价

评价内容	子项目评价	自我评价	教师评价	校企合作顾问评价（选填）
设计工具使用	1．思路清晰 2. 功能恰当 3. 参数合理	优□良□差□	优□良□差□	优□良□差□
设计方案能力	1. 文化应用贴切 2. 技术转化完整	优□良□差□	优□良□差□	优□良□差□
设计实践能力	1. 多工具的综合使用 2. 多平台推广能力	优□良□差□	优□良□差□	优□良□差□
其他因素评估（教师填写）	工具选用及操作熟练程度		优□良□差□	
	设计积极性与实施规范		优□良□差□	
	表情包设计规范程度		优□良□差□	
	表情包设计创新程度		优□良□差□	
* 整体评估依据	设计可以对应的产品需求，支撑新国风创意转化			
学生自评	评语：			
教师评价	评语：			
校企合作顾问评价	评语：			
任务验收签字：	学生签字：	教师签字：	顾问签字：	

项目六 新国风数字文创软件皮肤的设计与制作

项目导读

软件皮肤是应用于软件界面的一种可替换的视觉设计方案，它改变了软件默认的外观，包括色彩、图标、按钮样式、窗口框架和其他可视化元素，而不影响软件的核心功能。皮肤的使用让软件看起来更加个性化和多样化，满足不同用户的审美偏好和使用习惯。

1. 软件皮肤的主要作用

（1）个性化定制：允许用户根据个人喜好定制软件界面，使其更加符合个人风格或心情，增加使用的愉悦感。

（2）减少审美疲劳：通过变换软件外观，可以有效缓解因长时间面对同一界面而产生的视觉和心理疲劳。

（3）提升用户体验：良好的皮肤设计可以优化视觉体验，使界面更加友好和吸引人，从而提升整体的用户体验。

（4）品牌识别：对于某些软件，特定的皮肤设计可以帮助强化品牌形象，或者通过合作品牌的皮肤进行市场推广。

（5）促进社区参与：许多软件支持用户自定义和分享皮肤，这不仅增强了用户之间的互动，也促进了软件的社区建设和用户忠诚度。

2. 国风软件皮肤的特点

软件皮肤主要是为了满足用户的个性化需求，增加软件的吸引力和用户黏性，同时也为软件开发者提供了一种低成本高效益的界面优化手段。国风软件皮肤是指采用中国传统文化元素设计的软件界面皮肤，它融合了如水墨画、书法、剪纸、京剧脸谱、传统服饰（如汉服）、古代建筑、祥云、龙凤图腾等经典国粹，以及中国色彩（如中国红、青花蓝、帝王黄等）进行视觉呈现。国风皮肤不仅仅是外观上的改变，更是对中国深厚文化底蕴的一种现代表达，旨在为用户提供富含东方美学的使用体验。

国风软件皮肤的设计通常注重细节考究，力求在现代化的数字产品中复现传统艺术的精髓，同时也需要与软件的功能性相协调，确保美观与实用并重。

要打造具有中华优秀传统文化特色的软件皮肤，在软件皮肤的设计上，可以借鉴古代文学作品中的传统元素，如中国古典诗词、小说等，形成符合中国人审美需求和审美习惯的艺术作品，使软件皮肤更加符合中国人的精神需求和审美习惯。互联网时代，个性化服务已成为主流趋势，可以利用软件皮肤为用户提供更多个性化服务，满足用户对自身形象的需求。还可以让更多人了解到游戏或软件作为一种艺术形式的特点和魅力，认识到游戏或软件不仅仅是娱乐工具，更是一种可以参与其中、能产生一些共鸣、能对他人产生帮助的文化形式。游戏或软件的这种艺术形式比传统的机械复制更加鲜活、更加贴近人心。

项目目标

知识目标

◎熟练应用设计软件，如Photoshop、Illustrator、Sketch等，打好设计皮肤的基础

◎准确把握色彩理论，包括色彩搭配、色彩情感、色彩模式等，以创造和谐且吸引人的视觉效果

◎掌握构图原则，如对称、平衡、对比、重复等，以创建美观且功能性的界面布局

◎了解基本的动画制作原理，能够设计动态皮肤效果，使软件界面更加生动有趣

◎了解不同平台的设计规范和限制，确保皮肤在不同平台上的兼容性和一致性

能力目标

◎具备优质表情包制作能力

◎具备相当审美与情绪感知能力

◎具备多平台、多系统设计方案调试能力

实践价值——新国风数字文创软件皮肤设计的商业价值和品牌价值

制作软件国风皮肤不仅有助于提升个人设计能力和审美水平，还能在传承和创新中国文化、提升用户体验、促进文化交流等方面发挥重要作用。从商业价值和品牌价

值上给予产品赋能。

1. 商业价值

（1）市场需求：随着国风文化的流行，越来越多的用户对具有中国传统文化特色的软件皮肤感兴趣。设计并推出国风皮肤可以满足这一市场需求，增加产品的吸引力。

（2）差异化竞争：在竞争激烈的软件市场中，独特的国风皮肤设计可以帮助产品脱颖而出，吸引更多用户。

（3）增加收入：国风皮肤可以作为软件的增值服务，通过收费或内购的形式增加收入。

（4）拓展新市场：国风皮肤能够吸引对传统文化感兴趣的用户，帮助产品拓展新的市场领域。

2. 品牌价值

（1）品牌形象：国风皮肤的设计可以增强品牌的形象和文化底蕴，使品牌看起来更加独特和有内涵。

（2）用户忠诚度：通过提供符合用户文化认同感的国风皮肤，可以提高用户的满意度和忠诚度。

（3）品牌识别度：独特的国风设计有助于增强品牌的识别度，让用户更容易记住和识别品牌。

（4）社会责任感：推广和传承中华优秀传统文化，体现了企业的社会责任感，有助于提升品牌形象。

实践依据——新国风数字文创软件皮肤设计思路

（1）传统文化元素的数字化：将中国传统文化元素通过数字化手段重新诠释，使传统文化在现代数字环境中焕发新的活力。

（2）现代科技与国风结合：利用现代科技手段，如3D建模、AR/VR技术，将国风元素以全新的视觉和交互方式呈现，提供沉浸式体验。

（3）故事性和情境化设计：设计以中国传统故事或历史事件为背景，让用户在使用软件时感受到文化的氛围。

（4）动态和交互性增强：通过动态效果和交互设计，如动画、粒子效果、点击动画等，使皮肤更加生动有趣，提高用户参与感。

（5）个性化与定制化：提供个性化选项，允许用户根据自己的喜好调整皮肤的样式和颜色，甚至提供定制化服务，满足用户的个性化需求。

（6）多平台适应性：设计应适应不同平台，如PC、手机、平板等，确保皮肤在不同设备上的兼容性和一致性。

通过这些设计方向，新国风数字文创软件皮肤可以成为展示中国传统文化与现代科技相结合的典范，吸引更多用户，提升软件的品牌形象和市场竞争力。

任务一　输入法设计传统文化元素分析

任务描述

传统美学是中华民族在漫长的历史进程中不断创造、积累起来的艺术财富，是中国古代文化艺术的重要组成部分。传统美学在其发展过程中形成了具有中国特色的“意、趣、韵、情”四个美学特征，这些特征是中国古代文人精神世界的反映，也是中国传统文化中特有的美学表现形式。皮肤是指能够显示用户个性化信息的界面，是用户接触到的第一个界面。皮肤可以为用户提供定制化的服务，如皮肤的颜色、外观等。皮肤在输入法中的重要性不言而喻，因为它直接决定了用户对输入法的第一印象。国风元素具有人文性与自然性相结合、实用性与艺术性相结合、历史性与时代性相结合等特征，其题材和形态广泛适用于输入法软件皮肤设计。

本任务旨在深入挖掘中国传统文化中的美学元素，包括但不限于书法、绘画、纹样、色彩、符号等，分析其在现代数字产品设计中的适用性，特别是针对搜狗输入法皮肤设计的需求。

技术分析

1. 设计软件应用

熟练掌握Photoshop、Illustrator等设计软件，用于元素提取、设计创作及后期处理。

2. 色彩理论与运用

理解中国传统文化色彩体系，如何在现代界面设计中运用色彩搭配传达文化氛围。以搜狗输入法中国风类皮肤设计中排名前十的传统色为例，在数字设计中呈现的颜色代码见表6-1。

表 6-1　搜狗输入法皮肤常见前十种国风颜色的代码

序号	色彩名称	RGB 代码	十六进制颜色代码	色块
1	霁蓝	112, 161, 255	#70A1FF	
2	茶色	179, 92, 68	#B35C44	
3	琉璃黄	244, 195, 0	#F4C300	

续表

序号	色彩名称	RGB 代码	十六进制颜色代码	色块
4	胭脂红	232, 122, 144	#E87A90	
5	青瓷色	164, 194, 244	#A4C2F4	
6	绛紫	147, 112, 219	#9370DB	
7	碧绿	46, 139, 87	#2E8B57	
8	赭石	138, 51, 36	#8A3324	
9	湖蓝	70, 130, 180	#4682B4	
10	银朱	205, 92, 92	#CD5C5C	

RGB代码是基于红、绿、蓝三原色的颜色编码系统，每个颜色的值范围从0~255。表6-1中的RGB代码是近似值，实际应用中可能会有所调整。十六进制颜色代码是以#开头的六位十六进制数，前两位代表红色值，中间两位代表绿色值，最后两位代表蓝色值。传统色彩的颜色代码可以在设计软件中输入，以得到相应的颜色。中国传统色彩理论是中国古代文化的重要组成部分，不仅反映了古人对自然界的观察和感悟，也体现了社会文化、审美观念和哲学思想。

五行色彩理论是中国传统色彩理论基于五行学说，即金、木、水、火、土、五方正色、十二色相分别如下。

（1）金：白色系，代表纯净、明亮、高贵。

（2）木：绿色系，代表生长、清新、自然。

（3）水：黑色系，代表深邃、智慧、柔韧。

（4）火：红色系，代表热情、活力、喜庆。

（5）土：黄色系，代表稳重、丰收、和平。

（6）五方正色：与五行相对应的，还有五方正色，即青、红、黄、白、黑。这些色彩被视为最纯正、最重要的色彩，广泛应用于古代的建筑、绘画、服饰等方面。

（7）十二色相：在五行色彩的基础上，古代中国还有十二色相的说法，即青、红、黄、白、黑、绿、紫、蓝、碧、绛、茶、褐。这些色彩更加丰富，涵盖了更多的色调和色相。

3. 交互设计

结合搜狗输入法的用户交互特点，设计既美观又实用的按钮布局与反馈机制，见表6-2。

表 6-2　搜狗输入法多种按钮布局

按钮布局名称	特点	适用场景
经典布局	包含基本的拼音、汉字切换按钮，以及表情、语音等常用功能按钮	适用于大多数用户，满足日常输入需求
双拼布局	包含双拼输入模式切换按钮，提高输入速度	适合熟悉双拼输入法的用户

续表

按钮布局名称	特点	适用场景
五笔布局	包含五笔输入模式切换按钮，满足五笔输入需求	适合熟悉五笔输入法的用户
手写布局	包含手写输入按钮，方便用户手写输入汉字	适合不熟悉拼音或五笔输入法的用户
皮肤布局	包含更换皮肤、调整字体大小等个性化设置按钮	适合追求个性化界面的用户
辅助功能布局	包含剪贴板、截屏等辅助功能按钮	适合需要经常使用辅助功能的用户

4. 皮肤开发技术

熟悉搜狗输入法皮肤开发工具与规范，确保设计能准确转换为实际可用的皮肤包。

实施标准

1. 创意融合

鼓励创新，将传统元素与现代设计理念结合，创造出新颖独特的设计风格。

2. 用户体验

设计需考虑用户操作便捷性，确保视觉美感与功能性的平衡。

3. 技术可行性

设计稿需符合搜狗输入法的技术要求，易于开发实现。

实施步骤

1. 文献与资料收集

查阅相关书籍、论文，浏览艺术作品，收集中华优秀传统文化元素资料。

2. 元素分析与筛选

对收集的元素进行分类分析，选择适合数字化表达且能引起共鸣的内容。

3. 设计初稿

基于选定元素，利用设计软件制作输入法皮肤初稿，包括界面布局、色彩搭配、图案设计等。

4. 用户调研

通过问卷调查、访谈等方式，收集目标用户对于国风输入法皮肤的喜好与期望。

5. 设计优化

根据用户反馈，对初稿进行调整优化，确保设计既体现文化特色又满足用户需求。

6. 技术实现

将设计稿转换为搜狗输入法皮肤文件，进行技术调试，确保兼容性和稳定性。

7. 测试与发布

进行多平台测试，修复bug，最终上传至搜狗输入法皮肤商店，收集用户反馈。

实战练习

【作业名称】中国风输入法皮肤案例分析与成功要素探讨。

【作业目的】通过深入分析一款已成功的中国风输入法皮肤案例，理解其如何将传统文化元素与现代数字设计相结合，探讨其成功的关键因素，包括设计元素、色彩运用、用户体验等方面的亮点，从而为学生提供实践性的学习和启发，提升跨文化设计能力。

【作业要求】

形成一份中国风输入法皮肤案例分析报告，需要包括以下内容。

第一部分：案例选择与基本信息收集。

（1）案例选择：选取一款在市场上受欢迎、用户评价高的中国风搜狗输入法皮肤作为研究对象，如“山水墨迹”“古风雅韵”等。

（2）基本信息记录：收集该皮肤的名称、作者、发布时间、下载量、用户评分等基本信息。

第二部分：设计元素分析。

（1）元素识别：详细列出并描述该皮肤中使用的中国传统文化元素，如书法字体、国画图案、传统纹饰、色彩等。

（2）元素应用解析：分析这些元素如何被巧妙融入设计中，如何与输入法的功能布局、按钮设计相结合，保持美观与实用性并存。

第三部分：色彩运用分析。

（1）色彩提取：提取皮肤的主要色彩，记录其RGB或十六进制值。

（2）色彩寓意：探讨这些色彩在中国传统文化中的象征意义，以及它们如何影响用户的情绪和使用体验。

（3）色彩搭配：分析色彩间的搭配原理，如何营造和谐统一的视觉效果。

第四部分：用户体验分析。

（1）界面布局：评估输入面板的布局是否合理，是否便于用户快速准确地输入。

（2）交互设计：分析皮肤的动态效果、反馈机制（如按键反馈、切换效果等）是否自然流畅，是否增强用户体验。

（3）性能影响：考虑皮肤对输入法运行速度的影响，是否有过度动画或设计导致的延迟。

第五部分：用户反馈与市场表现。

（1）用户评论整理：收集并整理用户对该皮肤的正面与负面反馈，尝试归纳主要意见。

（2）市场表现分析：结合下载量、评分等数据，分析其市场接受度和成功原因。

第六部分：总结与启示。

（1）成功要素总结：综合以上分析，总结该皮肤成功的关键要素。

（2）个人反思：基于学习和分析，反思自己在设计中可以借鉴的经验和避免的教训。

（3）创新建议：提出针对该皮肤的改进建议或自己的创新设计思路。

作业提交要求：

提交一份详细的分析报告，包括但不限于文字描述、截图、图表、引用文献等。可选附加项，即设计一张或一组改进版或创新版的皮肤设计图，附上设计说明。

【评价标准】

◎分析的深度与广度（40%）

◎结论的合理性与创新性（30%）

◎报告的结构清晰度与逻辑性（20%）

◎附加设计的质量与创意（10%）

能力提升

如何突破常规的设计

提升跨领域设计思维，尤其是在传统文化与现代设计之间寻找平衡点，是一项需要综合能力和创新思考的挑战。可以通过以下的策略和方法，创造出既具传统韵味又不失现代感的作品。

（1）优秀传统文化的学习实践：参加传统文化活动、访问博物馆、艺术展，亲身体验传统工艺和艺术，感受其精神实质和审美特质。与传统艺术家、学者交流，获取第一手的文化解读和灵感，理解如何在当代语境下重新诠释传统元素。

（2）传统文化转化的融合实践：在设计前，使用思维导图将传统文化元素与现代设计语言进行对比分析，寻找潜在的结合点。与不同领域的专家合作，如程序员、材料科学家、交互设计师等，跨领域碰撞出新的设计理念和解决方案。

（3）文化的自信表达：在尊重和理解传统文化的基础上，勇于创新，不拘泥于传统形式，敢于将传统元素以新颖的方式呈现。每一件设计作品背后都应有其故事，通过设计讲述传统文化的故事，增强作品的情感共鸣和文化深度，使现代设计富含文化底蕴。

任务二　输入法皮肤分析与市场调研

任务描述

随着移动互联网的快速发展，输入法作为用户日常输入文字的重要工具，其界面设计和用户体验越来越受到关注。为了提升输入法的用户黏性和满意度，我们计划对输入法皮肤进行全新设计。本次调研旨在深入了解用户对输入法皮肤的偏好、使用习惯及改进建议，为设计团队提供有力的数据支持。本任务旨在对输入法的国风皮肤分析与市场调研进行深入研究，以了解国风皮肤的特点、市场需求、竞争对手以及潜在的发展机会。通过此次调研，分析有价值的市场信息，以指导产品研发、市场推广等策略。

技术分析

1. 数据收集

通过网络爬虫、问卷调查、访谈等方式收集相关数据。

2. 数据处理

利用数据分析软件对收集到的数据进行处理和分析。

3. 竞争对手分析

通过SWOT分析法对竞争对手进行深入剖析。

SWOT分析法是一种广泛应用于商业、管理、个人发展等领域的策略性分析工具，它通过系统地评估一个组织、项目或个人的内部优势（strengths）、劣势（weaknesses），以及外部环境中的机会（opportunities）和威胁（threats），来帮助制定科学合理的发展战略和决策。

1）SWOT分析法的构成要素

（1）优势：

定义：指组织或个人目前拥有的独特资源和有利条件，这些条件有助于其取得成功。

示例：领先的技术、强大的品牌、高效的团队、丰富的资源等。

（2）劣势：

定义：指组织或个人在资源、技能等方面存在的不足，这些不足可能阻碍其实现目标。

示例：高成本结构、技术落后、人才流失、资金短缺等。

（3）机会：

定义：指组织或个人外部环境中存在的有利条件，这些条件如果能够充分利用将有助于其发展壮大。

示例：新兴市场、新技术应用、政策支持、消费者需求增加等。

（4）威胁：

定义：指组织或个人外部环境中存在的不利条件，这些条件如不能有效规避将会影响到其发展。

示例：竞争对手强大、市场变动快、法规限制、隐私安全问题等。

2）SWOT分析法的应用步骤

（1）确定分析对象：明确分析的具体对象，如一个组织、公司、部门、项目、产品或个人。

（2）收集信息：全面系统地收集与分析对象相关的内外部信息。

（3）列举SWOT因素：内部方面，列出优势和劣势；外部方面，列出机会和威胁。

（4）构建SWOT矩阵：将列举出的SWOT因素按照矩阵形式排列，形成SWOT分析矩阵。

（5）进行组合分析：将内外部因素两两组合，思考它们之间的影响关系，寻找增强优势、改正劣势、利用机会、规避威胁的对策。

（6）制定应对策略：基于组合分析的结果，制定具体的应对策略，如进攻性策略、改革性策略、防御性策略和调整性策略等。

4. 市场趋势预测

运用时间序列分析、回归分析等方法预测市场发展趋势。

实施标准

1. 数据准确

确保收集到的数据真实、可靠，避免因数据质量问题导致分析结果失真。

2. 分析深入

对收集到的数据要进行深入挖掘，找出潜在的市场规律和机会。

3. 结果实用

调研结果要具有实际指导意义，能为企业的决策提供有力支持。

实施步骤

1. 确定研究目标和范围

根据表6-3明确市场调研的研究目标和研究范围。

表 6-3 市场调研的研究目标和研究范围

序号	研究目标	研究范围
1	了解用户对输入法皮肤的需求和偏好	用户调研、市场分析、用户反馈收集
2	设计创新和美观的输入法皮肤	色彩搭配、图案设计、界面布局、动画效果
3	提升用户体验和输入效率	功能优化、交互设计、个性化设置
4	确保皮肤兼容性和稳定性	不同设备和操作系统测试、性能优化、bug 修复
5	探索皮肤的商业化潜力	品牌合作、皮肤推广、盈利模式研究
6	分析皮肤下载量和用户满意度	数据分析、用户反馈、市场调研

2. 数据收集

以搜狗输入法皮肤设计为例，通过多种渠道收集相关数据，见表6-4。

表 6-4 搜狗输入法皮肤数据收集与相关渠道

数据类型	数据内容	收集渠道
用户满意度	用户对皮肤的外观、功能、稳定性等方面的满意度	用户反馈、在线调查、评分系统
皮肤下载量	皮肤的下载次数	应用市场统计、服务器日志分析
用户活跃度	使用特定皮肤的用户活跃度（如每天使用时长）	用户行为分析、客户端数据报告
皮肤兼容性	皮肤在不同设备和操作系统上的兼容性	自动化测试、用户测试反馈
皮肤性能	皮肤对输入法性能的影响（如启动速度、内存占用）	性能测试、用户反馈、技术支持
用户个性化需求	用户对皮肤个性化设置的需求（如字体大小、颜色主题）	用户调研、个性化设置数据分析
竞品分析	竞争对手输入法皮肤的特点、用户评价、市场表现	市场调研、竞品监测、用户评论分析
市场趋势	输入法皮肤市场的流行趋势、热门元素	市场调研、社交媒体分析、趋势报告

3. 数据处理与分析

对收集到的数据进行整理、清洗和分析，具体方法可参考图6-1。

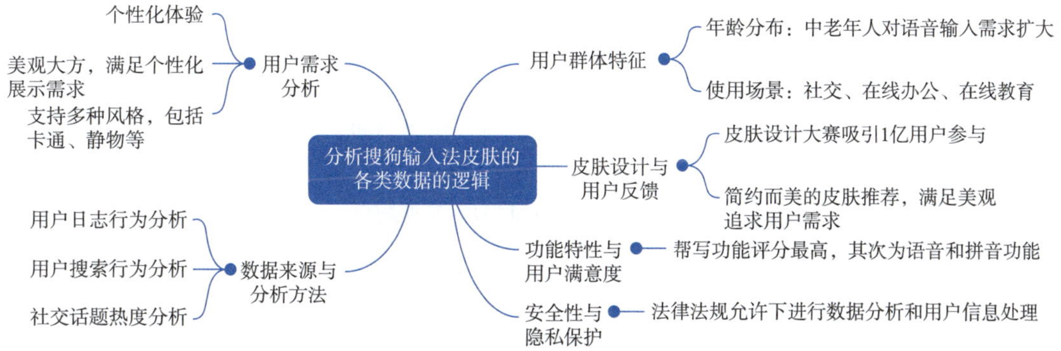

图 6-1　分析输入法皮肤的数据逻辑

4. 设计反馈

将调研转化为设计需求，为其提供决策依据。

实战练习

【作业名称】国风输入法皮肤市场分析与设计评估。

【作业目的】通过搜集并分析市场上受欢迎的国风输入法皮肤，深入理解国风设计的特点与市场趋势，评估用户需求与反馈，最终提出针对性的改进建议，为未来设计或优化国风输入法皮肤提供实践指导和理论支持。

【作业要求】

第一部分：皮肤收集与基本信息整理。

（1）收集皮肤：选择至少5款当前市场上受欢迎的国风输入法皮肤，优先考虑搜狗输入法平台。

（2）基本信息整理：记录并整理每款皮肤的名称、作者、发布时间、下载量、用户评分，以及简要描述。

第二部分：设计特点分析。

（1）视觉元素：分析每款皮肤中的设计元素，如颜色搭配、图案、纹理、字体等，以及这些元素如何体现中国传统文化。

（2）布局与交互：评估皮肤的界面布局合理性，按键设计是否便于操作，以及是否包含特殊交互效果（如动画、音效）。

第三部分：用户评价汇总。

（1）正面评价：收集并总结用户对每款皮肤的赞赏点，如美观度、文化气息、个性化程度等。

（2）负面反馈：同样汇总用户指出的问题或不满之处，如兼容性问题、色彩过于暗淡、影响输入效率等。

第四部分：潜在改进空间探索。

（1）设计层面：基于分析，提出每款皮肤在设计上的潜在改进方向，如优化色彩搭配、增加互动趣味性等。

（2）用户体验：思考如何提升用户体验，如减少加载时间、优化夜间模式、增加自定义选项等。

第五部分：综合报告撰写。

（1）编写报告：整合以上所有分析内容，撰写一份综合报告，包括引言、皮肤概况、设计分析、用户反馈总结、改进建议、结论等部分。

（2）可视化展示：使用图表、截图等辅助材料，直观展示分析结果，增强报告的可读性和说服力。

具体要求：每款皮肤的分析需具体、详尽，尽量量化数据支持分析。报告应结构清晰，逻辑严谨，体现批判性思考。提出的改进建议需具体可行，结合用户需求与技术可行性。

作业提交要求：提交电子版报告，格式不限（Word、PPT、PDF等），并附上所有参考资料的链接或出处。

【评价标准】

◎分析的全面性和深度（40%）

◎批判性思维与创新性建议（30%）

◎报告的结构与表达（20%）

◎参考资料的准确性和多样性（10%）

能力提升

从哪些维度快速确认一款皮肤的综合质量

要确认一款皮肤的综合质量可以从以下几个关键维度进行考量。

1．视觉设计

（1）美学感受：观察皮肤的整体视觉风格是否协调一致，包括颜色搭配、图案设计、字体选择等是否符合美学原则，见表6-5。

表 6-5　设计要素观察内容

设计要素	要求
颜色搭配	1．遵循色彩理论，确保色彩搭配和谐、舒适 2．考虑颜色对用户情绪和视觉疲劳的影响 3．颜色应具有一定的辨识度和吸引力 4．避免使用过于刺眼或暗淡的颜色 5．适应不同设备和屏幕的显示效果
图案设计	1．图案应简洁、清晰，不过分复杂 2．图案应与皮肤主题相符合，具有辨识度 3．避免使用可能导致视觉疲劳或混淆的图案 4．考虑图案在不同分辨率和设备上的显示效果 5．图案设计应具有一定的创意和个性化
字体选择	1．字体应清晰易读，避免使用难以辨认的字体 2．字体风格应与皮肤整体风格相协调 3．考虑字体的版权和使用许可 4．字体大小和行距应适当，确保良好的阅读体验 5．特殊字体使用应谨慎，避免影响输入效率

（2）细节处理：检查图标、边框、按钮等元素的设计精细度，以及是否有毛刺、模糊等质量问题。

2．功能性

（1）兼容性：确认皮肤是否能与输入法的各个功能模块无缝集成，不影响快捷键、表情、符号等功能的正常使用。

（2）响应速度：体验皮肤在不同设备上的加载速度及操作流畅性，避免因皮肤而造成输入延迟。

3．用户体验

（1）易用性：观察键盘布局是否合理（见表6-6），按键大小、间距是否便于快速准确点击，特别是在小屏幕设备上的表现。

表 6-6 搜狗输入法键盘布局易用性要求

键盘布局	易用性要求
标准布局	1．键盘布局应符合用户习惯，方便快速输入 2．键位大小适中，避免过小或过大导致误触或难以点击 3．键盘功能键（如切换输入法、打开表情等）应易于识别和访问 4．键盘颜色和背景应有一定的对比度，确保在不同光照条件下都能清晰可见
九宫格布局	1．键位大小和间距应适宜，方便用户准确点击 2．键盘布局应直观，用户能够快速熟悉 3．提供明确的视觉反馈，如按键高亮或振动反馈 4．优化长按和滑动输入功能，提高输入效率
手写布局	1．书写区域大小应适中，避免过小导致书写不便 2．提供清晰的书写指导，如笔顺提示 3．书写识别准确率高，减少用户重写次数 4．书写过程中提供擦除和重写功能，方便用户修改
五笔布局	1．键位布局应符合五笔输入法的规则，方便用户快速熟悉 2．提供五笔编码提示，降低学习成本 3．键盘布局应简洁明了，避免过多冗余功能 4．优化长按和滑动输入功能，提高输入效率
双拼布局	1．键盘布局应符合双拼输入法的规则，方便用户快速熟悉 2．提供双拼方案选择，满足不同用户的习惯 3．键盘布局应简洁明了，避免过多冗余功能 4．优化长按和滑动输入功能，提高输入效率

（2）个性化设置：评估皮肤是否提供亮度调节、自动切换日夜模式等个性化选项，满足不同场景和用户偏好。

4．稳定性

（1）无冲突：确保皮肤在长时间使用过程中不会引发输入法崩溃、卡顿等问题，详见表6-7。

表 6-7 由皮肤导致的卡顿原因及解决方案

原因分类	具体原因	可能的解决方案
资源占用过高	皮肤动画或图片过多，导致内存或CPU 占用过高	优化皮肤资源，减少动画和图片数量，使用更高效的文件格式
线程问题	皮肤加载或动画播放时线程管理不当	优化线程管理，确保皮肤加载和动画播放不会阻塞主线程
兼容性问题	皮肤在某些设备或操作系统上不兼容	进行充分的兼容性测试，针对不同设备和操作系统进行适配

续表

原因分类	具体原因	可能的解决方案
硬件加速问题	皮肤使用了硬件加速，但在某些设备上不支持或配置不当	检查硬件加速的支持情况，提供硬件加速的开关选项
动画帧率问题	动画帧率设置过高，导致输入法卡顿	调整动画帧率，确保在不同的设备和性能条件下都能流畅运行
文件损坏或不完整	皮肤文件下载或安装过程中损坏	完善皮肤文件的校验机制，确保文件的完整性和正确性
脚本错误	皮肤中嵌入的脚本代码存在错误	严格审查和测试皮肤脚本代码，避免潜在的错误和漏洞
内存泄漏	皮肤在长时间使用过程中出现内存泄漏	检查内存分配和释放，确保没有内存泄漏的情况发生

（2）更新维护：查看皮肤是否定期更新，修复已知问题，并跟随输入法版本迭代进行优化。

5. 用户反馈

（1）评价与评分：参考其他用户的评价和评分，尤其是关于皮肤的美观性、实用性和任何已知问题的反馈。

（2）社区活跃度：了解皮肤在相关论坛、社交媒体或应用商店的讨论热度，活跃的用户反馈通常意味着更高的关注度和潜在的质量保证。

6. 创新性

考察皮肤是否有独特的设计理念或创新点，能否提供不同于市面上其他皮肤的新鲜体验，见表6-8。

表 6-8　皮肤设计理念创新点

创新点	描述	优势
个性化皮肤	可以支持用户喜好自定义皮肤，包括颜色、图案、字体等	提升用户体验，满足个性化需求
动态皮肤	引入动态效果，如动画、过渡效果等，使皮肤更具生动性	增加视觉效果，提升用户趣味性
主题皮肤	提供多种主题皮肤，包括明星、动漫、节日等，满足不同用户的喜好	增加用户选择，提升用户满意度

通过上述维度的快速评估，可以较为全面地把握一款输入法皮肤的综合质量，进而决定是否适合个人使用或推荐给他人。

任务三　国风皮肤设计概念与草图绘制

任务描述

本任务旨在设计一款具有中国传统特色的国风皮肤，并绘制出相应的草图。该皮肤设计需要融合中国古典元素，如传统文化、建筑、服饰、艺术等，展现出独特的国风美学。通过此次设计，旨在弘扬中国传统文化，同时为现代产品设计提供新的创意和灵感。

技术分析

1. 设计理念

深入研究中国传统文化，提取核心元素，形成独特的设计理念。

2. 草图绘制

能运用绘画技巧和设计软件（如Illustrator、Photoshop等）进行草图绘制。

3. 颜色搭配

结合中国传统色彩理论，选择合适的颜色搭配，使设计更具国风特色。

4. 细节处理

在设计中注重细节处理，如纹样、图案等，以展现国风的精致和独特。

实施标准

1. 设计完整

符合搜狗输入法皮肤设计的各类界面要求，即手机皮肤由候选栏+拼音区+云候选区+不同键盘样式+弹泡等元素组合设计，各类表情设计素材尺寸见表6-9。

表 6-9　各类表情设计素材尺寸

素材名称	数量	格式	尺寸（像素）	文件大小
表情主图	12 张 /16 张 /24 张	PNG/GIF	190 × 190	不超过 200 KB
表情缩略图	与主图数目一致	PNG	190 × 190	不超过 80 KB
聊天面板图标	1 张	PNG	200 × 200	不超过 80 KB
表情推广图	2 张	PNG	1 080 × 360 1 000 × 360	不超过 300 KB

2. 创意独特

设计应具有独特的创意，能够充分展现国风美学。

3. 美观实用

设计在追求美观的同时，要考虑实用性，确保产品功能的正常使用。

4. 文化内涵

设计应深入挖掘中国传统文化，体现出深厚的文化底蕴。

实施步骤

1. 提取国风设计元素

1）色彩设计

可以采用中国古典色彩，如红、黄、蓝、绿等纯色，或者采用撞色设计，以高级明快、绝妙冲击的色彩搭配展现国风特色。古色系列可以取色于山河绝色，古刹园林，如使用胭脂红等具有中国古典韵味的颜色。

2）图案设计

可以在候选栏、键盘大背景或按键设计中融入中国古典图案，如龙凤、云纹、水墨画等，以展现国风美感。图案设计需简洁，避免过多装饰，以免影响文字辨识。

3）字体设计

按键字体可以选择具有中国古典特色的字体，如楷书、行书等，以增强国风氛围。字体需清晰可见，避免与背景图片混淆，确保用户在使用过程中能够轻松辨识。

4）布局与结构

遵循搜狗输入法皮肤设计规范，保持候选栏、键盘大背景、按键等元素的简洁与清晰。在不影响功能的前提下，可以适当融入国风元素，如将古典图案作为背景或装饰元素。

5）整体风格

保持整体风格的统一与和谐，确保国风元素在输入法皮肤设计中的巧妙融合。遵循设计规范，确保皮肤的实用性和美观性并存。

2. 设计理念形成

结合研究内容，形成独特的设计理念。目前的输入法皮肤，是基于现有的科技，而设计师则需要想象未来的输入法皮肤是什么样子。在人工智能的发展过程中，人们将越来越多地依靠与机器进行交流，其中最受欢迎的就是语音和自然交互，如 sogou语音、Siri等。可以大胆设想，将来输入法的皮肤将会成为人们希望与之进行交流的图像，或是身处某种情景。而最重要的是，要以使用者为核心来进行设计，收集并分析使用者的行为特征，发现其使用需求和使用习惯，才能更好地完善人机交互方式及细节。

3. 草图绘制（计算机端）

根据设计理念，运用绘画技巧和设计软件进行草图绘制。

1）绘制候选栏区域

在键盘区域的上方或下方，使用矩形工具或钢笔工具绘制候选栏区域，如图6-2所示。在候选栏区域内，使用文本工具添加候选词汇或短语。这些词汇或短语可以是预设的，也可以是用户输入时动态生成的。根据需要，为候选栏添加分隔符、高亮效果等细节。

图 6-2　绘制候选栏区域

2）添加其他元素

根据设计需求，为搜狗输入法草图添加其他元素，如装饰性图案、背景颜色等，如图6-3所示。使用图层样式（如阴影、发光等）来增强草图的立体感和视觉效果。

图 6-3　添加其他元素

3）检查与修改

仔细检查草图，确保所有元素都正确无误且布局合理。使用橡皮擦工具或图层蒙版来删除不必要的部分或修改错误的元素。

在完成草图绘制后，点击“文件”菜单，选择“保存为”或“导出为”，在弹出的对话框中选择合适的文件格式（如PSD、JPEG、PNG等）进行保存。

4. 设计评审与修改

邀请相关人员对设计进行评审，根据反馈进行修改和完善。

1）草图绘制过程中的注意事项

（1）绘制搜狗输入法的草图时，尽量保持设计的简洁明了。避免过多的装饰和复杂的图案，以免影响用户的输入体验。

（2）注意布局合理性：确保键盘和候选栏的布局合理，按键之间的间距适中，方便用户输入；候选栏的位置和大小也要考虑用户的阅读习惯和输入需求。

（3）色彩搭配与字体选择：选择与搜狗输入法整体风格相协调的色彩搭配。例如，如果搜狗输入法的主题是国风，那么可以选择具有中国古典韵味的色彩。

字体选择也要考虑可读性和美观性。在绘制草图时，可以先用简单的字体标注按键上的字符，后续再根据需要进行调整。

2）草图修改过程中的注意事项

（1）在完成草图绘制后，仔细检查每个细节，确保没有遗漏或错误。可以邀请其他设计师或用户进行反馈，了解他们对设计的看法和建议。

（2）根据反馈和建议，对草图进行调整和优化。例如，调整按键的大小和间距，修改色彩搭配或字体选择等。在调整过程中，要保持设计的整体风格一致，避免过度修改导致设计失去原有的特色。

（3）在修改草图时，要确保设计的一致性。例如，如果键盘区域的按键采用了某种特定的图案或色彩，那么候选栏或其他相关元素也应该与之相协调。避免在修改过程中引入与整体风格不符的新元素或色彩。

实战练习

【作业名称】设计一款具有中国传统特色的搜狗输入法国风皮肤。

【作业目的】探索和理解中国传统文化元素与色彩搭配；结合现代设计理念，创新性地设计一款国风输入法皮肤；提升学生的审美意识和设计能力。

【作业要求】

1. 主题设定

选择一个具体的历史时期（如唐朝、明朝）、文化符号（如山水画、书法艺术、京剧脸谱）、传统节日（如春节、中秋节）作为设计主题，确保设计风格统一且具有鲜明的中国文化特色。

2. 色彩运用

研究并应用该主题相关的传统色彩搭配，如使用皇家蓝与金色表现宫廷风，或以朱红、翠绿搭配展现自然生机。考虑色彩的象征意义，确保色彩运用符合文化背景，同时保持良好的视觉体验。

3. 图案与纹理

设计中应融入中国传统图案，如云雷纹、龙凤图腾、莲花、竹子等，增加文化深度。利用质感纹理，如宣纸纹理、丝绸光泽等，提升皮肤的真实感和艺术感。

4. 界面布局

保持搜狗输入法的基本功能布局清晰，确保用户操作便捷。创新设计字母键位、功能键的形状和图标，可参考毛笔字迹、印章样式等，体现国风韵味。

5. 交互设计

设计独特的过渡动画和音效，如点击按键时的水墨扩散效果或古筝琴声，增强沉浸式体验。

功能提示和帮助信息应与整体风格协调一致。

6. 用户友好性

确保色彩对比度适宜，不影响文字辨识度。考虑到不同环境下的视觉效果，进行多场景测试。

7. 提交内容

（1）设计稿：包括但不限于皮肤的整体概念图、关键界面设计图、色彩板和图案纹理示例。

（2）设计说明文档：阐述设计理念、色彩与图案选择理由、功能布局与交互设计思路。

（3）用户体验报告：基于小范围用户测试的反馈，分析皮肤的优缺点，并提出改进方案。

【评价标准】

◎文化契合度：设计是否准确体现了选定的中国传统特色（20%）

◎创新性：设计是否具有新颖的创意点，能否给用户带来新鲜的视觉体验（20%）

◎实用性：是否保持了输入法的基本功能性和易用性（30%）

◎美观性：色彩、图案、布局的整体视觉效果（20%）

◎用户体验：用户测试反馈的综合评价（10%）

能力提升

如何在皮肤设计中使用传统文化中特有的色彩搭配

可以遵循以下步骤和原则，以确保设计既美观又富含文化底蕴。

1．选择文化主题

明确皮肤设计的主题，比如选取具体的朝代（如唐风、宋韵）、节日（春节、端午）、文化现象（如京剧、山水画）作为灵感来源，这将帮助你决定哪些色彩组合最为贴切。

2．应用传统色彩搭配

根据所选主题，应用相应的传统色彩搭配。例如，使用红黑搭配展现前卫而富有张力的设计，适合年轻活力的风格；黄与红的结合则显得富丽堂皇，适用于喜庆或高端设计；蓝白搭配则传达清新淡雅之感，适合追求简约和宁静的设计。

3. 注重色彩平衡与对比

在设计中，要合理安排色彩的比例和位置，利用色彩的明暗、冷暖对比，营造视觉层次感。例如，大面积的温和色彩可以用少量鲜艳色彩点缀，以吸引注意力并保持整体和谐。

4. 结合现代审美

将传统色彩与现代设计趋势相结合，可以是色彩渐变、低饱和度处理或是色彩叠加等手法，让传统色彩焕发新的生命力，符合当代用户的审美习惯。

5. 考虑功能性与可读性

确保色彩搭配不影响输入法的实用性和可读性。主键盘区应保持高对比度，便于快速识别，而辅助功能键或装饰元素可以更灵活地运用色彩。

6. 测试与调整

在设计完成后，进行多场景、多设备的测试，确保色彩在不同屏幕和光线下都能良好呈现。根据反馈进行必要的调整，直至达到最佳视觉效果。

7. 文化细节的融入

在设计中巧妙融入细微的文化元素，如边框图案、按钮形状或过渡动画中采用传统纹饰，使色彩搭配与整体设计风格相得益彰。

任务四　搜狗输入法皮肤制作与技术适配

任务描述

本项目旨在设计一款搜狗输入法皮肤，该皮肤需深度融合中国传统美学元素，如水墨画、书法笔触、古典色彩等，同时确保在不同设备上的技术适配性和用户体验。项目目标是创造一款既展现东方美学又高度实用的输入法皮肤，提升用户在文字输入过程中的文化沉浸感。

技术分析

1. UI/UX 设计原则

理解并应用用户界面（UI）和用户体验（UX）设计的基本原则，确保设计既美观又易于使用。

2. 图形处理技术

熟练掌握图像编辑软件（如Photoshop、Illustrator）的使用，用于创作高质量的皮肤素材。

3. 皮肤编码技术

学习搜狗输入法皮肤开发指南，了解XML、CSS等相关代码编写，以实现皮肤的动态效果和交互逻辑。

4. 响应式设计

确保皮肤设计能够自适应不同屏幕尺寸和分辨率的设备，包括手机、平板和PC端。

实施标准

1. 视觉一致性

设计元素需保持整体风格统一，符合“古风雅韵”主题。

2. 性能优化

确保皮肤加载速度快，不增加输入法运行负担。

3. 兼容性

在不同操作系统（如Android、iOS、Windows）上均能完美显示。

4. 用户友好

输入区域明显，按键反馈及时，不影响打字速度和准确性。

实施步骤

1. 素材制作

利用设计软件创作背景、按钮、图标等皮肤所需素材。

（1）皮肤制作规范：手机皮肤由候选栏+拼音区+云候选区+键盘大背景+9键键盘+26键键盘+弹泡等元素组合设计；功能键前景文字部分支持自定义贴图，其中中/英、分隔、大小写切换只可修改字体和颜色；字母键文字暂不支持自定义图片，但可以修改字体和颜色。

（2）皮肤介绍：图6-4所示分别为输入法状态条、9键键盘、26键键盘，以及9键键盘功能键说明。

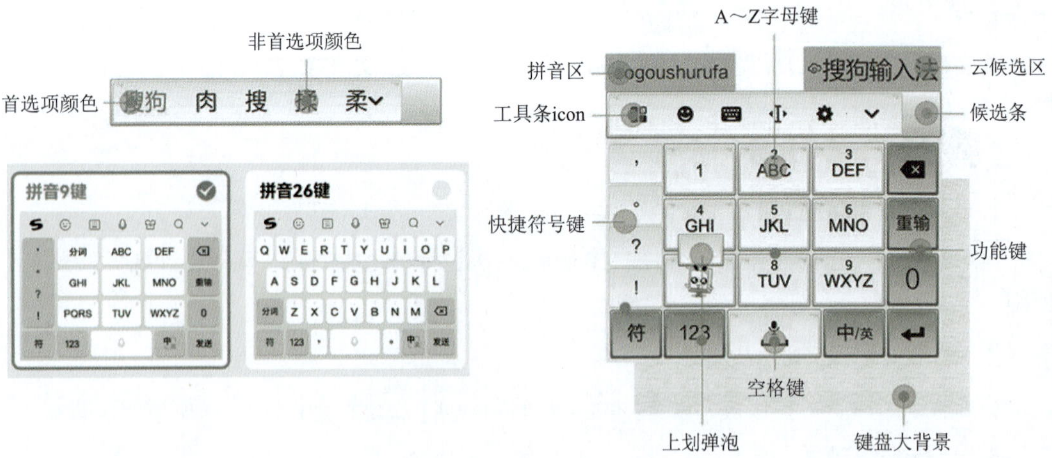

图 6-4 输入法皮肤

（3）尺寸参照如图6-5所示的搜狗输入法官方模板，9键/26键切图范围标注。

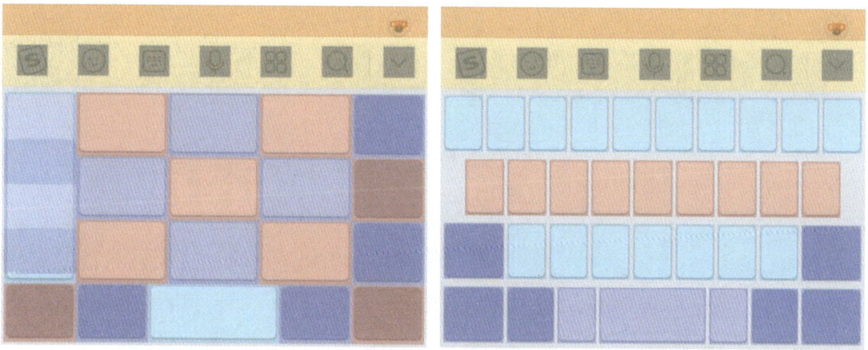

图 6-5　搜狗输入法官方模板

2. 注意事项

1）PSD文件PNG/JPG预览图

（1）安卓9键和26键，键盘图尺寸1 080×846（新版高度尺寸），VPA背景条保持和大背景统一，如图6-6所示。

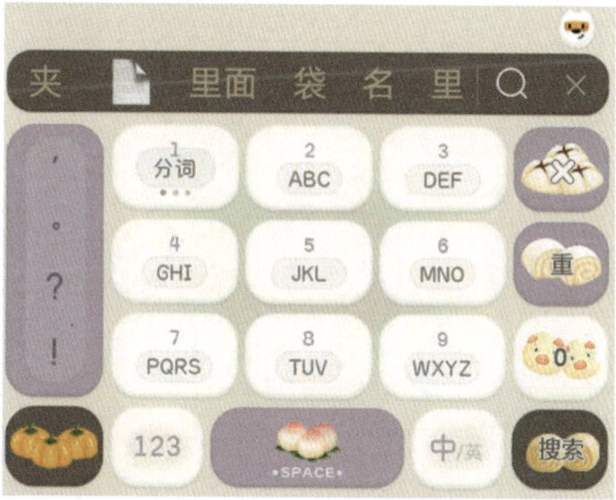

图 6-6　输入法键盘

（2）大背景、工具栏、按键正常和按下、点击弹泡、长按弹泡（所有设计均需在模板规定范围内，按键包括投影等样式）。

（3）按下：快捷符号、中英按下前景颜色、位置和大小需保持和非按下一致。字母键、26键逗号和句号按下前景大小和位置需保持和非按下一致。

（4）按键和背景或者按键和前景字之间不可使用图层样式。

（5）字母键、中英、快捷符号、26键逗号和句号前景字在PS里不可使用加粗、倾斜、描边等效果（这几个位置不可以将前景字替换为前景图），如图6-7所示。

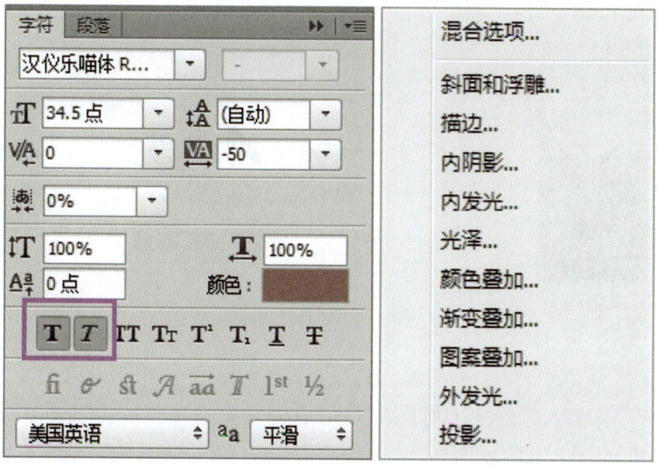

图 6-7　图层样式设置和属性选项

（6）9键和26键大背景图可以不同，但工具栏背景必须相同，如图6-8所示。

图 6-8　9 键和 26 键键盘工具栏背景相同

（7）工具栏ICON只可以替换S标，其余使用灌色逻辑，如图6-9所示。

图 6-9　工具栏 ICON 示例

（8）删除、发送前景字做成图片时不可带中文字体，因为适配多语言时会显示有问题，如图6-10所示。

（9）需要适配iOS尺寸PSD的情况：按键和背景元素需要对位置或者按键间距需要保持一致。

2）字体

（1）下载输入法授权字体。

（2）字母键使用字体必须要有大小写字母，如图6-11所示。

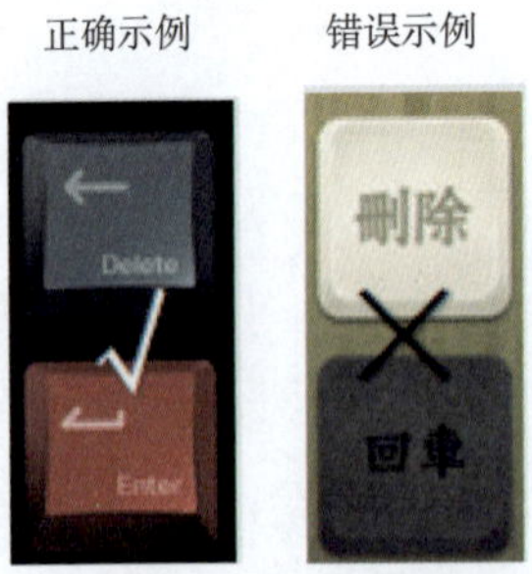

图 6-10　前景字示例

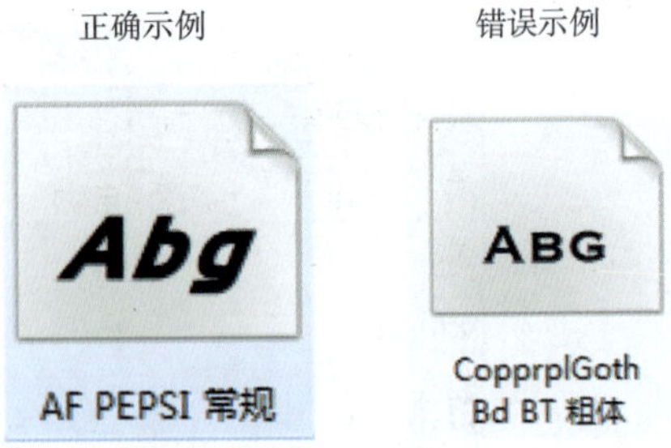

图 6-11　字母键字体示例

3）动画效果

动画效果需要的素材PNG文件（见图6-12）最好和PSD文件一起提供，方便动画效果的制作生成。拟生成的动画效果可以由文字描述或者动画示例。

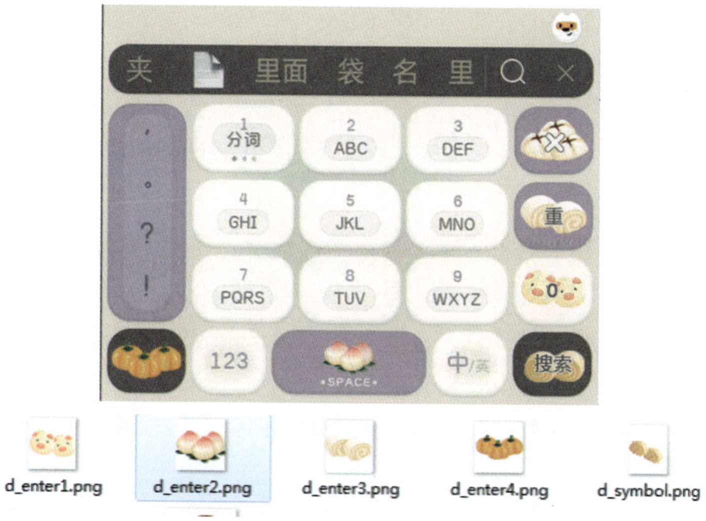

图 6-12　输入法皮肤及其素材

4）音效

提供音效素材，有特殊要求需附文字说明。

3. 编码实现

将设计稿转化为搜狗输入法皮肤代码，实现动态效果和交互逻辑。

4. 技术适配

在多种设备和操作系统上测试皮肤，调整以确保兼容性。

5. 用户测试

邀请目标用户进行测试，收集反馈，进行必要的调整优化。

6. 发布上线

完成最终测试后，提交至搜狗输入法皮肤商店，正式发布。

实战练习

【作业名称】跨设备环境下的国风皮肤搜狗输入法兼容性测试与优化。

【作业目标】

通过模拟不同设备环境下的测试，深入理解搜狗输入法国风皮肤在实际应用中的兼容性问题，分析问题产生的原因，并提出相应的解决方案，以提升输入法皮肤的普适性和用户体验。

【作业内容】

1. 测试环境搭建

（1）设备类型覆盖：至少涵盖桌面端（Windows、macOS）、移动端（Android、iOS）及平板设备。

（2）分辨率多样性：为每种设备类型选择至少三种不同的屏幕分辨率，包括低分辨率、标准分辨率和高分辨率（如FHD、2K、4K）。

（3）操作系统版本：确保每个平台至少测试最新的操作系统版本及上一个主要版本，以覆盖更广泛的用户群体。

（4）模拟真实使用场景：安装模拟输入法在不同应用中的使用情况。

2. 兼容性测试

（1）视觉效果测试：检查皮肤在不同设备和分辨率下的显示效果，包括色彩失真、图片拉伸、元素错位等问题。

（2）功能测试：验证所有输入法功能（如快捷键、表情输入、语音输入）在各设备上的可用性和响应速度。

（3）性能测试：监测输入法在高负载下的CPU和内存占用，确保皮肤设计不会显著影响系统性能。

（4）交互测试：测试触控和鼠标操作的灵敏度，确认无误触或响应延迟问题。

3. 问题记录与分析

（1）详细记录：对于每一种发现的兼容性问题，详细记录问题出现的设备环境、具体表现及复现步骤。

（2）原因分析：分析问题产生的可能原因，如图片尺寸不合适、代码适配不足、操作系统限制等。

4. 解决方案探讨

（1）设计调整：针对视觉效果和布局问题，探讨调整图片尺寸、优化布局设计等解决方案。

（2）代码优化：对于功能性和性能问题，考虑优化皮肤代码、使用条件编译等方式解决兼容性问题。

（3）测试反馈循环：实施解决方案后，在相同环境下重新测试，直至问题解决，形成反馈修正的闭环。

5. 总结报告

（1）问题总结：汇总测试中发现的所有兼容性问题及其解决方案。

（2）最佳实践：提炼设计和开发中的经验教训，提出未来设计国风皮肤时的兼容性最佳实践指南。

（3）用户建议：基于测试结果，提出面向用户的设置建议或使用指南，帮助用户根据自身设备优化输入法体验。

作业提交要求：

提交详细的测试报告，包括测试环境、问题记录、分析过程、解决方案及实施结果。

可视化展示测试数据，如使用表格、图表来说明不同设备下的性能差异。

提供修改后的皮肤包，以及修改前后的对比截图，直观展示优化效果。

【评价标准】

◎问题发现的全面性和准确性（30%）

◎解决方案的有效性和创新性（40%）
◎报告的条理性与深度（20%）
◎实际优化效果的验证（10%）

能力提升

怎样提高输入法皮肤设计和搜狗输入法技术的兼容性

输入法皮肤设计的兼容性提升。

（1）遵循官方设计规范：首先确保设计遵循搜狗输入法提供的皮肤设计指南和规格要求，这有助于保证皮肤在不同版本和操作系统上的兼容性。

（2）适配多种分辨率：设计时考虑到不同设备的屏幕分辨率，特别是高DPI屏幕，确保皮肤在各种显示环境下都能清晰、美观地呈现。

（3）兼容色域和透明度：使用通用的颜色模型（如sRGB）和适当的透明度处理，避免颜色偏差和透明效果在某些系统或显示器上出现问题。

（4）测试多平台：在Windows、macOS等不同操作系统上进行测试，确保皮肤元素不会超出输入法窗口边界，按钮响应正确无误。

（5）简洁高效的资源使用：优化图像资源大小和加载效率，减少CPU和内存占用，这有助于提升在低性能设备上的兼容性。

任务五　皮肤用户反馈收集与优化迭代

任务描述

本任务旨在设计并实施一个皮肤用户反馈收集与优化迭代的流程，以持续改进皮肤产品的用户体验。任务包括用户反馈收集、数据分析、优化方案制定、实施步骤规划、能力提升和实战练习等环节。

技术分析

用户反馈收集技术：熟悉使用问卷调查、在线表单、用户论坛、社交媒体等工具收集用户反馈。

分析技术：掌握数据分析工具如Excel、Google表格、SPSS等，以及数据分析方法，如描述性统计、相关性分析等。

优化方案制定：了解用户体验（UX）设计原则，能够根据用户反馈提出有效的优化方案。

技术实施：掌握前端和后端技术，能够根据优化方案进行技术实施。

实施标准

用户反馈收集：确保反馈渠道畅通，反馈信息准确、全面。

数据分析：保证数据分析的准确性，能够从中提取有价值的信息。

优化方案：制定的优化方案应具有可操作性和创新性，能够有效提升用户体验。

技术实施：优化方案的实施应确保代码质量，不影响现有系统的稳定性。

实施步骤

1. 用户反馈收集阶段

（1）建立多渠道反馈系统

在搜狗输入法设计师主页中内置反馈功能，允许用户直接提交关于皮肤设计的意见和建议。利用社交媒体平台设计师留言板（如微博、微信、抖音等）和官方论坛，创建用户交流区，鼓励用户分享使用体验，提出改进建议。

（2）定期发布用户调研问卷

设计问卷，涵盖皮肤设计的视觉效果、功能实用性、个性化程度等多个维度。通过邮件、应用内通知等方式，定期向用户发送调研问卷，收集用户反馈。

（3）主动挖掘用户反馈

监控社交媒体和论坛上的用户讨论，捕捉用户关于皮肤设计的直接和间接反馈。邀请用户参与皮肤设计的测试活动，收集他们的试用反馈。

（4）整理与分析反馈数据

对收集到的反馈进行分类整理，如正面反馈、负面反馈、功能需求、设计建议等。使用数据分析工具，对反馈数据进行量化分析，识别用户需求的热点和趋势。

2. 优化迭代规划阶段

（1）确定优化优先级，根据用户反馈的紧急性和重要性，确定皮肤设计优化的优先级。优先解决用户普遍反映的问题，如皮肤卡顿、色彩搭配不协调等。

（2）根据优先级，制订详细的优化迭代计划，包括优化目标、实施步骤、时间节点等。确保优化迭代计划符合搜狗输入法的整体战略和品牌定位。

（3）设计优化方案,针对用户反馈的具体问题，设计优化方案，如调整皮肤色彩搭配、增加个性化元素、优化皮肤加载速度等。在设计优化方案时，充分考虑用户的使用习惯和审美偏好，确保优化后的皮肤设计更加符合用户需求。

实战练习

【作业名称】设计并实施搜狗输入法皮肤产品用户反馈收集与分析项目

【作业目的】

本作业旨在让学生实践用户反馈收集、数据分析与产品优化流程，通过模拟为搜狗输入法设计的皮肤产品收集用户反馈，进而识别设计中的问题与潜在改进方向。

【作业内容】

1. 设计反馈收集表单

（1）明确目标：确定反馈收集的目标，例如评估皮肤的美观性、易用性、个性化程度及整体满意度。

（2）选择工具：使用Google表单、问卷星或腾讯问卷等在线表单工具设计反馈表单。

（3）表单内容：

①基础信息：用户年龄段、性别、职业等。

②使用场景：询问用户主要在哪些场景下使用该皮肤。

③美观性评价：提供1～5分评分选项，让用户评价皮肤的视觉效果。

④易用性评价：询问按键识别度、界面布局合理性等，并让用户提供评分。

⑤个性化需求：开放性问题，了解用户期待的个性化功能或设计元素。

⑥总体满意度：让用户对皮肤总体打分，并提供改进建议的文本框。

⑦测试与发布：预览并测试表单，确保逻辑清晰无误后，通过社交媒体、邮件列表或搜狗输入法社区发布。

2. 模拟收集用户反馈

（1）模拟推广：设计一段简短的推广文案，介绍新皮肤并邀请用户参与反馈活动，通过虚拟社交媒体账号或班级邮件群发。

（2）数据收集：设定一周的收集周期，鼓励分享给更多潜在用户参与。

3. 数据分析与报告

（1）数据导出与整理：收集期结束后，导出表单数据至Excel。

（2）定量分析：计算各项评分的平均值、标准差，识别满意度高低的领域。

（3）定性分析：对开放性问题的回答进行内容分析，归纳用户的主要意见和建议。

（4）问题识别与改进点：基于数据分析结果，识别设计中的不足和用户的核心需求。

（5）撰写报告：整合分析结果，编写一份报告，包括但不限于数据分析概览、用户反馈总结、发现的问题、改进措施建议等。

【评价标准】

◎设计反馈收集表单（包含用户基础信息、使用场景、美观性和易用性评价、个性化需求等）（50%）

◎模拟收集用户反馈（设计推广文案并收集用户反馈信息）（20%）

◎数据分析与报告（对用户反馈信息进行定量、定性分析并形成报告）（30%）

能力提升

如何通过搜狗输入法的用户体验原则制定皮肤设计方案

1．遵循搜狗输入法设计原则

简洁性：设计应简洁不繁杂，确保按键清晰可辨，减少视觉噪声，使用户能迅速聚焦于输入任务。

一致性：确保皮肤设计与搜狗输入法的整体风格一致，操作逻辑、图标设计和反馈机制保持统一。

可定制性：提供足够的自定义选项，如背景、按钮形状、字体样式等，让用户根据个人喜好调整。

可用性：保证所有功能易于发现和使用，比如通过直观的图标或简明的提示引导用户。

反馈：为用户的操作提供即时反馈，如按键声音、触感反馈等，增强互动体验。

情感化：利用国风元素或其他文化符号，创造有情感共鸣的设计，提升用户的使用情感。

2. 皮肤创意与设计

创意构思：结合用户研究结果，构思具有吸引力的设计主题，如季节、节日、艺术风格等。

色彩搭配：选取和谐且符合主题的色彩搭配，注意色彩对比度，确保文字在任何背景下都清晰可读。

元素布局：合理安排按键布局，既要美观又要便于操作，避免误触。

动效设计：适当添加过渡动画或特效，增加互动趣味性，但需确保不影响输入效率。

3. 实现与测试

技术实现：利用搜狗提供的皮肤编辑器或专业设计软件（如Photoshop）进行设计，确保设计稿的技术规格符合搜狗输入法的要求。

原型制作：制作高保真原型，进行内部评审，收集团队反馈。

用户测试：进行小范围用户测试，收集目标用户反馈，关注使用流畅度、视觉效果和情感反应。

学习笔记

项目评价

评价内容	子项目评价	自我评价	教师评价	校企合作顾问评价（选填）
设计工具使用	1. 思路清晰 2. 功能恰当 3. 参数合理	优□良□差□	优□良□差□	优□良□差□
设计方案能力	1. 文化应用贴切 2. 技术转化完整	优□良□差□	优□良□差□	优□良□差□
设计实践能力	1. 多工具的综合使用 2. 多平台推广能力	优□良□差□	优□良□差□	优□良□差□
其他因素评估（教师填写）	工具选用及操作熟练程度		优□良□差□	
	设计积极性与实施规范		优□良□差□	
	皮肤设计规范程度		优□良□差□	
	皮肤设计创新程度		优□良□差□	
* 整体评估依据	设计可以对应的产品需求，支撑新国风创意转化			
学生自评	评语：			
教师评价	评语：			
校企合作顾问评价	评语：			
任务验收签字：	学生签字：	教师签字：	顾问签字：	

学习笔记